超大城市基本公共服务均等化：政策供给与路径选择

李卓繁 著

上海交通大学出版社
SHANGHAI JIAO TONG UNIVERSITY PRESS

内容提要

本书研究了我国超大城市基本公共服务均等化问题,建构了超大城市常住人口与基本公共服务资源承载力之间动态平衡模型,超大城市逐步缩小户籍人口和非户籍外来常住人口之间基本公共服务非均等化差距的进阶理论模型,探究了超大城市政府控制常住人口规模与提升基本公共服务供给能力保持两者之间动态平衡的政策框架和实现路径。

图书在版编目（ＣＩＰ）数据

超大城市基本公共服务均等化：政策供给与路径选择 / 李卓繁著. — 上海：上海交通大学出版社,2024.11
ISBN 978-7-313-31923-4

Ⅰ.D669.3

中国国家版本馆 CIP 数据核字第 2024GV4348 号

超大城市基本公共服务均等化：政策供给与路径选择
CHAODACHENGSHI JIBEN GONGGONGFUWU JUNDENGHUA：ZHENGCEGONGJI YU LUJINGXUANZE

....

著　　者：李卓繁			
出版发行：上海交通大学出版社		地　　址：上海市番禺路 951 号
邮政编码：200030		电　　话：021 - 64071208
印　　刷：苏州市古得堡数码印刷有限公司		经　　销：全国新华书店
开　　本：710mm×1000mm　1/16		印　　张：15.25
字　　数：209 千字			
版　　次：2024 年 11 月第 1 版		印　　次：2024 年 11 月第 1 次印刷
书　　号：ISBN 978 - 7 - 313 - 31923 - 4			
定　　价：69.00 元			

前　言

　　基本公共服务均等化总体实现是我国 2020 年实现全面建成小康社会的重要战略任务。党的十九大报告指出："中国特色社会主义进入新时代,我国社会主要矛盾已经转化为人民日益增长的美好生活需要和不平衡不充分的发展之间的矛盾。"推进基本公共服务均等化,是新时代坚持以人民为中心,解决好发展不平衡不充分问题,将改革发展成果更多更公平地惠及全体人民,化解社会主要矛盾、促进社会公平的重大战略抉择。

　　我国基本公共服务非均等问题表现在三个方面:第一,区域间基本公共服务不均等;第二,城乡之间基本公共服务不均等;第三,户籍居民与非户籍居民之间基本公共服务不均等。超大城市基本公共服务不均等问题,指的是户籍居民与非户籍居民两大群体享有基本公共服务不均等。超大城市基本公共服务均等化,是我国实现基本公共服务均等化的重要领域,也是超大城市经济社会发展的现实需求,更是超大城市文明程度的重要标志。

　　我国超大城市[①]因人口结构、资源禀赋、治理模式具有不同于一般城市和地区的特殊性。超大城市基本公共服务均等化的特殊性,通过两个层面体现出来,其一是超大城市庞大的人口规模和复杂的人口结构是一般城市所不能相比

---

　　① 注:依据《关于调整城市规模划分标准的通知》(国发〔2014〕第 51 号文件),常住人口在 500 万～1 000 万人为特大城市,1 000 万人以上为超大城市,本书将两类城市列为同一研究对象,统称为"超大城市"。

的，这就使得基本公共服务需求呈现多样化和复杂化。其二是在我国城市化进程中超大城市吸纳了大量的农业转移人口，"新二元结构"成为超大城市特有的社会现象。上述两个特征，决定了超大城市基本公共服务均等化进程面临巨大的基本公共服务供给压力。

超大城市实现基本公共服务均等化的主要问题是，户籍居民与非户籍居民之间基本公共服务供给不均等。不断扩大的常住人口规模及基本公共服务需求与基本公共服务资源供给能力相对不足的矛盾，制约着超大城市基本公共服务均等化进程。改革户籍制度，消除超大城市"新二元结构"，成为当前社会各界的共同呼声。然而，单纯地改革户籍制度，既不能有效增加超大城市基本公共服务资源，也不能提高基本公共服务制度供给能力，反而会增加超大城市基本公共服务供给压力。解决超大城市户籍居民和非户籍居民之间基本公共服务不均等问题是一个逐步过程。解决问题关键是，破解超大城市不断扩大的常住人口规模及基本公共服务需求与供给能力相对不足之间的矛盾。本书基于上述矛盾，从以下几个方面展开研究。

第一，以上海、北京等超大城市为例，通过微观实证调查，运用统计分析方法，分析超大城市户籍居民与外来非户籍居民两大社会群体之间基本公共服务需求与供给的差异性，并揭示实现基本公共服务均等化的主要瓶颈。我国超大城市户籍居民和非户籍居民基本公共服务供给类型和水平的历史性差异，以及由此引发的"新二元结构"问题，决定了超大城市推进基本公共服务均等化关键，是消除不同社会群体之间基本公共服务的不均等。

第二，从超大城市基本公共服务类型和供给水平的角度，分析超大城市不断扩大的常住人口规模及基本公共服务需求与供给能力之间的矛盾，进而揭示我国超大城市基本公共服务不均等的社会机理。超大城市基本公共服务供给对象是城市常住人口。不断膨胀的非户籍常住人口、消除户籍居民与非户籍居民之间基本公共服务制度供给差异所需巨大资源，与城市基本公共服务资源供给能力相对不足的矛盾，制约着超大城市基本公共服务均等化进程。所以，简单的户籍改革并不能有效地解决超大城市不同人群之间基本公共服务享有水平的差异。

第三，在深入分析我国超大城市常住人口规模和城市基本公共服务资源承载力的基础上,建构超大城市常住人口与基本公共服务资源承载力之间动态平衡模型,以及超大城市逐步缩小户籍居民和非户籍居民之间基本公共服务非均等化差距进阶理论模型,即合理调控常住人口规模、财政经费支出总量,实现城市基本公共服务资源承载力("极限供给力")与均等化前提下(或称"均等化约束条件下")的基本公共服务"适度需求"之间动态平衡。

第四,超大城市基本公共服务均等化是一个过程,其实现路径是基于政府基本公共服务供给覆盖全体常住人口的基本政策取向,通过人口政策、财政政策、市场机制和转变政府职能等综合改革方案,在有效控制常住人口规模和不断增加供给能力的前提下,实现常住人口规模与基本公共服务资源供给能力之间的动态平衡。本书研究了超大城市政府控制常住人口规模与提升基本公共服务供给能力,保持两者之间动态平衡的制度框架和有效路径,进而提出逐步缩小超大城市户籍人口和非户籍外来常住人口之间基本公共服务非均等化差距进阶模型,讨论了基本公共服务供给策略。通过对典型城市的个案研究,概括超大城市实现基本公共服务均等化的演进路径。

基于上述研究,本书提出了现阶段超大城市推进基本公共服务均等化的政策供给和制度安排的路线图,在保持常住人口与基本公共服务供给能力的动态平衡基础上,以渐进式推进为基调,以基本公共产品供给均等化为重点,逐步推进基本公共服务均等化。

目　录

第 1 章

导　论

党的十九大报告指出："中国特色社会主义进入新时代,我国社会主要矛盾已经转化为人民日益增长的美好生活需要和不平衡不充分的发展之间的矛盾。"[①]推进基本公共服务均等化,是新时代坚持以人民为中心,化解社会主要矛盾,解决好发展不平衡不充分问题,促进社会公平的重大战略抉择。坚持以人民为中心是新时代坚持和发展中国特色社会主义的基本方略之一。发展中国特色社会主义的目的和根本宗旨是为了人民,使人民群众拥有更加幸福美好的生活,这就要求"改革发展成果更多更公平地惠及全体人民,人人共享、普遍受益,朝着实现全体人民共同富裕方向不断迈进"[②]。因此,坚持以人民为中心,实现基本公共服务均等化,让人民共享改革发展成果,无疑是化解当前我国社会主要矛盾的重要着力点。

然而,在改革开放带来经济迅猛增长,我国成为世界第二大经济体的同时,经济社会发展的成果却没有使全体人民完全公平共享,反而出现了利益分配不公平,利益分化现象较为严重。在基本公共服务领域,由于我国长期存在的区域经济发展水平差异,城乡二元结构,城镇化进程中户籍人口和非户籍人口的"新二元结构"障碍,导致了区域之间、城乡之间、城市不同人群之间基本公共服务获取在数量上和质量上存在较大差异。这种现象成为新时代社会主要矛盾的重要表现之一,解决基本公共服务供给的"不平衡不充分"问题,是当前我国全面深化改革,推进发展的一项重要任务。

---

① 习近平.决胜全面建成小康社会夺取新时代中国特色社会主义伟大胜利[M].北京:人民出版社,
2017.

② 习近平.决胜全面建成小康社会夺取新时代中国特色社会主义伟大胜利[M].北京:人民出版社,
2017.

1.1 研究目的与意义

我国基本公共服务非均等现象，主要表现在三个方面：其一，不同区域之间人民群众享有基本公共服务的水平和质量不均等。这种情况尤其表现在我国东部地区、中部地区和西部地区，以及同一地区不同区域。经济发展水平的差异，导致了基本公共服务供给能力差异、供给水平差异，经济发展水平相对较高的地区基本公共服务供给能力相对较强和供给水平相对较高，人民群众享有基本公共服务的水平和质量也相对较高，而经济发展水平相对较低的地区基本公共服务供给能力相对较弱和供给水平相对较低，人民群众享有基本公共服务的水平和质量也相对较低，这种地区或区域间的基本公共服务不均等，不仅反映了我国经济社会发展不均衡，而且也严重制约着我国经济社会健康发展。其二，城乡人民群众享有基本公共服务的水平和质量不均等。城乡基本公共服务不均等根源在于我国长期存在的"城乡二元结构"。一直以来，农村人和城市人之间在经济能力、生活方式、文化素质等诸多方面存在着较大的差异。20 世纪 50 年代设立的户籍制度更是以法律形式严格限制了农民进入城市，限制了城乡间的人口流动，固化了"城乡二元结构"。这就导致了城市基本公共服务供给水平远高于农村，城乡之间人民群众享有基本公共服务水平和质量也存在较大差距。其三，城市不同人群之间享有基本公共服务的水平和质量不均等。城市不同人群之间基本公共服务不均等，表现为户籍人口和非户籍人口享有基本公共服务的差异。1978 年改革开放以来，我国城镇化进程加速，大量农业人口不断向非农产业转移、向城镇转移，使城镇数量增加、城镇规模扩大、城镇人口比重不断提高。城镇化是一个国家现代化进程中必然的历史进程。然而，在我国，长期以来实施城乡分割的户籍制度等体制性障碍，使得进入城市的外来务工人员无法顺利融入城市社会，无法获得市民身份，并且在子女教育、劳动就业、社会保障、公共服务等方面不能享受与户籍居民相同的基本公共服务待遇，这种现象导致了城市内部出现了以户籍居民为一元，以外来非户籍居民为另一元的"新二元结构"现象。

进入 21 世纪以来，我国政府确立了基本公共服务均等化战略目标，加快了基本公共服务均等化进程，区域之间、城乡之间、城市不同人群之间基本公共服务均等化水平不断提高,然而由于长期形成的经济水平差异和制度惯性,推进基本公共服务均等化依然是各级政府面临的严峻挑战。其中,城市不同人群之间享有基本公共服务的水平和质量不均等问题矛盾依然突出。尤其是我国超大城市因要素禀赋和人口结构的特殊性,"新二元结构"形成和显性化,使推进基本公共服务均等化尤为复杂,一定程度上影响着我国城镇化建设进程。

2012 年,我国提出了新型城镇化战略,与传统的"造城"为特征的城镇化不同,新型城镇化是以人为核心的城镇化,推进基本公共服务均等化进程,破解超大城市"新二元结构",解决基本公共服务非均等化问题,为超大城市发展提供良好的社会和谐环境,成为当下我国新型城镇化建设一项重要战略任务。

1.1.1　研究背景

1)基本公共服务均等化国家战略

基本公共服务均等化是我国解决民生问题、化解社会矛盾、促进社会和谐、体现社会公平的重大战略抉择。进入新世纪,基本公共服务均等化逐步确立为国家战略。2005 年,中国共产党十六届五中全会在通过的《中共中央关于制定国民经济和社会发展第十一个五年规划的建议》首次在国家文件中提出公共服务均等化概念,指出:"按照公共服务均等化原则,加大对欠发达地区的支持力度,加快革命老区、民族地区、边疆地区和贫困地区经济社会发展。"[1]2007 年党的十七大报告明确使用了基本公共服务均等化概念,指出:"缩小区域发展差距,必须注重实现基本公共服务均等化,引导生产要素跨区域合理流动";要"围绕推进基本公共服务均等化和主体功能区建设,完善公共财政体系"[2]。

2012 年党的十八大报告将基本公共服务均等化总体实现列为 2020 年我国实现全面建成小康社会宏伟目标的重要内容,明确提出了着力推进基本公共服务均等化,努力实现惠及全体人民的基本公共服务均等化目标,是人们共享现代化成果的重要举措,是改善民生、统筹城乡发展、构建和谐社会的重要任务。党的十八大报告还明确指出,必须加快建立政府主导、覆盖全民、可持续的

①　中华人民共和国中央人民政府.中共中央关于制定国民经济和社会发展第十一个五年规划的建议[EB/OL].https://www.gov.cn/ztzl/2005-10/19/content_95091.htm,2024-6-13.
②　胡锦涛.高举中国特色社会主义伟大旗帜为夺取全面建设小康社会新胜利而奋斗[M].北京:人民出版社,2007.

公共服务体系。这一论断指明了建立基本公共服务体系的紧迫性，因此，在实践中必须明确政府在基本公共服务体系中的责任和职能定位，以提高全民福祉为最终目的推进基本公共服务均等化，转变政府提供公共服务的方式，构建多元的、多层次、多样化的公共服务供给体系①。

2013 年，党的十八届三中全会通过的《中共中央关于全面深化改革若干重大问题的决定》，提出紧紧围绕更好保障和改善民生、促进社会公平正义，深化社会体制改革，改革收入分配制度，促进共同富裕，推进社会领域制度创新，推进基本公共服务均等化，加快形成科学有效的社会治理体制，确保社会既充满活力又和谐有序。统筹城乡基础设施建设和社区建设，推进城乡基本公共服务均等化②。

2017 年，党的十九大报告规划了我国"两个一百年"的奋斗目标。从 2020 年到本世纪中叶，分两个阶段，第一个阶段，从 2020 年到 2035 年，在全面建成小康社会的基础上，再奋斗十五年，基本实现社会主义现代化。第二个阶段，从 2035 年到本世纪中叶，在基本实现现代化的基础上，再奋斗十五年，把我国建成富强民主文明和谐美丽的社会主义现代化强国③。党的十九大明确提出要在第一个阶段实现基本公共服务均等化。

党的十九大指出：中国特色社会主义进入新时代，我国社会主要矛盾已经转化为人民日益增长的美好生活需要和不平衡不充分的发展之间的矛盾。着力解决好发展不平衡不充分问题，必须坚持以人民为中心，把人民对美好生活的向往作为奋斗目标。坚持在发展中保障和改善民生。增进民生福祉是发展的根本目的。必须多谋民生之利、多解民生之忧，在发展中补齐民生短板、促进社会公平正义，在幼有所育、学有所教、劳有所得、病有所医、老有所养、住有所居、弱有所扶上不断取得新进展，深入开展脱贫攻坚，保证全体人民在共建共享发展中有更多获得感，不断促进人的全面发展、全体人民共同富裕④。

① 胡锦涛.坚定不移沿着中国特色社会主义道路前进　为全面建成小康社会而奋斗[M].北京：人民出版社,2012.
② 人民网.中共中央关于全面深化改革若干重大问题的决定[EB/OL].http://cpc.people.com.cn/n/2013/1116/c64094-23561785.html,2024-6-13.
③ 习近平.决胜全面建成小康社会夺取新时代中国特色社会主义伟大胜利[M].北京：人民出版社,2017.
④ 习近平.决胜全面建成小康社会夺取新时代中国特色社会主义伟大胜利[M].北京：人民出版社,2017.

党的十九大进一步强调了坚定不移贯彻创新、协调、绿色、开放、共享的新发展理念,不断朝着更高质量、更有效率、更加公平、更可持续的方向前进。新发展理念相互联系,是一个有机统一的整体,相互支撑。创新发展注重的是解决发展动力问题,协调发展注重的是解决发展不平衡问题,绿色发展注重的是解决人与自然和谐问题,开放发展注重的是解决发展内外联动问题,共享发展注重的是解决社会公平正义问题。其中,共享发展是中国特色社会主义的本质要求。坚持共享发展,必须做到经济社会发展成果由全体人民共享,使全体人民在共享发展中有更多获得感、幸福感。

党的十九大开启了新征程,新时代我国"两个一百"年的发展目标确立,社会主要矛盾转化和共享发展理念确立,为实现基本公共服务均等化构筑了新的时代背景、宏观路径和思想基础,为加快超大城市基本公共服务均等化进程提供了强大动力。

2022 年,中国共产党第二十次全国代表大会提出了"以中国式现代化全面推进中华民族伟大复兴"的战略要求。"中国式现代化是全体人民共同富裕的现代化。"推进基本公共服务均等化不仅是全体人民迈向幸福安康生活的坚实屏障,更是新时代经济社会高质量发展的重要保障。

党的二十大报告从教育、就业、社会保障、医疗卫生、住房保障等方面明确了推进基本公共服务均等化的重点任务,从促进区域协调发展、推动城乡融合发展、鼓励社会力量参与等方面提出了基本公共服务均等化的实现路径,并且强调了政府在推进基本公共服务均等化中的主导作用。

党的二十大提出的推进基本公共服务均等化新要求,充分体现了以人民为中心的发展理念,彰显了社会公平正义的价值追求。在中国式现代化新征程中推进基本公共服务均等化,使全体人民共享改革发展成果,不论地域、城乡、群体差异,都能公平地享受到基本公共服务,不断增强人民群众的获得感、幸福感、安全感,促进人的全面发展和社会全面进步,为新时代超大城市推进基本公共服务均等化的政策供给和路径选择指明了方向。

2)新型城镇化呼唤基本公共服务均等化

2012 年党的十八大报告指出:"新型城镇化是我国现代化建设的历史任务。"新型城镇化被列为国家战略。新型城镇化战略重点之一就是促进农业转移人口的市民化。2012 年 12 月 15 日至 16 日在北京举行中央经济工作会议，提出了积极稳妥推进城镇化，着力提高城镇化质量的要求，并且提出"要把有序推进农业转移人口市民化作为重要任务抓实抓好。"中央经济工作会议进一步把"加快城镇化建设速度"列为 2013 年经济工作六大任务之一，提出了三个"1亿"目标。所谓三个"1亿"，即到 2020 年，要解决约 1 亿进城常住的农业转移人口落户城镇、约 1 亿人口的城镇棚户区和城中村改造、约 1 亿人口在中西部地区的城镇化。三个"1亿"的提出突出了新型城镇化的本质，即人的城镇化。

新型城镇化与传统城镇化的最大不同，在于新型城镇化是以人为核心的城镇化。新型城镇化不是简单的城市人口比例增加和规模扩张，而是强调在产业支撑、人居环境、社会保障、生活方式等方面实现由"乡"到"城"的转变，实现城乡统筹和可持续发展，最终实现"人的无差别发展"。然而，在我国工业化和城镇化进程中，大量农业劳动力转换为产业工人，农业转移人口在城市发展中作出了重大贡献，他们却难以真正融入城市社会，与城市规模快速扩张相比，市民化进程严重滞后。进城务工的"农民工"受城乡分割的户籍制度影响，在基础教育、社会保障、就业服务、住房保障、公共卫生和医疗服务、公共文化服务等诸多方面无法享受与城镇户籍居民相等的基本公共服务，尤其是超大城市出现了户籍居民和非户籍常住居民之间"新二元结构"现象，给超大城市经济社会发展带来诸多风险隐患。

2014 年 3 月我国发布了《国家新型城镇化规划（2014—2020 年）》，明确提出，以人的城镇化为核心，合理引导人口流动，有序推进农业转移人口市民化，稳步推进城镇基本公共服务常住人口全覆盖，不断提高人口素质，促进人的全面发展和社会公平正义，使全体居民共享现代化建设成果。"规划"就推进城镇基本公共服务均等化提出了明确要求，保障随迁子女平等享有受教育权利、完善公共就业创业服务体系、扩大社会保障覆盖面、改善基本医疗卫生条件、拓宽住房保障渠道等一系列举措，推进农业转移人口享有城镇基本公共服务，并要求创新体制机制，建立健全农业转移人口市民化推进机制①。根据预测，到 2020 年，我国的城市化率将达到 60％左右，这意味着城市化率每年需提高约

---

① 中华人民共和国国家发展和改革委员会. 国家新型城镇化规划（2014—2020 年）［EB/OL］. https://www.gov.cn/gongbao/content/2014/content_2644805.htm，2024-6-13.

1.5 个百分点。而城市化水平每提高一个百分点，就意味着要有 1 500 多万农村人口转移到城市。如何实现大量农业劳动力向城市非农产业的转化，实现市民化，将成为我国新型城市化战略面临的最大挑战。

3）超大城市发展要求实现基本公共服务均等化

改革开放 40 多年来，伴随着工业化进程加速，我国城镇化经历了一个起点低、速度快的发展过程。1978—2013 年，我国城镇常住人口从 1.7 亿人增加到 7.3 亿人，城镇化率从 17.9% 提升到 53.7%，年均提高 1.02 个百分点；城市数量从 193 个增加到 658 个，建制镇数量从 2 173 个增加到 20 113 个[①]。近年来，我国城市化进程仍然保持较快增速。2017 年我国城市人口数达到 8.13 亿人，比 2013 年增加了 0.77 亿人，城镇人口比重由 53.7% 增长到 58.52%。城市化成为我国经济社会发展的大趋势。

随着城市化进程，我国城乡之间、区域之间劳动力流动的限制被打破了，劳动力大规模流动，尤其是农业劳动力大规模向工业部门转移，成为我国工业化和城镇化的强大推动力。然而，我国长期形成的城乡之间、东部和中西部地区之间经济社会发展水平的落差，不仅吸引了大批农民进城工作，也吸引了许多欠发达地区的劳动力转向沿海发达地区的大中城市，劳动力大规模流动，呈现由农村到城市，中西部地区到东部地区的单向转移，这种劳动力的流动特征，不仅改变了我国城乡人口结构和城市人口结构，而且我国城市数量和规模都有了显著增长，超大城市数量规模不断扩大。

随着城市规模扩大，我国城市规模划分标准也进行了多次调整。1955 年国家建委《关于当前城市建设工作的情况和几个问题的报告》首次提出大中小城市的划分标准，即"50 万人口以上为大城市，50 万人以下、20 万人以上为中等城市，20 万人口以下的为小城市"，此后直到 1980 年国家建委修订的《城市规划定额指标暂行规定》又对城市划定标准进行了调整，重点将城市人口 100 万人以上的命名为超大城市。1984 年国务院颁布的《城市规划条例》又回归到 1955 年的标准，1989 年颁布的《城市规划法》在明确 1984 年标准的基础上，指出城市规模按照市区和近郊区非农业人口计算。

---

① 中华人民共和国国家发展和改革委员会. 国家新型城镇化规划（2014—2020 年）[EB/OL]. https://www.gov.cn/gongbao/content/2014/content_2644805.htm，2024-6-13.

2014 年,我国发布了《关于调整城市规模划分标准的通知》,提出了新的城市规模划分标准,新标准将我国城市划分为五类七档:小城市、Ⅰ型小城市、Ⅱ型小城市、中等城市、Ⅰ型大城市、Ⅱ型大城市、特大城市、超大城市。① 超大城市:城区常住人口 1 000 万以上;② 特大城市:城区常住人口 500 万至 1 000万;③ 大城市:城区常住人口 100 万至 500 万,其中 300 万以上 500 万以下的城市为Ⅰ型大城市,100 万以上 300 万以下的城市为Ⅱ型大城市;④ 中等城市:城区常住人口 50 万至 100 万;⑤ 小城市:城区常住人口 50 万以下,其中 20 万以上 50 万以下的城市为Ⅰ型小城市,20 万以下的城市为Ⅱ型小城市①。

新的城市规模划分标准以城区常住人口为统计口径。城区是指在市辖区和不设区的市,区、市政府驻地的实际建设连接到的居民委员会所辖区域和其他区域。常住人口包括居住在本乡镇街道,且户口在本乡镇街道或户口待定的人;居住在本乡镇街道,且离开户口登记地所在的乡镇街道半年以上的人;户口在本乡镇街道,且外出不满半年或在境外工作学习的人。

根据第七次全国人口普查数据,截至 2020 年 11 月 1 日零时,按城区常住人口数排序,我国有 7 个超大城市,分别是上海、北京、深圳、重庆、广州、成都、天津,上海以 1987 万城区常住人口居首;特大城市有 14 个,分别是武汉、东莞、西安、杭州、佛山、南京、沈阳、青岛、济南、长沙、哈尔滨、郑州、昆明和大连。

超大城市是我国经济社会快速发展主要动力源,为农村剩余劳动力提供了大量的就业机会和较高的工资待遇,成为吸纳农业转移劳动力最大载体。在经济利益驱动下,我国农村剩余劳动力大量向超大城市和特大城市转移,超大城市的农业转移劳动人口占常住人口的比例达到了 30%以上,北上广深等超大城市甚至超过了 40%,使得我国超大城市基本公共服务供给压力不断增大。

近年来,我国超大城市各级政府贯彻落实国家新型城镇化战略要求,不断增强基本公共服务供给能力,基本公共服务均等化水平有了显著提高。但是,我国城乡分割的户籍制度仍然保留着,城市多数基本公共服务和公共产品的供给依然与户籍身份挂钩,户籍人口和非户籍人口之间的身份界限和享有基本公共服务的待遇依然泾渭分明。此外,由于"城乡二元结构"导致的城乡经济社会

---

① 中华人民共和国中央人民政府.国务院印发关于调整城市规模划分标准的通知(国发〔2014〕51 号)[EB/OL].http://www.gov.cn/xinwen/2014-11/20/content_2781156.htm,2024-6-13.

发展先天差距,户籍制度限制下基本公共服务享有缺陷的后天制约,由农村务工人员进入城市工作和生活,因经济生活条件、工作技能、文化程度普遍低于户籍居民,往往处于低人一等的状态。由此,城市常住人口被分割为户籍居民和非户籍居民两大社会群体,"新二元结构"就是对两大群体的社会割裂现象的典型概括。因此,消除超大城市"新二元结构"现象,实现户籍人口和非户籍常住人口享有基本公共服务均等化,成为超大城市发展中面临的重要战略任务。

1.1.2　研究目的

　　我国超大城市因人口结构和资源禀赋不同于一般城市和地区,基本公共服务均等化有着特殊诉求。户籍人口与非户籍外来常住人口之间基本公共服务供给非均等化是超大城市基本公共服务均等化面对的主要问题。不断扩大的常住人口规模与基本公共服务资源供给能力相对不足的矛盾,是超大城市实现基本公共服务均等化的主要瓶颈。控制人口规模,增强供给能力,保持基本公共服务需求与供给动态平衡,逐步消除户籍人口与非户籍外来常住人口之间基本公共服务非均等化现象,是超大城市推进基本公共服务均等化需要解决的理论和实践问题。

　　实现超大城市基本公共服务均等化,关键是要破解超大城市不断扩大的常住人口规模以及由此带来的非户籍人口公共服务需求扩张与城市基本公共服务供给能力相对不足之间的矛盾。因此,需要从理论上分析超大城市"新二元结构"的内涵、形成背景及其表现形式,揭示"新二元结构"社会现象的内在本质及社会机理,破解超大城市实现基本公共服务均等化的瓶颈,在实践上,探究新型城镇战略化背景下,超大城市实现户籍人口与非户籍常住人口均等享有基本公共服务有效路径。

　　城镇化是指随着工业化进程,农业人口不断向非农产业转移、向城镇转移,使城镇数量增加、城镇规模扩大、城镇人口比重提高的过程,这是一个国家现代化进程中必然的历史进程。然而,在我国,长期以来实施城乡分割的户籍制度等体制性障碍,使得进入城市的外来务工人员无法顺利融入城市社会,无法获得市民身份,并且在劳动就业、社会保障、城市住房、子女教育等各方面不能享受与户籍居民相同的基本公共服务待遇,于是,城市内部出现了以户籍居民为一元，以外来非户籍居民为另一元的"新二元结构"。超大城市由于非户籍人口比重较高，"新二元结构"现象尤为突出。

党的十八大明确指出要"加快改革户籍制度，有序推进农业转移人口市民化"。这是我国积极稳妥推进城镇化，解决"新二元结构"以及由此引发的一系列社会问题，不断提高城镇化质量的重大战略举措。当前，我国推进新型城镇化战略进程中，提高城镇化质量，解决"新二元结构"，推进基本公共服务均等化问题的社会政策需求比以往任何时候都来得更迫切。因此，提高我国超大城市各级政府的基本公共服务供给能力，加快基本公共服务均等化进程，有效缓解"新二元结构"引发的社会矛盾，着力解决好发展不平衡不充分问题，大力提升城市发展质量和效益，更好满足人民在经济、政治、文化、社会、生态等方面日益增长的需要，更好推动人的全面发展、社会全面进步，成为超大城市发展面临的重要战略任务。

1.1.3　研究意义

党的十九大明确提出了 2020 年基本实现公共服务均等化的战略目标，深入研究超大城市基本公共服务均等化实现路径有着重要意义。

1）理论意义

超大城市不断扩大的常住人口规模以及由此带来的非户籍人口公共服务需求扩张与城市基本公共服务供给能力相对不足之间的矛盾，本质上是一个体制机制问题。目前我国在公共服务领域出现的问题，主要根源并不在于没有提供基本公共服务的经济能力，而在于缺乏合理的基本公共服务制度安排[①]。我国城市化进程中，"新二元结构"和基本公共服务均等化问题出现，折射了社会发展进程中社会结构变迁与社会制度之间的矛盾，制度的改革，政策的设计，需要建立在对社会结构变迁深刻把握的基础上，我国超大城市诸多现行社会政策设计，没有充分体现社会结构变化需求。因此，研究我国超大城市基本公共服务供求矛盾，从宏观的政治、经济和社会文化背景中考察超大城市基本公共服务均等化演化，以及基本公共服务均等化与超大城市政治、经济、社会文化因素之间的关系，深入剖析不断扩大的常住人口规模与基本公共服务资源供给能

---

① 刘学之.基本公共服务均等化问题研究[M].北京:华夏出版社,2008.

力相对不足的矛盾,构建超大城市基本公共服务均等化演化逻辑的理论解释模型和供需动态平衡数理分析模型,为增强超大城市基本公共服务制度供给的协调性,提高基本公共服务相关政策供给效率,避免基本公共服务供需失衡提供决策依据。

我国超大城市基本公共服务均等化问题,也是一个具有多重属性的社会问题,它涉及人口学、社会学、经济学、管理学和政治学等多个学科。因此,跨学科、多视角地阐释超大城市"新二元结构"社会现象,揭示基本公共服务非均等化的深层社会原因,深入把握我国超大城市不同社会群体间基本公共服务非均等化问题及形成的社会机理,有助于为推进基本公共服务均等化,缓解"新二元结构"所引发的社会问题的政策选择提供分析基础,为增强资源供给和完善制度供给提供理论依据。

2) 实践意义

破解超大城市"新二元结构"问题,推进超大城市基本公共服务均等化,是坚持以人民为中心,解决好发展不平衡不充分问题、化解社会主要矛盾、促进公平正义的重要战略举措。随着我国改革开放的深入推进,社会发生了深刻变革,影响社会公平正义的各种矛盾和问题日益突出,人民群众对党和政府维护社会公平正义的要求越来越高。超大城市"新二元结构"现象和基本公共服务非均等化问题,一定程度上强化了户籍居民和非户籍居民之间的不公平。"新二元结构"使同样在城市生活的常住居民,被分割为权利义务差别较为悬殊的两类群体,户籍居民享有完整的公共权利和公共服务,非户籍的外来务工人员享有的公共权利和公共服务却受到了诸多限制,但要承担与户籍居民相同的义务,非户籍的外来务工人员成为城市"二等公民"。同时,"新二元结构"的社会现象也容易滋长户籍居民的优越感,产生不尊重非户籍居民的心态,使户籍居民和非户籍居民群体之间处于相互排斥状态,造成不同社会群体间关系的紧张和不稳定。

户籍居民与城市非户籍常住居民群体与之间的社会排斥和割裂状态、社会公平的缺失,严重影响到社会公平与社会和谐。由于城市非户籍居民受到不平等待遇,他们的基本公共服务需求难以得到满足,往往会以极端的方式表达他们的利益诉求,影响社会和谐稳定。超大城市由"新二元结构"和基本公共服务非均等化问题所引发的社会问题已经成为影响城市和谐发展的重要因素。因此，加快推进基本公共服务均等化，促进户籍和非户籍居民两大社会群体的社会融合，消除"新二元结构"社会现象，对于化解超大城市社会矛盾具有重要意义。

推进超大城市基本公共服务均等化，是我国实施新型城镇化战略的现实举措。我国改革开放 40 多年来，城市空间扩大了，但是空间城市化并没有相应产生人口城市化。我国有 2.6 亿农业转移劳动力，户籍问题把他们挡在了享受城市化成果之外，他们是被城镇化、伪城镇化的①。我国提出的新型城镇化战略，明确了我国城镇化发展的大方向。随着国家对民生的关注和社会建设的重视，越来越多的城市外来务工人员希望融入当地社会，期望共享城市发展的成果。维护他们的合法权益，帮助他们融入城市，逐步实现市民化，不仅有助于社会公平与和谐社会的构建，而且也有助于超大城市经济社会持续稳定发展，推动非户籍居民的市民化。破解"新二元结构"解决基本公共服务均等化问题将有助于解决新型城镇化建设中人的城镇化问题，将有助于推动超大城市非户籍外来务工人员的城市融入和市民化。

目前，超大城市相当多的社会矛盾和问题都在不同程度上与基本公共服务供给不均等相关联。加快超大城市基本公共服务的均等化进程，逐步消除超大城市不同人群之间基本公共服务不均等现象，对于缓解社会矛盾，提高城市常住居民获得感、幸福感具有重要意义。

1.2　研究综述

1.2.1　文献综述

公共服务均等化问题研究，源于西方国家。1954 年萨缪尔森在《公共支出的纯理论》提出了公共服务均等化的思想，他认为纯公共产品具有非排他性的属性，必须是所有成员均等消费，产品在消费过程中所产生的利益不能为某个人或某地人所专有②。政治哲学家约翰·罗尔斯在《正义论》中提出了公平正

---

① 杨枝煌.试论新型城镇化的战略准备[J].西部学刊,2013(12):45-49.
② Samuelson P A. The Pure Theory of Public Expenditure[J]. The Review of Economics and Statistics，1954(36)：387-389.

义的两大原则，即平等自由原则和差别原则。罗尔斯主张通过国家的再分配来达到尽量平等，而且不平等的安排应该遵循"使最不利者获得最大利益"原则①。

美国著名学者罗纳德·M.德沃金和阿玛蒂亚·森则提出了"平等待遇"和"资源平等说"。德沃金阐释的平等是一种基本自由权利平等，是个人要求治理者平等关怀和尊重的权利，即"平等待遇"。这种平等理论主要依赖于两个原则：重要性平等原则和具体责任原则。阿玛蒂亚·森同时提出了"能力平等说"，认为"能力"是个人实现各种可能的功能性活动组合的实质自由，政府应通过教育、医疗提供更多的经济机会等多种途径来提高人类的能力②。

国外学者关于公共产品理论的研究，为公共服务均等化问题研究提供了理论基础。大卫·休谟(1739)、亚当·斯密(1776)都曾提出由政府来提供个人不能充分提供的某些公共产品的思想。萨缪尔森在《公共支出的纯粹理论》(1954)中提出公共产品的判断标准是非竞争性、非排他性和不可分割性③。

20世纪50年代后期西方兴起了公共选择理论。从基本公共服务的角度看，公共选择理论就是研究消费者作为投票者如何对基本公共服务的决策行为作出选择，实现社会福利的最大化。美国著名政治学家文森特·奥斯特罗姆为代表的新公共管理者，创建了多中心理论，提出了一个涵盖多中心的公共经济理论。他主张取消公共服务供给的垄断，将市场机制引入公共服务领域，使社会更多的部门参与公共服务的供给。

罗伯特·B.登哈特、珍妮·V.登哈特为代表的西方新公共服务理论，提出了新公共服务的七大原则，强调公共管理者的重要作用并不是体现在对社会的控制或驾驭，而是在于帮助公民表达和实现他们的共同利益④。新公共服务理论提出政府应当转变治理角色，通过私人和非营利机构的有效合作为公民提供更好的公共服务，形成政府、公民、社会及市场主体在公共品供给中多维互动的新局面。

① 　约翰·罗尔斯.正义论[M].何怀宏,何包钢,廖申白,译.北京:中国社会科学出版社,2001.
② 　孙玉妮.基本公共服务均等化问题研究综述[J].辽宁行政学院学报,2010,12(12):16-18.
③ 　孙玉妮.基本公共服务均等化问题研究综述[J].辽宁行政学院学报,2010,12(12):16-18.
④ 　罗伯特·B.登哈特,珍妮·V.登哈特.新公共服务理论[M].丁煌,译.北京:中国人民大学出版社,2016.

关于基本公共服务均等化问题具体研究。国内外学者的讨论主要围绕两个方面：其一，基于理论视角讨论基本公共服务均等化的内涵及责任主体等；其二基于实践视角讨论基本公共服务供需状况及推动均等化政策建议等。关于超大城市基本公共服务均等化问题的研究，国内外学者直接研究成果不多，在总体研究区域、城乡基本公共服务均等化问题中，涉及相关问题的讨论。

从公共财政角度研究基本公共服务均等化问题是国外学者讨论的热点。较早的有 Buchanan(1950) 以财政支出为研究视角，他认为财政剩余的均等化有助于基本公共服务均等化的实现，个人条件相同，其获得的财政剩余也应该相同，并认为财政转移支付与人口流动等可以降低因地区发展不平衡而带来的财政剩余不平等程度[①]。这一观点为西方社会的公共品供给公平或财政均等化奠定了理论基础。

美国哥伦比亚 E.S.SAVAS(1978)认为，评判公共服务的提供是否公平，可以使用支出公平原则（equal payment）、效果公平原则（equal output）、投入公平原则（equal input）和需求满意程度公平原则（equal satisfaction of demand）来衡量[②]。Boad(2001)认为，均等化的财政制度必须保证居民购买力从公共品消费中所获得的财政收益与居住地无关。George Boyne、Martin Powell 和 Rachel Ashworth(2001) 利用公共服务的需求、权利和努力程度三个准则来衡量英国的地区间公共服务的均等化情况。Faguet(2004)，Smoke(2001)认为，财政分权后，地方政府对居民偏好回应的加强，公共支出模式改变更加反映了居民的需求偏好[③]。Bucovetsky 和 Smart(2006)认为在普遍的财政分权模式下，地方政府都会为争取财产税基而努力，通过税收竞争降低税率影响辖区的税收政策和公共支出政策，因此，实施均等性的财政转移支付是十分必要的[④]。

国外也有许多学者运用实证方法研究财政视角下的基本公共服务均等化问题进。Zhirong Jerry Zhao(2009)，从中美比较分析的视角，利用 1978—2006

① Buchanan J M. Federalism and Fiscal Equity[J]. The American Economic Review，1950，40(4)：583-599.

② Savas E S. On Equity in Providing Public Services[J]. Management Science，1978，24(8)：800-808.

③ Faguet J P. Does Decentralization Increase Government Responsiveness to Local Needs? Evidence from Bolivia[J]. Journal of Public Economics，2004，88(3-4)：867-893.

④ Bucovetsky S，Smart M. The Efficiency Consequences of Local Revenue Equalization：Tax Competition and Tax Distortions[J]. Journal of Public Economic Theory，2006，8(1)：119-144.

年的数据,分析了中国的财政分权和省级间的财政不均等①。Rhys Andrews
和 Tom Entwistle(2010)利用经验数据,从提供公共服务的效率和公平性的角
度分析了不同性质机构间合作的形式②。

关于基本公共服务均等化政府责任是国外学者讨论的又一热点。Savas
(1978)提出,通过支出公平原则、效果公平原则、投入公平原则和需求满意程度
公平原则来评价政府公共服务供给是否公平。Andrew(1994)认为公共服务均
等化可分为"机会均等"和"结果的平均主义",前者更注重对公共服务资源的可
获得性即投入上的平等,后者更强调公共服务产出的均等,不同导向的均等化
的时间标准和政策效应是不一样的③。

与国外学者研究相比,国内关于基本公共服务均等化问题研究始于 2000
年以后,当前的研究主要围绕四个方面展开④。

其一,关于基本公共服务均等化内涵阐释。普遍的观点是基本公共服务均
等化有两方面含义:第一,基本公共服务获得机会均等;第二,居民基本公共服
务获得结果均等。常修泽(2007)⑤、张强(2009)⑥、胡祖才(2010)⑦等认为,研究
基本公共服务均等化问题时,首先要界定"基本公共服务均等化"的内涵。国内
学者对纳入均等化的基本公共服务项目及均等理念和判断准则方面的认识存
在较大分歧。

学者们对纳入均等化的基本公共服务范围大小存在认识差异,常修泽
(2007)⑧、刘尚希(2008)⑨等认为纳入均等化的基本公共服务范围要适中,强

① Zhao Z J, Jung C. Does Earmarked Revenue Provide Property Tax Relief? Long‐Term Budgetary Effects of Georgia's Local Option Sales Tax[J]. Public Budgeting & Finance,2008,28(4):52-70.
② Andrews R, Entwistle T. Does Cross-Sectoral Partnership Deliver? An Empirical Exploration of Public Service Effectiveness, Efficiency, and Equity[J]. Journal of Public Administration Research and Theory,2010,20(3):679-701.
③ Roemer J E. A Pragmatic Theory of Responsibility for The Egalitarian Planner[J]. Egalitarian Perspectives,1994,22(2):179-196.
④ 孙玉妮.基本公共服务均等化问题研究综述[J].辽宁行政学院学报,2010,12(12):16-18.
⑤ 常修泽.公共服务均等化亟须体制支撑[J].刊授党校(学习特刊),2007(04):18-19.
⑥ 张强.基本公共服务均等化:制度保障与绩效评价[J].西北师大学报(社会科学版),2009,46(02):70-74.
⑦ 胡祖才.关于促进基本公共服务均等化的若干思考[J].宏观经济管理,2010(08):16-19.
⑧ 常修泽.公共服务均等化亟须体制支撑[J].刊授党校(学习特刊),2007(04):18-19.
⑨ 刘尚希.基本公共服务均等化与政府财政责任[J].中国党政干部论坛,2008(11):28-31.

调把基础教育、基本医疗、社会保障、公共文化等社会性公共服务和基础设施、环境保护、公共安全等经济性服务纳入均等化范畴。梁朋(2016)认为基本公共服务范围一般包括保障基本民生需求的教育、就业、社会保障、医疗卫生、计划生育、住房保障、文化体育等领域的公共服务,广义上还包括与人民生活环境紧密关联的交通、通信、公用设施、环境保护等领域的公共服务,以及保障安全需要的公共安全、消费安全和国防安全等领域的公共服务①。

赵春蕾(2015)认为基本公共服务主要包括就业、公共文化、环境及社会救济、公共安全等公众迫切需要的基本公共服务,涉及公众的根本、切身利益,属于底线需求。宋迎法(2007)②、包兴荣(2006)③等主张仅将基础教育、公共医疗和社会保障等涉及公民基本权利的社会性公共服务纳入均等化范畴④。可见,尽管学者们对基本公共服务内涵的认识存在很大的差异,但是在基础教育、公共卫生、社会保障等社会性公共服务应该纳入均等化的范畴上基本上达成共识。

对于基本公共服务均等化的内涵及判断准则,学者们的认识也不一致。刘尚希(2007)认为基本公共服务均等化的本质是通过某一个层面的结果平等来达到机会的均等。在财力、能力、服务结果和基本消费四个基点中,主张以基本消费均等化作为公共服务均等化的直接目的⑤。梁朋(2016)认为基本公共服务均等化,指全体公民都能公平可及地获得大致均等的基本公共服务,其核心是"机会均等",而不是简单的平均化和无差异化⑥。贾康(2007)认为公共服务均等化是分层次、分阶段的动态过程,成熟的公共服务均等化状态表现为区域间、城乡间、个人间享受的基本公共服务水平一致,我国当前的工作重点定位于实现区域公共服务均等化,同时,加快城乡公共服务均等化、兼顾居民个人公共服务均等化⑦。

赵春蕾(2015)认为,机会均等和结果均等是基本公共服务均等化的两个本

① 梁朋.推进基本公共服务均等化是实现共享发展的现实路径[J].晋阳学刊,2016(06):134-139.
② 宋迎法.论构建全民均等享有的基本公共服务体系[J].中共南京市委党校南京市行政学院学报,2007(02):57-61.
③ 包兴荣.城乡社会性公共服务统筹刍议[J].重庆社会科学,2006(08):87-91.
④ 赵春蕾.我国基本公共服务均等化路径研究[J].经济纵横,2015(12):18-21.
⑤ 刘尚希.基本公共服务均等化与政府财政责任[J].中国党政干部论坛,2008(11):28-31.
⑥ 梁朋.推进基本公共服务均等化是实现共享发展的现实路径[J].晋阳学刊,2016(06):134-139.
⑦ 贾康.公共服务的均等化应积极推进,但不能急于求成[J].审计与理财,2007(08):5-6.

质内容,缺一不可。这里不能固化地理解结果均等,它是一个不断发展变化的动态过程。基本公共服务的均等化实际上是对整体社会利益结构的合理调节和对发展成果的均衡分配,它着眼于对弱势群体基本生存权和发展权的保护,是维护社会公平的一张"安全网"[①]。常修泽(2007)提出了基本公共服务均等化的内涵,一是全体公民享有基本公共服务的机会应该均等,二是全体公民享有基本公共服务的结果应该大体相等,提供大体均等的基本公共服务的过程中,尊重社会成员的自由选择权[②]。张强(2009)指出,应从机会均等、过程均等和结果均等三个维度来评价基本公共服务均等化的程度。机会均等用权利均等和人均财政支出两个指标来度量、过程均等用可获得性和自用流动性两个指标来衡量,结果均等用覆盖率和满意度来衡量[③]。

　　其二,基本公共服务非均等化表现。学界一般认为,基本公共服务非均等化主要表现为地区间、城乡间以及不同社会群体间的基本公共服务不均等差异(侯惠勤,辛向阳,易定宏,2012)[④]。梁朋(2016)认为,在一个开放的现代社会,社会分层仍然是一个客观事实。社会成员因为经济、政治、社会地位的高低不同而分化为不同的社会阶层。长期以来,由于我国在基本公共服务的提供方面存在着偏差,广大低收入者及弱势群体所得到的公共服务严重不足,远不能满足他们对公共服务的基本需求,当前不同阶层之间所能够享受的公共服务水平存在着相当大的反差[⑤]。李伟(2013)认为应按照"普惠、均等、一体"的原则,将以农民工为主的流动人口纳入城镇公共服务体系,使其在基本公共服务方面与城镇居民享有同等待遇。[⑥]

　　其三,基本公共服务非均等化的主要原因。王伟同(2009)认为,政府能力和偏好而非实际公共需求的公共服务提供机制,导致基本公共服务领域非均等问题[⑦]。李拓、李斌、余曼(2016)认为从服务对象层面看,地方政府往往以户籍

① 赵春蕾.我国基本公共服务均等化路径研究[J].经济纵横,2015(12):18-21.
② 常修泽.公共服务均等化亟须体制支撑[J].刊授党校(学习特刊),2007(04):18-19.
③ 张强.基本公共服务均等化:制度保障与绩效评价[J].西北师大学报(社会科学版),2009,46(02):70-74.
④ 侯惠勤,辛向阳,金民卿.西方"民主人权输出"的背后[J].红旗文稿,2012(10):8-11+1.
⑤ 梁朋.推进基本公共服务均等化是实现共享发展的现实路径[J].晋阳学刊,2016(06):134-139.
⑥ 李伟.我国城乡居民收入差距问题研究综述[J].经济研究参考,2013(24):40-50.
⑦ 王伟同.城市化进程与城乡基本公共服务均等化[J].财贸经济,2009(02):40-45.

为标尺提供差异化公共服务,户籍人口享受的教育、医疗、社保等服务水平往往高于非户籍人口,这些项目可称为"软"公共服务;而公共设施、环境保护、交通通信等则基本不存在户籍层面的差别,可称为"硬"公共服务[①]。彭健(2010)[②]、田发等(2010)[③]认为政府间财力分配的非均等化、事权与财力不相匹配,弱化了基层政府的公共服务供给能力。王伟同(2009)认为,基于政府能力和偏好而非实际公共需求的公共服务提供机制,是引致当前基本公共服务领域非均等问题出现的本质原因[④]。贺小林,马西恒(2016)认为,基本公共服务均等化必须建立在稳固的财政保障基础之上,但在经济新常态背景下,政府财政增速放缓的态势将影响基本公共服务发展的财政供给能力[⑤]。

国内许多学者从我国转移支付的均等化效应角度分析了公共服务(财政)不均等的原因。朱润喜、王群群(2017)在阐述我国地方政府非正式财权及转移支付联动影响公共服务均等化的作用机理基础上,将地方非正式财权作为门槛变量,通过建立面板门槛回归模型实证考察了2001-2014年间转移支付对公共服务均等化的门槛效应影响。结果发现:随着地方政府非正式财权的动态变化,转移支付对公共服务均等化的影响效果呈现出较显著的门槛效应。当地方政府非正式财权水平较低时,转移支付对公共服务均等化的促进作用微弱甚至会产生抑制效果;当地方政府非正式财权水平逐步提高时,转移支付水平会逐步起到促进公共服务均等化的作用;而当地方政府非正式财权水平进一步提高时,转移支付促进公共服务均等化的效果又会逐步弱化[⑥]。彭健(2010)[⑦]、田发(2010)[⑧]等认为财政体制的其他问题也导致了我国的基本公共服务非均等化

① 李拓,李斌,余曼.财政分权、户籍管制与基本公共服务供给——基于公共服务分类视角的动态空间计量检验[J].统计研究,2016,33(08):80-88.
② 彭健.基本公共服务均等化视角下的财政体制优化[J].财经问题研究,2010(02):80-84.
③ 田发,周琛影.基本公共服务均等化:一个财政体制变迁的分析框架[J].社会科学,2010(02):30-36+187-188.
④ 王伟同.城市化进程与城乡基本公共服务均等化[J].财贸经济,2009(02):40-45.
⑤ 贺小林,马西恒.基本公共服务均等化的财政保障机制与模式探索——经济新常态下浦东改革的实证分析[J].上海行政学院学报,2016,17(05):27-35.
⑥ 朱润喜,王群群.地方政府非正式财权、转移支付与公共服务均等化——基于中国省际面板门槛效应分析[J].经济问题,2017(11):28-34.
⑦ 彭健.基本公共服务均等化视角下的财政体制优化[J].财经问题研究,2010(02):80-84.
⑧ 田发,周琛影.基本公共服务均等化:一个财政体制变迁的分析框架[J].社会科学,2010(02):30-36+187-188.

的现状,例如"存量不动,调整增量"的分税制改革固化了地区间的财力差距;政府间财力分配的非均等化、事权与财力不相匹配,弱化了基层政府的公共服务供给能力。安体富、任强(2007)提出,要调整转移支付结构,增加均等效果明显的一般转移支付,减少甚至取消具有逆均等化效果的税收返还及原体制补助等,规范转移支付;转移支付应更多考虑公共品因素,加强对转移支付的监督及均等化效果的评估等①。金人庆(2006)主张通过调整转移支付和中央财政支出结构、加大对农村和中西部基本公共服务的投入力度、培育地方政府履行公共服务职能的稳定财源等途径实现公共服务均等化。② 赵卿(2017)基于我国七个省份 1996—2015 年的数据,运用协整分析方法论证了财政支出均等化与基本公共服务产出均等化之间存在长期的协整关系,表明在我国通过推进财政支出均等化来实现基本公共服务均等化的路径是可行的③。总之,政府间财政关系的和谐是我国基本公共服务非均等化的重要条件。当然,也有学者认为,实现公共服务均等化不能光靠财政,还应当跳出财政看问题,从政策路径选择上看,要考虑发展与改革的结合、财力与制度的结合、供给与需求的结合、政府与市场的结合刘尚希(2007)④。

其四,基本公共服务均等化的现状评估。国内一部分学者,特别是财政学者,多采用财政均等化的相关指标来反映基本公共服务均等化的程度。例如,有一部分学者直接对基本公共服务均等化来设计指标。例如陈昌盛(2007)⑤ 等构建了包含 8 大项 165 小类的评价指标体系,评价了我国公共服务绩效的地区差异。汤学兵(2009)选择 7 类 35 项指标,利用多指标的动态综合评价法,计算各省区 1996—2006 年基本公共服务均等化指数⑥。王阳亮(2017)基于 2008—2015 年我国 31 个省(区、市)的统计数据,综合数据的时序特征和截面特征,发现我国公共服务供给的瓶颈在于供给效果增长乏力,公共服务供给

---

① 安体富,任强.中国公共服务均等化水平指标体系的构建——基于地区差别视角的量化分析[J].财贸经济,2008(06):79-82.
② 金人庆.完善公共财政制度 逐步实现基本公共服务均等化[J].农村财政与财务,2006(12):4-6.
③ 赵卿.财政支出均等化促进基本公共服务产出均等化的实证分析[J].时代金融,2017(08):32-33.
④ 刘尚希.基本公共服务均等化与政府财政责任[J].中国党政干部论坛,2008(11):28-31.
⑤ 陈昌盛,蔡跃洲.我国公共卫生状况:总体水平低、改善速度慢、地区差异大[J].中国卫生,2007(06):32-34.
⑥ 汤学兵.论中国区际基本公共服务均等化的路径选择和保障机制[J].财贸经济,2009(07):68-73.

绩效在省域间存在地区差距，并且显示出地理分化和集聚性。地区间公共服务供给绩效差异一方面与经济发展水平相关，另一方面也与地方政府的治理能力相关[①]。

其五，基本公共服务均等化的实现路径。宋晓梧（2010）认为应当加大基本公共服务投入总量，他分析了我国比人均 GDP3000 美元以下的国家在教育、医疗、社会保障方面的投入低 13 个百分点，比人均 GDP3000～6000 美元的国家平均低 24 个百分点，加大投入空间很大[②]。王阳亮（2017）认为，"十三五"期间，我国公共服务供给侧改革应以改善供给效果为中心目标，建立结果导向的激励机制，调整公共服务供给的责任结构，通过向社会组织购买服务降低部分公共服务的管理层次，增强公共服务的专业性和回应性，提升人民群众的获得感[③]。吴业苗（2017）认为，新型城镇化发展的关键问题和主要矛盾是人的城镇化不断发展与公共服务供给不足及非均等化之间的矛盾，就人的城镇化实践中公共服务供给存在的总量不足、结构失衡、精准缺乏等问题来看，公共服务供给侧改革需要优化公共服务资源空间配置、提高公共服务共建能力、推进公共服务差别化供给、增强基本公共服务国家统筹、优化公共服务项目清单、防范公共服务供给风险[④]。

1.2.2　研究述评

围绕基本公共服务均等化问题，国内外学者进行了大量研究，取得了丰硕的研究成果。国外学者关于公平正义理论的演绎发展，为基本公共服务均等化研究提供必要的思想渊源；以公共产品理论为基础而发展起来的各种公共服务理论为基本公共服务均等化研究提供了理论基础[⑤]。国内外学者多角度比较深入地研究了基本公共服务均等化问题，在基本公共服务均等化的内涵、外延、均等化的度量方法、非均等化的原因分析、实现均等化的主要途径等方面获得了较多成果，这些成果对于各国政府推进公共服务均等化的实践发挥了重要作

---

① 王阳亮.公共服务供给的瓶颈与绩效特征[J].改革,2017(05):74-81.
② 宋晓梧.以基本公共服务均等化为主要指标衡量区域协调发展水平[J].宏观经济管理,2010(07):25.
③ 王阳亮.公共服务供给的瓶颈与绩效特征[J].改革,2017(05):74-81.
④ 吴业苗."人的城镇化"困境与公共服务供给侧改革[J].社会科学,2017(01):72-81.
⑤ 孙玉妮.基本公共服务均等化问题研究综述[J].辽宁行政学院学报,2010,12(12):16-18.

用,基本公共服务均等化已经成为许多国家政府的基本政策与制度安排,而且对于深化超大城市基本公共服务均等化问题的研究具有启迪价值。国内学者对基本公共服务均等化的研究时间虽然不长,但已经基本形成较为完整的研究框架。但是,现有研究仍存在一些不足。

第一,学界针对区域和城乡之间基本公共服务均等化问题讨论较多,但是基本公共服务在不同社会群体间的均等化问题研究不足,尤其是我国超大城市复杂人口结构和严格户籍制度背景下,户籍居民和非户籍常住居民之间实现基本公共服务服务均等化难度更大,迫切要求深入研究超大城市"新二元结构"现象,揭示户籍居民和非户籍常住居民基本公共服务非均等化的社会机理,进而为实现基本公共服务服务均等化的政策设计提供决策依据。

第二,超大城市基本公共服务均等化问题,表现为不断扩大的常住人口规模与基本公共服务资源供给能力相对不足的矛盾,本质上是现行基本公共服务供给体制和户籍管理政策,不适应城市经济社会发展和人口结构的变迁。因此,如何有效地实现基本公共服务供给与需求之间的动态平衡,逐步缩小户籍居民和非户籍常住居民之间享有基本公共服务待遇水平的差距,依然是超大城市推进基本公共服务均等化进程中需要解决的重要问题。

第三,从超大城市基本公共服务承载力的视角,结合公共产品和服务的供给成本和供给效率,较为精确地把握基本公共服务均等化进阶程度,也有待于进一步深入研究。

1.3　研究方法与框架

1.3.1　研究方法

1)规范性研究方法

超大城市基本公共服务均等化的实现路径研究,要解决的是基本公共服务均等化"有效路径"问题,即超大城市推进基本公共服务均等化进程中,如何有效增强各级政府基本公共服务供给能力,化解不断扩大的基本公共服务需求与基本公共服务资源供给能力相对不足的矛盾。因此,要从以下四个方面展开规范性研究。首先,从理论上厘清基本公共服务均等化内涵特征,考察我国基本公共服务均等化的历史进程；其次，分析超大城市特殊的人口结构和资源要素禀赋，分析超大城市基本公共服务承载力；再次，阐释超大城市"新二元结构"现象，分析超大城市实现基本公共服务均等化制约因素及形成的社会机理；最后，基于对国外移民基本公共服务和促进社会融入政策选择和制度设计进行考察，获取对我国有启迪价值的国际经验。上述规范性研究，将为破解超大城市基本公共服务供需矛盾的实践方案，实现基本公共服务均等化路径设计和策略选择提供理论依据。

2）实证研究方法

超大城市基本公共服务均等化的实现路径研究，要提出实现基本公共服务均等化的有效路径和策略方案，即解决不断扩大的常住人口规模与基本公共服务资源供给能力相对不足的矛盾具体措施。因此，需要研究超大城市基本公共服务资源供给能力，户籍居民和非户籍常住居民基本公共服务需求，超大城市不同人群基本公共服务享有水平的差距等问题，这就需要通过实证研究，获取经验事实和数据，分析超大城市基本公共服务均等化状态。首先，选择实证研究样本，鉴于我国超大城市数量较多，本研究选择北京、上海和广州三个典型城市，进行实证分析。其次，依据我国基本公共服务十三规划所确定的内容，选择基本教育服务、基本医疗服务、基本社会保障、基本文化体育服务四个主要方面，收集上述三个超大城市的面板统计数据，通过抽样问卷调查，分析超大城市"新二元结构"现象，考察户籍居民和非户籍常住居民基本公共服务需求差异及享有水平差距，进而把握北京、上海和广州三个城市基本公共服务均等化的实际进程。最后，在实证研究基础上，基于超大城市人口结构和资源要素禀赋，探究超大城市"新二元结构"，设计基本公共服务均等化有效进阶路径及行动策略。

3）比较研究方法

超大城市基本公共服务均等化的实现路径研究，需要进行横向和纵向比较。所谓纵向比较，就是从现实和历史维度比较分析我国城市基本公共服务均等化演化进程；所谓横向比较，就是从国内和国际视角比较分析典型国家基本公共服务均等化经验对我国启迪价值。首先，分析我国北京、上海和广州基本公共服务均等化历史演进和现实状态，比较分析三个城市基本公共服务均等化演化进程特征;其次,收集典型国家移民政策和基本公共服务均等化相关制度和政策资料,分析不同经济社会文化背景和不同社会发展阶段下,典型国家移民政策案例和基本公共服务均等化的政策效应,阐释国外基本公共服务供给政策对我国的启迪意义。

4)统计分析方法

超大城市基本公共服务均等化的实现路径研究,需要梳理超大城市基本公共服务均等化影响因素,揭示相关影响因素对基本公共服务均等化的作用机理,构建基本公共服务需求与供给之间动态平衡模型。因此,研究需要使用计量分析模型。首先,运用回归模型分析影响超大城市基本公共服务均等化的各类因素以及作用机理;其次,运用经济动态平衡模型,构建超大城市常住人口规模与基本公共服务供给能力之间动态平衡模型,以及超大城市逐步缩小户籍人口和非户籍外来常住人口之间基本公共服务非均等化差距的进阶理论模型。

1.3.2　研究框架

本书结构框架共分为七章,除第一章绪论外,其余六章围绕超大城市基本公共服务均等化实现路径问题,聚焦破解超大城市"新二元结构"和基本公共服务不均等问题,研究超大城市基本公共服务供需动态平衡的理论模型和行动策略。

第一,超大城市基本公共服务均等化理论探讨。系统阐释公共服务、基本公共服务、基本公共服务均等化等一系列相关概念,并对上述概念的使用范围与特征作出理论分析。

第二,超大城市基本公共服务均等化历史进程。以北京、上海和广州三个超大城市为例,运用实证调查和统计分析方法,研究三个超大城市户籍居民与非户籍常住居民两大社会群体之间基本公共服务均等化问题。从历史和现实两个维度,规模、类型和水平三个方面,探究超大城市不同社会群体间基本公共服务供给与需求的差异性,比较分析上海、北京和广州三个城市基本公共服务资源供给和制度供给能力,以及基本公共服务均等化进程的差异。

第三,超大城市基本公共服务均等化制约因素。研究"新二元结构"形成的社会机理,结合实证调查,运用回归模型分析制约基本公共服务均等化的影响因素,深入剖析不断扩大的常住人口规模和基本公共服务需求与基本公共服务资源供给能力相对不足之间的矛盾。

第四,超大城市基本公共服务均等化动态模型。构建超大城市常住人口基本公共服务需求与供给之间的动态平衡模型,以及逐步缩小超大城市户籍居民和非户籍常住居民之间享有基本公共服务差距的进阶理论模型。基本公共服务供需动态平衡,就是要使基本公共服务对超大城市全体常住居民的供给保持一致性,也就是说城市常住居民应当享有基本相一致的基本公共服务。因此,要在分析超大城市常住人口规模,城市基本公共服务资源承载力的基础上,建立超大城市基本公共服务供需动态平衡模型,即在有效调控超大城市常住人口规模、合理配置财政经费支出总量的基础上,从规模、类型与水平三个维度,构建超大城市常住居民均等化享有(或称"均等化约束条件下")的基本公共服务需求(适度需求)与基本公共服务资源承载力("极限供给力")与之间动态平衡模型。

第五,超大城市基本公共服务均等化国际比较。超大城市基本公共服务均等化的国际比较研究。选择法国巴黎、美国纽约、英国伦敦等典型国家超大城市为案例,研究典型国家政府推动外来移民社会融入,消除或缓解外来移民与原籍居民之间基本公共服务供给差异性的社会政策,概括国际经验及对我国启示。

第六,超大城市基本公共服务均等化路径选择。研究超大城市推进基本公共服务均等化的有效路径及政策选择,要探究超大城市常住人口基本公共服务需求与供给动态平衡的实现条件,常住人口规模控制,需求结构引导与优化,资源承载力提高,财政供给效率和能力提升,多元供给结构完善。基于上述约束条件,研究超大城市逐步缩小户籍居民和非户籍常住居民之间基本公共服务均等化差距的进阶模型,研究基本公共服务供给在时间维度(不同发展阶段)的演进策略,以及在空间维度(不同城市区域)的配置策略。阐释提高基本公共服务资源供给和制度供给能力的制度框架,提出逐步实现常住人口基本公共服务需求与基本公共服务资源供给能力之间的动态平衡的综合改革方案。

1.3.3 理论创新

超大城市推进基本公共服务均等化研究,是要从理论上阐释我国超大城市

"新二元结构"现象,揭示籍居民和非户籍常住居民之间基本公共服务均等化差距形成机理,剖析超大城市不断增长的常住人口基本公共服务需求与基本公共服务资源供给能力相对不足的矛盾,构建超大城市常住人口基本公共服务需求与供给之间动态平衡的理论模型,为超大城市提升基本公共服务供给能力,调整供需结构,实现基本公共服务均等化提供理论依据,实践路径和改革方案和政策建议。达成上述研究目标需要付出艰苦劳动,研究能够对我国超大城市基本公共服务均等化实践提供些许帮助,将使笔者深感宽慰,研究过程中获得一些心得,难以称得上学术创新,在此列举,期望得到学者的批评和指正。

第一,对基本公共服务均等化概念及特征作了规范的学理界定。学界关于公共服务、基本公共服务和基本公共服务均等化等相关概念内涵及特征有不同的看法,尤其是上述概念的基本内容、适用范围、测量标准有着较大争议。因此,系统梳理和审慎辨析学界观点,从历史和现实维度,考察公共服务、基本公共服务和基本公共服务均等化概念提出背景,分析概念演化特征,探究概念适用时空条件,进而对概念做出科学阐释,这对于深刻把握超大城市基本公共服务均等化问题奠定良好学理基础。

第二,深入探讨了基本公共服务均等化实现瓶颈及社会机理。以北京、上海和广州三个超大城市为例,运用实证调查方法,采用统计分析,基于类型和水平分析了户籍居民与非户籍常住居民两大社会群体之间基本公共服务需求与供给的差异性,揭示了制约基本公共服务均等化的影响因素及作用机理。从超大城市"新二元结构"视角,阐释超大城市不断扩大的常住人口基本公共服务需求与供给能力相对不足之间的矛盾,揭示我国超大城市基本公共服务均等化问题形成的社会机理。超大城市基本公共服务供给对象应当是城市常住人口,然而超大城市较高的经济社会发展水平和丰富的公共服务资源,导致非户籍常住人口持续膨胀,消除户籍居民与非户籍常住居民之间基本公共服务制度供给差异,存在巨大资源缺口,城市基本公共服务资源不足和制度供给能力相对不足的矛盾,制约着超大城市基本公共服务均等化进程。所以,简单的户籍制度改革并不能有效地解决超大城市不同人群之间基本公共服务均等化问题,综合施策,逐步推进,动态平衡是有效的策略选择。

第三,建构基于常住人口的超大城市基本公共服务供需动态平衡模型。分析我国超大城市人口规模和结构演化趋势，考察超大城市基本公共服务资源承载力和制度供给能力，构建供需动态平衡模型，即政府合理调控常住人口规模、财政经费支出总量，实现超大城市基本公共服务资源承载力（"极限供给力"）与均等化前提下（或称"均等化约束条件下"）的基本公共服务"适度需求"之间动态平衡模型。建构基本公共服务供需动态平衡模型，为把握超大城市推进基本公共服务的政策敏感性和政策实施效应提供了重要测量工具。

第四，提出了基本公共服务均等化实现路径及行动策略。超大城市基本公共服务均等化是一个渐进过程，实现路径是，基于基本公共服务供给覆盖全体常住人口的基本政策取向，通过调整人口政策、财政政策、市场机制和转变政府职能等综合改革方案，在有效控制常住人口规模和不断增加资源和制度供给能力的前提下，实现超大城市常住人口基本公共服务需求和供给之间的动态平衡。

研究超大城市政府控制常住人口规模与提升基本公共服务供给能力，保持两者之间动态平衡的制度框架和有效路径，进而提出逐步缩小超大城市户籍人口和非户籍外来常住人口之间基本公共服务非均等化差距进阶模型，研究基本公共服务供给在时间维度（不同发展阶段）的演进策略，以及在空间维度（不同城市区域）的配置策略。通过对北京、上海和广州三个典型城市的个案研究，提出促进超大城市基本公共服务均等化的综合改革方案，现阶段超大城市推进基本公共服务均等化的政策供给和制度安排的路线图是，在保持常住人口与基本公共服务供给能力的动态平衡基础上，以渐进式推进为基调，以基本公共产品供给均等化为重点，逐步推进基本公共服务均等化。

第 2 章

超大城市基本公共服务均等化的理论探讨

概念阐释是问题研究的逻辑起点。研究超大城市基本公共服务均等化,首先要梳理和辨析公共服务、基本公共服务、基本公共服务均等化等一系列相关概念。本章将对上述概念作出阐释,并对概念使用范围与特征作出分析。

2.1 基本公共服务概念阐释

2.1.1 公共服务

公共服务是 21 世纪公共行政和政府改革的核心理念。建设"服务型政府"是当前我国政府行政管理体制改革实践的目标之一。2003 年 10 月,中国共产党十六届三中全会通过的《中共中央关于完善社会主义市场经济体制若干问题的决定》明确提出"转变政府经济管理职能。深化行政审批制度改革,切实把政府经济管理职能转到主要为市场主体服务和创造良好发展环境上来。"在理论界,2004 年美国学者珍妮特·V.登哈特、罗伯特·B.登哈特的著作《新公共服务:服务,而不是掌舵》被译成中文出版后,国内关于公共服务讨论逐渐成为学界热议话题。笔者运用文献归类、综合比较分析方法,对公共服务概念阐释,以期为基本公共服务均等化问题研究提供概念分析基础。

1)公共服务基本内涵

公共服务(public service)概念内涵,学界有着广泛的讨论,不同学者有着不同的见解。学界普遍认可最早明确提出公共服务概念的是法国公共学者莱昂·狄骥,他在其 1912 年出版的专著《公法的变迁》中界定了这一概念①。莱昂·狄骥认为"任何国家都存在着一个向他人施加物质性强制的个人或个人群体,但这种权力并不是一种权利,而纯粹是一种行为能力"②,他为公共服务概念作了明确界定:公共服务是政府应当履行的行为,这种行为是政府的义务,随着社会文明的进步,基于公共需求的政府公共服务行为,在职责、性质和范围方面呈上升趋势,结果是公共服务的供给数量也在不断增加。1954 年,保罗·萨缪尔森在《公共支出的纯理论》从中通过对公共物品概念清晰阐释,进一步丰富和完善了公共服务范畴。此后,学界关于公共产品理论研究不断深化,人们对公共服务概念内涵和外延把握也获得了不断丰富和拓展③。

纵观学界观点,公共服务概念的界定主要有三个视角:其一,从公共产品视角阐释公共服务内涵。公共服务是社会公共部门向全体社会成员提供的,满足社会成员基本需要的服务或产品;其二,从公共利益视角解释公共服务内涵。公共服务具有整体集合性和公益性,必须满足社会共同的需要,所以公共服务体现了整个社会的公共利益,即公共服务具有公共利益特征。其三,从政府职能视角阐释公共服务内涵。政府是为社会发展提供服务的公共管理机构,所以政府所做的事情就是公共服务,政府的职能就是提供公共服务。

虽然每个学者从不同研究视角为公共服务给出了不同的界定,但是,笔者认为公共服务的基本内涵应当包括以下三层含义:其一,从供给主体看,政府主导下社会多元主体合作参与的具有公共利益属性的行为;其二,从供给内容看,保障全体社会成员生存和发展所需要的服务与产品;其三,从供给特征看,基于社会公平正义,通过公共权力和公共资源,保护每个社会成员最基本的生存权和发展权。

公共服务有狭义和广义之分。广义的公共服务,包括国家从事的经济调节、市场监管、社会管理等职能活动,即凡属政府的行政管理行为,维护市场秩序和社会秩序的监管行为都属于广义的公共服务。狭义的公共服务,主要包括城乡公共设施建设,教育科技、卫生文体、社会保障等公共事业。狭义的公共服

① 高铁军.比较视野下公共服务的概念与理论简析[J].人民论坛·学术前沿,2015(10):86-95.
② [法]莱昂·狄骥.公法的变迁[M].邓戈,译.沈阳:辽海出版社,春风文艺出版社,1999.
③ 郑晓曦,余梦秋.基本公共服务均等化内涵综述[J].经贸实践,2017(05):290.

务特点在于能够满足全体社会成员日常生活的直接需求,凡是能够满足人民群众生活、生存与发展直接需求的服务和产品都可以纳入公共服务范畴。至于宏观经济稳定、市场秩序和社会秩序等则是社会成员活动的间接需求,不是满足社会成员特定的直接需求的。概括而言,公共服务的基本使命就是满足社会成员的需要,公共服务需求的满足包括直接满足和间接满足。间接满足人民需求的属于广义上的公共服务,直接满足人民需求的属于狭义上的公共服务,从这一意义上讲,本书所要界定的公共服务,应当是狭义的公共服务内涵,即:政府主导下社会多元主体合作参与提供的,基于社会公平正义,通过公共权力和公共资源,满足全体社会成员生存和发展直接需要,保障每个社会成员生存权和发展权的各种社会条件。

2)公共服务概念演化

从历史视角考察,公共服务实践的产生远早于概念出现之前。公共服务最先以"公共福利"的实践方式存在。在古希腊时期,在"个人权利"与"整体利益"的观念还没有得到明确区分的背景下,以维护城邦"整体利益"为主要目的福利行为是非常盛行的。随着社会历史实践的发展,公共服务的"理念"和"精神"萌生,继而公共服务的概念和实践得以明确[1]。公共服务产生于近代的资本主义社会,伴随着政府职能转型的公共服务在理论和实践上都经历了一个不断调整发展的过程。

从学科视角考察,社会学最早形成了公共服务理论的萌芽。社会学研究人类共存的社会合作体系和社会关系,社会成员的共同活动产生了社会共同职能,而这种共同职能包含了公共服务理论萌芽,可以说社会学理论为公共服务理论的产生和发展提供了基础。政治学学科以社会契约、主权在民及公共性理论为发展公共服务基本理论提供了学理基础。从政治学视角看,公共服务是运用公共权力来实施的一种公共活动,国家、政府是公共权力的掌有者,是公共服务的主要责任承担者[2]。政治学将公共服务的主体和对象的关系带入了一个崭新的领域,并为公共服务理论的发展提供了更加充分的证明。如法国政治学家莱昂·狄骥将公共服务解释为一种国家行为,他认为:"任何因其与社会团结的实现与促进不可分割的、而必须由政府来加以规范和控制的活动就是一项公共服务。"①

　　从实践视角考察，将公共服务从理论引入实践的是经济学。1936年，英国经济学家约翰·梅纳德·凯恩斯发表了《就业、利息和货币通论》，提出了国家干预经济理论。凯恩斯理论将国家的公共服务供给解读为现代国家扩大需求、拉动经济发展有效政策工具。保罗·萨缪尔森提出"公共产品"理论提出之后，公共服务逐渐成为经济学和财政学研究的重要内容②。萨缪尔森对公共产品概念进行了界定："必须由集团中的所有成员均等消费的产品。如果集体中的任何一个成员可以得到一个单位，那么根据定义，该集团的每一个其他成员也必须可以得到一个单位。"③据此，萨缪尔森提出了公共产品两个基本特征，即非排他性和非竞争性。在此基础上，西方许多学者认为将公共产品和公共服务联系起来，认为公共服务是政府为了满足社会公共需要，向居民提供公共产品的服务行为的总称。

　　随后詹姆斯·布坎南④补充和发展了萨缪尔森的公共产品理论，提出了准公共物品概念，他认为准公共产品的主要特征是不能同时满足萨缪尔森所归纳的两大特征，或者只有排他性，或者只有竞争性。公共产品和准公共产品概念的形成和理论的发展，为进一步丰富和深化公共服务理论奠定了学理基础。

　　在中国，学术界关于公共服务内涵的界定，迄今没有一致的说法。到目前为止，中国学者关于公共服务内涵的理解主要有"物品解释法""利益解释法""主体解释法""服务解释法"等。所谓物品解释法，即从物品的视角来界定公共服务，将公共服务等同于公共产品，通过解释公共物品这一概念来推演和解释公共服务。如马庆钰认为，公共服务主要是指由公法人授权的政府和非政府组织在纯粹、混合性物品的生产和提供中所承担的职责⑤。所谓利益解释法，基于政府对公共利益的判断解释公共服务，公共利益才是判定公共服务的内在依

① ［法］莱昂·狄骥.公法的变迁［M］.邓戈，译.沈阳：辽海出版社，春风文艺出版社，1999.
② 严明明.论公共服务公平性［D］.长春：吉林大学，2012.
③ Samuelson, Paul A. The Pure Theory of Public Expenditure［J］. The Review of Economics and Statistics, 1954, 36(4):387-389.
④ An Economic Theory of Clubs James M. Buchanan Economica［J］. New Series, Vol. 32, No. 125. (Feb., 1965), pp. 1-14.
⑤ 马庆钰.关于"公共服务"的解读［J］.中国行政管理，2005(02):78-82.

据,某一物品只有与公共利益结合在一起时才具有公共服务的属性①。所谓主体解释法,认为公共服务是政府利用公共权力或公共资源,维护社会秩序的一系列公共行为②。所谓服务解释法,从服务的特性来解释公共服务。如陈昌盛认为,"公共服务通常指建立在一定社会共识基础上,为实现特定公共利益,一国全体公民不论其种族、性别、居所、收入和地位等方面的差异,都应公平、普遍享有的服务"③。

3)公共服务基本类型

公共服务根据内容和形式分为基础公共服务、经济公共服务、公共安全服务、社会公共服务四大类型。

基础公共服务是指国家通过公共权力,运用公共资源,为全体社会成员及社会组织提供生产、生活、发展和娱乐等活动需要的基础性服务,例如水、电、煤、气、交通与通信等基础设施。经济公共服务是指国家运用公共权力或投入公共资源向全体社会成员及企业事业单位从事经济发展活动需要提供的各类服务,如科技服务、咨询服务等。公共安全服务是指国家运用公共权力为全体社会成员提供的安全服务,如军队、警察和消防等。社会公共服务则是指国家运用公共权力投入公共资源为满足全体社会成员社会活动的直接需要所提供的各类服务。社会公共服务内容十分广泛,涉及基础教育、公共卫生和基本医疗服务、社会保障、公共文化、环境保护等诸多领域。

4)公共服务基本属性

基本属性是事物本身所固有的性质。分析公共服务基本属性,有助于我们全面把握公共服务的内涵。"服务"是公共服务的核心要素。公共服务以全体社会成员为服务对象,以满足全体社会成员的公共需要为目标。所以,公共服务不仅具有"服务"的一般性特征,同时,因"公共性"的特质而具有内在的特殊性④。具体而言,公共服务基本属性有以下三个方面。

第一,公平性是公共服务本质属性。公共服务的目的是要实现公共利益,公共利益实现要求社会成员平等享有公共服务。所以,公平性是公共服务实践

①　陈庆云.公共政策分析[M].北京:中国经济出版社,2000.
②　刘尚希.基本公共服务均等化与政府财政责任[J].中国党政干部论坛,2008(11):28-31.
③　陈昌盛.基本公共服务均等化:中国行动路线图[J].财会研究,2008(02):15-16.
④　严明明.论公共服务公平性[D].长春:吉林大学,2012.

的价值基础。公共服务公平性属性并不否定效率性，公共服务的公平性与效率性是共存和互补、相互促进关系。一方面，公共服务体现了公平性有助于实现社会稳定，社会稳定就激发社会成员活力，形成效率够推动社会发展。另一方面，公共服务的公平性有利于确立社会公平正义，公平正义能够带领更高的生产率，效率提高，资源更优化配置，公共服务的投入更加有效。由此来看，公共服务的公平性与效率性两者是互补的关系，并统一于社会发展的实践。

第二，公共性是公共服务的重要属性。公共利益的价值导向是公共服务的重要特征之一。公共服务供给要以实现公共利益为目标，公共服务要解决的是公共性问题，要满足的是公共需求，两者均具有普遍的公共性。公共服务具有的非竞争性和非排他性特征，表现为一些人对某一产品的消费不会影响另一些人对它的消费，某些人对这一产品的利用，不会排斥另一些人对它的利用，人们免费消费的公共服务，具有非常低的边际生产成本。因此，政府依据所掌控的公共权力和公共资源，为社会成员提供公共服务，应当是遵循非歧视性、同等对待的原则，做到一视同仁地满足所有公众的需求。

第三，社会性是公共服务的又一重要属性。公共服务供给目的是满足全体社会成员的需求，公共服务的供给对象是人或者由人组成的群体，公共服务的任何一个基本要素，都以人的存在和发展为基本前提，人的社会性决定了公共服务的社会性，在特定的时空条件和历史阶段中，一个国家的每个公民不论出身、阶层、民族等的差异，都有平等地享有公共服务的权利，公共服务供给应当覆盖全社会。

在公共服务的三个基本属性之中，社会性和公共性决定了公共服务的公平性。而公共服务公平性是公共服务最本质的属性，是其基本价值依归。公共服务的三个基本属性通过满足社会成员某种直接需求体现出来。然而，人的需求是有层次的，即人的需要是从低级向高级发展的过程。随着物质生活条件不断提高，人们的需求层次也将随之不断提升。同样，人们对于公共服务的需求层次也会随着现实条件的改善而逐步提高，在同一时期不同的人具有不同的需求层次，在不同时期同一人也会具有不同的需求层次。面对人们不同层次的需求，公共服务供给要适应人们需求，应当具有一定的层次性，为了满足不同人群和不同层次公共服务的需求，公共服务供给政策需要有重点和优先次序。公共服务需求层次根据供给范围,可以划分为面向全国性的公共服务、面向地方性的公共服务和面向社区性的公共服务三个层面。当然,公共服务供给不同层面的划分,涉及中央与地方之间财权与事权以及责任的划分。

5)公共服务基本特征

公共服务具有三个特点:一是具体性,即公民能具体地、现实地享受到由公共部门提供的公共服务,如义务教育、医疗保险等。二是直接性,即政府和其他公共部门直接满足公民及其组织的基本需求,如公共卫生、基本医疗等。三是公共性,公共服务是一种无差别化的规模供给,满足大众的消费和需求,一般不为单个消费者提供特殊服务[①]。

把握公共服务特征,需要辨析公共服务与私人服务、社会服务之间的区别。例如,教育和医疗卫生等专业性服务可以来自三个方面,即由营利性的私人企业提供的私人服务;非营利社会组织提供的社会服务;由政府使用公共权力与公共资源提供的公共服务。由此可见,判断一种服务是否属于公共服务,在于其提供方以及其所使用的权力与资源的性质。公共服务就是指使用公共权力和公共资源向社会成员提供的各项服务。教育和医疗卫生服务只有使用了公共权力或公共资源,才称得上是公共服务。为了牟利使用私人资源所提供的教育或卫生服务属于私人服务,非营利社会组织使用社会资源所提供教育或卫生服务属于社会公益性服务。所以,公共服务与私人服务、社会服务三种不同类型服务的性质是不同的:公共服务体现的是公民权利与国家责任之间的公共关系;私人服务体现的是以货币可支付能力为前提的私人牟利追求与消费者之间的市场关系;而社会公益性服务则体现的是部分社会成员的善意与志愿精神同特定社会群体之间的社会关系[②]。

6)公共服务的运行结构

公共服务的基本内涵、属性、层次和分类主要是从静态的角度来对公共服务的基本特征来予以描述。要全面地对公共服务进行深层次剖析,还需从动态的角度对公共服务的整体运行过程进行系统分析。

公共服务从供给到享有的整体运行过程涉及三个基本的要素:公共服务供

---

① 张志刚.公共管理学[M].大连:大连理工大学出版社,2008.
② 张志刚.公共管理学[M].大连:大连理工大学出版社,2008.

给者、公共服务内容、公共服务享有者。以三个要素为基础，可以将公共服务运行过程分为三个主要阶段：公共服务成本分担（融资）；公共服务供给（投入、产出、效果）；公共服务享有（对供给效果的感受）[1]。

公共服务的成本分担是公共服务供给的前提。公共服务成本主要是用于公共服务的费用，即公共服务投入的资本。公共服务成本的来源，主要有两个方面：其一，国家向全体社会成员筹集资金；第二国家税收形成的公共财政。所以，从源头上来看，实际上民众是公共服务成本的实质承担者，既然公共服务成本社会成员共同承担，就会产出不同地区，不同人群承担不均衡问题，甚至出现基于自然、制度因素的成本分担上直接和间接的不公问题。

公共服务的供给是公共服务活动中的一个非常重要的环节。公共服务的供给包括公共服务供给主体、供给方式以及供给流程等几个方面。现代社会中，公共服务的供给主体是多元的，政府是公共服务供给最主要的主体，但是企业和各类社会组织等市场主体和社会主体也可以成为公共服务的供给主体。当然，企业和社会组织参与公共服务供给，应当在政府主导下，通过政府授权或通过向政府购买服务来实现。公共服务供给主体的多元化，丰富了公共服务的供给渠道和供给方式，提高了公共服务的供给效率。

公共服务供给流程，主要包括公共服务的投入、产出、效果三个主要流程。科学合理公共服务供给流程设计，是提高公共服务供给效率的关键。公共服务供给效果可以通过数据进行测量和显示，但是数据显示只是一种外在的、客观的衡量标准。公共服务供给效果最终将通过社会成员的获得感体现，社会成员对公共服务的获得感是一种内在的、主观的衡量标准[2]。然而，不同地区、不同阶层、不同素质和文化背景、不同经济条件的人对于公共服务的效果的感知会存在很大的不同，对公共服务获得感的科学测量是一项较为困难的工作。因此，测量公共服务供给效率应当将客观测量和主观测量有机结合起来，将主客观测量获得的数据结合起来考量，才能较为科学地把握公共服务供给效率。

---

[1] 严明明. 论公共服务公平性[D].长春:吉林大学,2012.
[2] 严明明. 论公共服务公平性[D].长春:吉林大学,2012.

2.1.2　基本公共服务

1)基本公共服务内容

基本公共服务指建立在一定社会共识基础上,由政府主导提供,与经济社会发展水平和阶段相适应,旨在保障全体公民生存和发展基本需求的公共服务[①]。公共服务可以分为基本公共服务和非基本公共服务。如果说公共服务是政府主导下社会多元主体合作参与提供的,基于社会公平正义,通过公共权力和公共资源,满足全体社会成员生存和发展直接需要,保障每个社会成员生存权和发展权的各种社会条件。那么,基本公共服务就是为了保障社会成员的生存权、健康权、居住权、受教育权、工作权等最基本权利,而由政府向全体社会成员均等提供的各种基础性服务。基本公共服务内容包括:公共教育、公共卫生、社会保障和公共文化事业等,它们与社会成员的 6 项基本权利相对应,即生存权、健康权、居住权、受教育权、工作权和财产权,这 6 项权利是每个社会成员都应无条件并平等享有的。

从我国的现实看,确定基本公共服务的内容可以运用基础性、广泛性、迫切性和可行性四个标准来界定。所谓基础性,是指那些对人类发展有着重要影响的公共服务,它们的缺失将严重影响人类发展。所谓广泛性,是指那些影响到全社会每一个家庭和个人的公共服务供给。所谓迫切性,是指广大社会最直接、最现实、最迫切利益的公共服务。所谓可行性,是指公共服务的提供要与一定的经济发展水平和公共财政能力相适应。从上述标准判断,基础教育、公共卫生和基本医疗、基本社会保障是广大城乡居民最关心、最迫切的公共服务,是建立社会安全网、保障全体社会成员基本生存权和发展权必须提供的基本公共服务,成为现阶段我国基本公共服务的主要内容。我国政府提出的基本公共服务内容,见表 2-1。

表 2-1　我国"十三五"规定确立的基本公共服务内容

基础公共服务	水、电、气,交通与通信基础设施,邮电与气象服务
经济公共服务	基本就业保障、基本养老保障、基本生活保障

① 董克用.基本公共服务均等化的思考[J].机构与行政,2016(07):8-13.

（续表）

公共安全服务	军队、警察和消防等方面的服务		
社会公共服务	公办教育、公办医疗、公办社会福利		
教育	学前教育、九年义务教育、高中教育、高等教育、职业教育、继续教育（老年教育）、残疾人教育、民族教育（双语教育）		
基本社会保障	养老服务	养老保障	城镇职工基本养老保险制度
			职业年金
			企业年金
			商业保险
		多层次的养老服务体系	居家为基础、社区为依托、机构为补充
			公益性养老服务
			老年养护院、
			社区日间照料中心
	公共卫生医疗服务	医疗保障	全民医疗保障
			城乡居民大病保险
			重特大疾病救助
			疾病应急救助
			补充医疗保险
			商业健康保险
			互联网医疗
			长期护理保险
		重大疾病防治	慢性病综合防控、防控心脑血管疾病、糖尿病、恶性肿瘤、呼吸系统疾病等慢性病和精神疾病
		基本公共卫生服务	妇女卫生保健、生育保健、儿童疾病防治和预防伤害、儿童营养改善和新生儿疾病筛查、职业病危害普查和防控、口岸卫生检疫能力建设、全民健康教育、公共场所禁烟、中医医疗保健服务、国民营养计划、心理健康服务、艾滋病防治等特殊药物免费供给
		食品药品安全	国家食品安全城市创建、药品医疗器械审评审批制度、食品监管制度

（续表）

基本社会保障	就业与失业	创业	高校毕业生就业创业引领计划、外出务工人员返乡创业、残疾人就业创业扶持
		就业援助	就业困难人员、"零就业"家庭帮扶、大龄劳动力就业能力
		灵活就业	
		终身职业技能培训	贫困家庭子女、未升学初高中毕业生、农民工、失业人员和转岗职工、退役军人和残疾人免费接受职业培训行动
		标准设定	高技能人才职称评定、技术等级认定、就业失业统计指标、公共就业创业服务信息化、就业信息共享开放、失业监测预警机制
		失业保险	
	住房保障	保障性住房	
		商品房	
		公共租赁房	
	社会救助	专项救助	
		低保救助	
		综合救助	
	社会福利	儿童福利	
		妇女福利	
		老年人福利	
		残疾人福利	
	慈善事业		
生态环境	污染防治	空气质量	空气质量达标、细颗粒物污染治理
		水域治理	重点流域、海域综合治理、水功能区分区管理
		土壤治理	土壤污染分类分级防治、优先保护农用地土壤环境

（续表）

生态环境	生态修复	提升生态系统功能	大规模国土绿化行动、退耕还林还草、修复荒漠生态系统、保障重要河湖湿地及河口生态水位
		重点区域生态修复	源头保护、系统恢复、综合施策，推进荒漠化、石漠化、水土流失综合治理
		维护生物多样性	自然保护区的建设和管理、严防并治理外来物种入侵和遗传资源丧失、野生动植物进出口管理
	环境基础设施建设	城镇垃圾处理设施	
		城镇污水处理设施	
公共文化资源	文化事业		老少边穷地区文化帮扶、文化交流、基本公共文化服务标准化、公共文化设施网络、文化体制改革、文化贸易
	文化产业		网络视听、移动多媒体、数字出版、动漫游戏

　　基本公共服务供给是政府必须承担的责任。基本公共服务是由政府运用公共权力和公共资源实现供给的。由于在人类社会发展过程中，不同的区域之间、阶层之间、人群之间都存在着经济、政治的不平等，并且这种不平等往往形成代际延续，并影响社会健康发展。因此，通过基本公共服务供给来保障每个社会成员的基本权利，对于社会稳定发展具有重大意义。

　　2）基本公共服务特征

　　社会发展的主要目标是人全面发展，而人的发展取决于一个国家（地区）的基本公共服务供给状况。因此，基本公共服务是人类发展的重要条件，也是人类发展的重要内容。因此，考察基本公共服务特征有三个基本点，一是保障人类的基本生存权，为了实现这个目标，政府及社会应当为每个社会成员都提供基本社会保障；二是满足基本尊严和基本能力，需要政府及社会为每个社会成员提供基本的教育和文化服务；三是满足基本健康，需要政府及社会为每个社会成员提供基本的医疗健康服务。基本公共服务也不是静态不变的，随着经济社会发展和生活水平提高，基本公共服务的供给范围会逐步扩展，水平也会逐步提高。

由此,基本公共服务可以概括三个主要特征:一是惠及每一位社会成员;二是政府主导提供;三是供给均等化。相比基本公共服务,非基本公共服务一般是指不符合公共服务"底线"的公共服务项目。非基本公共服务一般具有下列特点:一是针对特定的、特殊需求的社会群体;二是满足了部分群体的迫切需求;三是除了政府供给外,更多是依靠社会组织或私人部门提供服务。非基本公共服务还可以分为准基本公共服务和经营性公共服务。准基本公共服务是为保障社会整体福利水平所必需的,同时又可以引入市场机制提供或运营的,但由于不具备营利空间或营利空间较小,"需政府采取多种措施给予支持"的社会化服务;经营性公共服务是指可以通过市场竞争和市场配置资源,满足居民多样化需求的社会公共服务①。

需要指出的是,基本公共服务强调全体社会成员的基本权利和政府的责任,非基本公共服务是相对基本公共服务而言的,并不是说非基本公共服务完全等同于市场化。基本公共服务和非基本公共服务供给中,政府都应发挥着主导作用。一般来说,政府在公共服务供给中扮演着多重角色,它既是基本公共服务的提供者,又是非基本公共服务的监督者和参与者,同时又是整个社会公共服务的倡导者、规划者和管理者。

3)基本公共服务功能

基本公共服务四项主要内容:基础教育、公共卫生、社会保障、文体事业。基本教育服务是直接影响人类发展的重要因素。教育是提高人力资本存量、推动经济发展的基本途径,教育有助于促进社会流动,促进社会整合与社会公平。义务教育是整个教育体系的基础,义务教育公平体现着个体成长起点公平和发展的机会公平。公共卫生服务是造福于人类事业。对每一个社会成员来说,健康具有最为重要的本体性价值,是衡量个体素质的主要指标。从社会角度讲,健康是社会人口素质最重要基础。基本社会保障服务是社会的"安全网"和"减震器",基本社会保障有助于提高全体社会成员的生活质量,营造安定有序的社会环境。就业和再就业是劳动者赖以生存、融入社会和实现人生价值的重要途径和基本权利,公共就业服务是促进就业的重要手段,对社会而言,就业保障关

---

① 严明明. 论公共服务公平性[D]. 长春:吉林大学,2012.

系到每一个家庭的切身利益,更是社会和谐的重要基础。

基本公共服务具有"保障基本权利"的特征,同时具有化解各种突出社会矛盾和社会问题功能。当前,我国社会主义现代化建设进程,发展不充分不平衡现象依然存在,增强基本公共服务供给效率,实现基本公共服务均等化,有助于维护社会公平,缓解各类社会矛盾。

2.2　基本公共服务均等化

2.2.1　均等化概念辨析

讨论基本公共服务均等化问题,"均等化"概念辨析是重要前提。"均等化"概念界定不清晰,必然导致基本公共服务均等化的实践操作性弱化。因此,有必要对"均等化"进行思想溯源和系统梳理,对"均等化"的代表性概念进行规范化分析。

一般意义上讲,"均等化"应是全民可享受的基本公共服务价值达到一致,它以数量和质量为基础并综合考虑不同地区的经济社会发展条件。从一般意义上讲,"均等化"似乎是一个数量化的概念,然而,事实上"均等化"内含了公共资源公平分配的价值取向。"均等化"本身是一个多角度和多维度的概念。学界有从不同角度阐释"均等化"含义的。然而,笔者以为,无论怎样阐释"均等化",有两个辨析视角是不能忽视的,其一,全体社会成员获得基本公共服务的机会"均等化",社会成员不因性别、年龄、民族、地域、户籍而存在享有基本公共服务标准和待遇差异;其二,全体社会成员获得基本公共服务的结果"均等化",每一个社会成员在享有基本公共服务结果方面不应当存在制度障碍所产生的差异,同时也要尽可能减少实际行政管理、政策实施、区域和个体属性及需求不同等原因所造成的结果均等的差异。基于上述分析,"均等化"的核心是机会均等,指全体公民都能公平、可及地获得大致均等的基本公共服务,而不是简单的平均化和无差异化。这个概念更多地强调一种平等的思想和价值理念,当然也不忽略结果的均等。

与"均等化"类似的一个概念是"均衡化"。"均衡化"的提法最早出现在2002年颁布的《教育部关于加强基础教育办学管理若干问题的通知》中提出

"积极推进义务教育阶段学校均衡发展"。以此为依据,有学者提出了教育资源
配置均衡化概念。于是,有些学者也提出了"基本公共服务均衡化"命题。如解
建立和王荣丽(2007)等认为均衡化是纠正或调整地区间财政能力或公共服务
水平的横向平衡①。温艳(2007)强调公共服务水平的均衡化是政府在不同的
阶段根据不同的标准为各地的居民提供均等的公共物品和服务,为各地居民的
生活和经济发展提供适合的基础条件②。刘磊、许志行(2016)认为"均衡化"和
"均等化"都是指物质资源配置的平衡与合理,而"均等化"更强调公平的价值理
念,追求平等的人文关怀;"均衡化"更强调作为整体的各个部分间的平衡,是一
个自上而下的整体概念,而"均等化"更强调个体间的相对平衡,是一个自下而
上的个体概念;"均衡化"是一种工具理性的体现,强调的是一种稳定的客观状
态,而"均等化"不仅追求缩小资源分配的差距,更追求公平、保障权利、以人为
本等价值观,努力消除人们主观上的不公平感,是工具理性与价值理性的
结合③。

2.2.2　基本公共服务均等化内容

2012 年国务院公布了《国家基本公共服务体系"十二五"规划》;2017 年国
务院颁布了《"十三五"推进基本公共服务均等化规划》,上述两个"基本公共服
务规划"明确规定了我国基本公共服务的主要内容。这两个"基本公共服务规
划"的实施,有力地推进了我国基本公共服务均等化进程,区域之间、城乡之间
和城市不同人群之间基本公共服务供给水平和社会成员享有水平的差距正在
逐步缩小。然而,由于现存的历史条件和制度约束,我国区域之间、城乡之间和
城市不同人群之间的基本公共服务供给和享有水平依然存在较大差距。在我
国超大城市中"新二元结构"尚未完全破解,户籍居民和非户籍常住居民之间享
有基本公共服务的机会和结果尚未实现均等。

从超大城市基本公共服务均等化发展现状看,当前基本公共服务均等化内
容包括以下内容:一是基本民生领域的公共服务,如就业服务、社会救助、养老

---

① 解建立,王荣丽,任广浩.政府转移支付制度的区域均衡化效应分析[J].商业时代,2007(34):53-54.
② 温艳.我国财政转移支付制度运行的检视与完善——从公共服务均衡化的角度[J].华中师范大学研究生学报,2007(02):24-27.
③ 刘磊,许志行.基本公共服务"均等化"概念辨析[J].上海行政学院学报,2016,17(04):55-62.

保障等；二是公共事业领域的公共服务，如公共教育、公共卫生、公共文化、科学技术、人口控制等；三是公益基础领域的公共服务，如公共设施、生态维护、环境保护等；四是公共安全领域的公共服务，如社会治安、生产安全、消费安全、国防安全等。上述四个领域的公共服务都属于基本公共服务，也是我国超大城市各级政府必须提供的保障全体城市市民基本权利的公共服务内容，只有上述这些基本公共服务做到均等化了，才能说我国超大城市实现了基本公共服务均等化目标。

依据国务院颁布的《"十三五"推进基本公共服务均等化规划》要求，从我国超大城市基本公共服务均等化进程的实际出发，笔者认为现阶段超大城市推进基本公共服务均等化应当遵循突出重点，秩序先后原则，推进基本公共服务均等化首先应当聚焦基本民生事业展开，重点围绕四个方面。

第一，基本教育服务均等化。这里指的基本教育服务不仅仅是义务教育也包括学前教育、职业教育服务和社区教育服务。如何把握教育基本公共服务均等化？首先，要做到每个社会成员享有基本教育服务机会均等；其次，要使得每一位社会成员享有基本教育服务结果均等。从这个意义上说，我国超大城市义务教育服务总体上实现了城市非户籍居民享有义务机会均等，义务教育均等化已经取得显著进步，城市适龄儿童都能够均等地享有九年义务制教育。但是，义务教育服务供给中诸多深层次的问题并没有得到解决，导致了城市常住人口享有义务教育结果不均等，原因就在于义务教育服务供给在水平和质量没有达到均等化，户籍居民和非户籍常住居民因社会资源禀赋差异，导致享有义务教育结果差异。在学前教育、职业教育服务和社区教育服务方面，许多超大城市甚至都没有打破制度藩篱，户籍制度依然限制着非户籍常住居民享有上述基本教育公共服务。当前，无论是从数量还是从质量上讲，超大城市教育基本公共服务还远没有到达均等化，从制度上和操作上确保城市非户籍常住市民在基本教育公共服务领域获得机会和结果均等。因此，基本教育公共服务均等化应当是当前超大城市教育体制深化改革的重点。

第二，公共卫生和基本医疗服务均等化。公共卫生和基本医疗服务涉及全体社会成员的健康，健康是幸福的基础。改革开放40年来，我国政府不断加大公共卫生和基本医疗服务投入，区域之间、城乡之间和城市不同人群之间的公共卫生和基本医疗服务均等化取得了巨大成绩。但是,由于我国巨大的人口数量,公共卫生和基本医疗服务资源,尤其是人均占有资源依然非常匮乏,公共卫生和基本医疗服务均等化进程依然面临严峻挑战。在超大城市由于公共卫生和基本医疗服务资源相对优越,但是公共卫生和基本医疗服务投入也难以跟上超大城市快速膨胀的人口数量步伐。诸多公共卫生和基本医疗服务享有制度性限制短期内以消除,在公共卫生和基本医疗服务领域,超大城市户籍居民与非户籍常住居民之间享有机会和结果都是不均等。因此,超大城市应当将公共卫生和基本医疗服务列为推进基本公共服务均等化重点领域。

第三,基本社会保障服务均等化。基本社会保障是现代社会每一位成员享有的基本公共服务,也是保障社会成员生存权重要手段。近年来,我国社会保障制度建设步伐不断加快,社会保障制度覆盖到了城乡每一位社会成员,但是制度覆盖并不等于人群覆盖,目前两者之间还存在较大差距。此外,我国社会保障制度碎片化并未完全消除,区域之间、城乡之间、城市不同人群之间享有社会保障待遇水平依然存在较大差距。例如,我国超大城市的就业保障服务在户籍从业人员和非户籍从业人员之间就存在不均等现象,非户籍从业人员无法同等地享有就业保险和就业服务。又如,我国超大城市户籍从业人员和非户籍从业人员在一些社会保险项目参保水平和待遇水平也不同,甚至个别社会保险项目和社会救助、社会福利项目非户籍从业人员依然被制度排斥在外。因此,超大城市加快推进基本公共服务均等化进程,需要进一步深化社会保障制度改革。

第四,基本公共文化服务均等化。基本公共文化服务均等化是保障社会成员人格尊严,维护社会成员娱乐权的重要手段。随着我国群众生活水平的日益提高,群众对精神文化产品的需求日益提高。超大城市是我国公共文化事业发展高地,人民群众精神文化需求更高,超大城市各级政府应该尽职地提供基本公共文化服务,保障每一位社会成员都有权享有基本的公共文化服务权利。当然,在基本公共文化服务供给中,要严格区分文化事业和文化产业。文化事业的公益性应当实现均等化,如公共图书馆、社区公共文化室,这些最基本的文化设施和服务应该列入基本公共服务内容。而文化产业则是市场性的,不应当均等化。在这方面,当前存在的问题是,一方面文化事业和文化产业往往被混淆,基本文化公共服务供给内容界限不清，降低了公共文化资源配置效率；另一方面基本公共文化服务供给的数量、质量与人民群众的实际需求之间存在着较大的脱节。因此，当前超大城市推进基本公共服务均等化，应当将深化文化体制改革，积极发展公共文化事业列入其中，更好地满足人民群众的基本公共文化需求。

2.2.3 基本公共服务均等化特征

把握基本公共服务均等化特征，笔者认为应当基于以下四个方面。

其一，基本公共服务均等化应当体现全体社会成员均等地享有基本公共服务的机会，不应当存在任何制度性障碍，限制不同社会成员享有基本公共服务权利。从每一个社会成员个体看，由于天赋能力存在差异，资源禀赋也不尽相同，个体自身获取基本公共服务的能力存在差异，但是社会成员享受基本公共服务机会均等应当获得制度保障，也就是说制度设计上要确保每一位社会成员享有基本公共服务机会均等。从这个意义上看，我国超大城市户籍居民和非户籍常住居民之间还远没有完全做到获取基本公共服务均等化机会均等。

其二，基本公共服务均等化应当体现全体社会成员享有基本公共服务的标准和结果均等。社会发展的基本宗旨是人人共享、普遍受益。党的十九大明确提出"让全体人民共享改革发展成果"。享有基本公共服务是人民群众共享改革发展成果最重要的体现。然而，使"全体人民"共享改革发展的成果。这里的人民不仅指当代人，而且包括下代人，应当是个"多代人"的概念，因此，讲公平不能只考虑当代人之间的公平，还要考虑"代际之间"的公平问题。从共享内容看，共享改革发展成果，就是要让全体人民满足包括物质生活、精神生活、生命健康和公共安全等多方面的需要。只有实现上述目标，才能说实现了全体社会成员共同享有改革发展成果，才能实现全体社会成员基本公共服务享有结果均等。

当然，全体社会成员享有基本公共服务结果均等，并不等于享有结果在数量和质量上绝对平均，但是至少要做到享有标准统一，享有结果相对均等。而推进基本公共服务均等化，是实现人人共享社会发展成果的必然选择。换句话说，基本公共服务均等化是过程，就是全体人民共享社会发展成果的过程，它们在本质上是一致的,目的都是要维护社会公平。当前,我国现实生活中存在的诸多不和谐因素,有的是发展不够的问题,有的则是共享不够的问题,即没有很好地让全体人民公平公正地享受到社会发展的成果。因此,实现基本公共服务均等化,让人民共享改革发展成果,是解决民生问题、化解社会矛盾、促进社会和谐、体现社会公平的迫切需要。所以,针对影响社会和谐的突出矛盾,以解决人民群众最关心、最直接、最现实的利益问题为重点,真正把改革发展成果体现在人民的生活质量和健康水平的不断提高上,体现在人民享有的经济、政治、文化和社会等各方面权益得到充分保障上。

其三,基本公共服务均等化不仅是公共资源分配原则,更是社会公平正义的价值导向和价值体现。我国提出实现基本公共服务均等化目标,是在制度上和发展实践上的重要的制度安排和战略部署。党的十八届三中全会提出,“使市场在资源配置中起决定性作用和更好发挥政府作用”。发挥市场机制配置资源作用有两种情况:在提供私人产品和私人服务方面,市场机制确实有着相当重要的作用;但在提供公共品和公共服务方面也确有“捉襟见肘”之处。要正视市场机制在提供公共品供给方面的“失灵”或局限性。更好发挥政府作用关键在于政府要解决市场公共服务和公共产品“供给失灵”问题,弥补市场机制的不足,进而实现社会公平正义的价值导向。

其四,基本公共服务均等化的制定具有客观标准。推进基本公共服务均等化要设定服务供给标准,标准过高或过低都难以有效实现均等化。因此,基本公共服务均等化标准做到横向上范围适中;纵向上标准适度。所谓“横向上范围适中”,是指对基本公共服务范围的把握不要过宽或过窄。虽然现在人们普遍使用基本公共服务概念,但所指内容是有差异的。所谓“纵向上标准要适度”,是指对“基本”二字标准把握不要过高或过低。例如,把诸多非基本的公共服务内容列入“基本公共服务均等化”,在现阶段是不现实的。笔者认为当前只能将基本教育、公共卫生和基本医疗服务、基本公共文化服务和基本社会保障纳入基本公共服务均等化范围。总之,在标准设计上,要把均等化价值取向和经济可行结合起来,从我国国情出发,实事求是,既要尽力而为,又要量力而行。

除了上述四个特征,超大城市实现基本公共服务均等化还需要设计标准化体系,以标准化促进基本公共服务均等化。以标准化促进基本公共服务均等化、普惠化、便捷化，是新时代提高保障和改善民生水平、推进国家治理体系和治理能力现代化的必然要求，对于不断满足人民日益增长的美好生活需要、不断促进社会公平正义、不断增进全体人民在共建共享发展中的获得感，具有重要意义。

基本公共服务均等化也是全体人民共享改革发展成果测量标准。全体人民共享改革发展成果的目标实现与否，需借助科学、合理的评判标准。基本公共服务均等化标准化设计，为这一衡量标准提供科学方法。一方面，基本公共服务均等化的本质是共享改革发展成果，基本公共服务均等化程度的高低直接反映了人们共享改革发展成果程度的高低；另一方面，相对于共享改革发展成果的难测度性，基本公共服务均等化的各项指标可以量化，所以它是衡量共享改革发展成果的可行标准。

2018 年中共中央办公厅、国务院办公厅印发的《关于建立健全基本公共服务标准体系的指导意见》明确提出了建立健全基本公共服务标准体系的要求，明确了中央与地方提供基本公共服务的质量水平和支出责任，强调要建立健全基本公共服务标准体系，规范中央与地方支出责任分担方式。

超大城市建立基本公共服务标准体系，就要推进基本公共服务供给制度统一，促进各部门基本公共服务质量水平有效衔接，以标准化手段优化资源配置、规范服务流程、提升服务质量、明确权责关系、创新治理方式，确保基本公共服务覆盖全民、兜住底线、均等享有，使人民获得感、幸福感、安全感更加充实、更有保障、更可持续。力争到 2025 年，基本公共服务标准化理念融入政府治理，标准化手段得到普及应用，系统完善、层次分明、衔接配套、科学适用的基本公共服务标准体系全面建立。

依据《指导意见》超大城市建立基本公共服务标准体系，要重点完成 4 个方面的重点任务：一是完善各级各类基本公共服务标准，构建涵盖国家、行业、地方和基层服务机构 4 个层面的基本公共服务标准体系；二是明确基本公共服务质量要求，提出幼有所育、学有所教、劳有所得、病有所医、老有所养、住有所居、弱有所扶以及优军服务保障、文体服务保障等 9 个方面的具体保障范围和质量要求；三是合理划分基本公共服务支出责任，明确政府在基本公共服务中的兜底职能，明确市与区两级支出责任划分，制定市与区共同财政事权基本公共服务保障国家基础标准;四是创新基本公共服务标准实施机制,要求促进标准信息公开共享,开展标准实施监测预警,推动标准水平动态有序调整,加强实施结果反馈利用,推进政府购买公共服务,鼓励开展创新试点示范[①]。

2.3　超大城市基本公共服务均等化

2.3.1　超大城市特质

超大城市基本公共服务均等化,是我国实现基本公共服务均等化的重要领域,也是超大城市经济社会发展的现实需求,更是超大城市文明程度的重要标志。

超大城市特征,通过两个层面体现出来,其一是形态特征,超大城市在形态上是全国范围内的规模庞大的城市,超大城市无论在人口规模还是空间规模上都是一般城市所不能相比的。其二是功能特征,超大城市在功能上具有资源集聚力、控制力,是全国乃至全球资源流动中的交互枢纽中心。

超大城市是 21 世纪的城市发展方式。20 世纪城市发展的速度很快,但是21 世纪城市发展的速度更快,经济的国家化和全球化给城市发展带来了变化,城市发展越来越快,同时规模也越来越大。从人类文明进程来看,从聚居地,到村庄,到城镇,再到城市,有一个明显的发展轨迹。目前和未来,特大乃至超大城市基本上是人类生活方式的一个进化阶段。不同类型的城市,不仅是人口规模、地理面积、建设体量的不同,更在全球和国内经济体系中发挥着不同的功能、拥有不同的定位和地位。不同的超大城市虽然在功能定位上有一定差别,城市历史面貌等也各具魅力,但也有更显著的同质性,这种同质,主要是指在国家的整体发展中的综合性的引领功能,以及城市吸引力和认同感。超大城市正是由于这种综合性的引领功能和吸引力,人们更向往到特大或超大城市创业居住,一座城市对外来人口的接纳程度越高,就会创造越多的创新和增长机会。毫无疑问,超大城市经济社会发展的创新推动,是中小城市无法比拟的,超大城

① 中共中央办公厅 国务院办公厅印发《关于建立健全基本公共服务标准体系的指导意见》[EB/OL]. https://m.cnr.cn/news/20181213/t20181213_524447917.html,2024-6-15.

市是一个复杂的巨系统。在超大城市巨系统之中，人口、资本、技术、设施等高度集聚，人流、资金流、物资流、信息流高度交汇，政治、经济、文化、社会高度集成，党政机关、企事业单位、社会团体、公众等多元利益相关方高度关联。超大城市意味着大规模的人口承载。人口越多，构成就越复杂分化，这意味着推动经济发展具有更加丰富的可能性，也意味着治理的难度[①]。任何城市无论大小都需要良好的公共服务，但城市规模越大，对公共服务供给提出的要求就更高。实现超大城市复杂巨系统的有效运行，提供高效公共服务，尤其是均等地提供基本公共服务，是解决"现代城市病"，保障超大城市健康运行重要基础条件。

超大城市的所有这些特质，都将构成一种文化，人们对超大城市的向往，其实是文化身份认同。在一个引领性的超大城市，人们的身份认同感非常强烈，这为超大城市持续增长提供了非常重要的保障。然而，超大城市社会成员均等享有基本公共服务是身份认同的重要体现。

超大城市的综合功能将构成一种文化。所以，人口因素只是理解超大城市的一个入口，而不是全部。超大城市的最重要功能是经济活力，人口的大量聚集和分化本身就带来经济增长活力，经济活力又能够支持经济增长和城市扩张。

2.3.2 超大城市基本公共服务承载力

超大城市基本公共服务承载力可以从受压力、支撑力、调控力这三个方面分析其发展规律和结构特点[②]。超大城市公共服务的支撑力相近，但受压力和调控力差距较大，承载力的相对水平、内部结构和变化趋势各不相同；承载能力虽然受到人口与经济增长等压力的一定影响，但是在更大程度上取决于公共服务支撑力和调控力的水平，取决于城市公共服务供给的质量、效率以及城市治理的水平。有学者认为控制超大城市人口规模并无益于改善城市压力，重点应该放在城市公共服务的有效供给上（陈钊等，2014）。由此，城市公共服务的承载能力已经成为不容忽视的重要因素之一。城市提供的公共服务决

---

① 赖先进. 超大城市整体性治理机制探索[J]. 前线，2018(11)：72-75.
② 王郁，魏程瑞，王艳，李凌冰. 超大城市公共服务承载力的差异与提升对策研究——以北上广深四城（2005-2015）为例[J]. 上海行政学院学报，2018(5)：18-26.

定着城市生活的基础条件和质量水平,因此成为影响人口流入或流出的要素之一;尤其当城乡间和城市间的供给水平存在显著差距的条件下,公共服务对人口流动的影响作用就更为突出。公共服务同时影响着城市社会经济活动运行的成本和效率,公共服务的供给水平反映着地方政府的治理能力,也同时决定了城市公共服务对于人口和社会经济活动的承载能力。因此,在当前超大城市高速发展的现实背景下,正确把握城市公共服务承载力的发展规律,厘清影响城市公共服务承载力提升的主要因素,已经成为迫在眉睫的重大理论课题和实践任务[①]。

2.3.3　超大城市基本公共服务均等化问题

实现超大城市基本公共服务均等化,要解决的关键问题是破解"新二元结构"。超大城市基本公共服务不均等现象存在的重要原因是"新二元结构"。因此,解决"新二元结构"是推进超大城市基本公共服务均等化的重要前提。

1)超大城市的"新二元结构"

"新二元结构"是我国城市化进程中新出现的一种社会结构。由于我国长期实行城乡分割的户籍制度,加之城乡二元结构尚未消除,在放开农村剩余劳动力向城市转移限制的前提下,一方面城市工业的快速发展需要大批廉价劳动力,城市较高的劳动力价格吸引农村劳动力流入城市,于是大批农民进城务工,我国出现了"民工潮"。另一方面,进入城市的大批务工人员无法获得户籍,因此也就无法享受与户籍居民同等的政治、经济、社会权利,而且长期的城乡二元分割,也使他们难以适应城市的生活方式,于是城市中出现了户籍居民和非户籍常住居民两社会群体,而且两个社会群体之间存在"社会排斥"。(关于非户籍常住居民的表述,有多种表述:流动人口、外来务工人员、农民工等。本书采取非户籍常住居民或非户籍外来务工人员的表述,理由是,农民工有贬义含义,流动人口表述不精确、外来务工人员含义太泛,所以本书采用非户籍居民或非户籍外来务工人员的表述。)

据此,可以得到这样的结论:"新二元结构"是在我国城市化进程中,因城乡

---

① 王郁,魏程瑞,王艳,李凌冰. 超大城市公共服务承载力的差异与提升对策研究——以北上广深四城(2005—2015)为例[J]. 上海行政学院学报,2018 (5):18-26.

二元结构和户籍制度所形成的,户籍居民与城市非户籍常住居民之间二元分割的社会结构。

首先,"新二元结构"是我国城市化进程中特定发展阶段的产物。大规模农业劳动力向城市转移,必然造成城市公共资源的巨大压力,城市原住民与外来务工人员之间必然产生潜在的或显性的利益冲突,形成群体性的社会排斥。其次,"新二元结构"是我国城乡二元结构的特殊形态。城乡二元结构是城乡之间的分割,"新二元结构"是城乡二元结构在城市中的特殊表现,是城市人口与农村转移人口之间的分割和排斥,可以通俗地说是城里人和农村人之间的相互排斥,究其根源依然是城乡二元结构问题。所以,我国城乡二元结构消除了,"新二元结构"问题才能得到有效解决。最后,"新二元结构"是以我国的户籍制度为表征的。"新二元结构"作为一种特定的社会结构,是以户籍制度为基础的。虽然,没有户籍制度,我国城市化进程中的群体性社会排斥依然存在。但是,户籍制度使这种群体分割明晰化,固化了,户籍制度是户籍居民与非户籍居民之间二元结构的制度保障。

综上所述,"新二元结构"是我国城市化进程中必然出现的一种社会结构,我国的城乡二元结构和户籍制度是产生"新二元结构"的社会条件。

2)基本公共服务不均等现象

户籍居民与非户籍常住居民享有基本公共服务待遇不均等。在基础教育、基本社会保障、公共卫生和基本医疗、公共文化四项主要基本公共服务供给中,城市非户籍常住居民享有水平都低于户籍居民。本书采用2016年3月国家卫生计生委办公厅在全国31个省(自治区、直辖市)和新疆生产建设兵团开展综合监测调查数据分析城市非户籍常住居民生存状况。调查内容涉及城市流动人口家庭基本情况、流动趋势和居留意愿、就业特征、基本公共卫生服务利用以及婚育情况与计划生育服务管理等内容。本书选取了北京、上海和广州三座超大城市16 000名流动人口作为分析样本,调查发现超大城市基本公共服务不均等存在以下诸多表现。

第一,享有政治权利差异。"新二元结构"导致城市非户籍常住居民政治权利难以得到保障,制约着基本公共服务均等化。城市非户籍常住居民在城市租房居住,长期从事低收入工作,没有户籍居民身份,在城市中被边缘化,缺乏表达意愿的机会和渠道。外来人员的选举权与被选举权难以得到切实保障,政治参与门槛高,在城市社会生活中一定程度上政治权利受到削弱,他们对公共事务信息了解较少,利益诉求缺乏表达途径,即使提了意见也得不到足够重视,导致形成在城市中生活有被游离在外的感觉。他们身份认同度低,主人翁意识较弱,个体随意性较强。尤其是进城务工农业转移人口,他们流动性相对较大,受教育程度低、经济能力较差、社会地位较低、政治意识和素养不高,同时由于在城市生活,失去了在家乡参与政治活动的机会,使得外来人员政治参与意识淡漠,参与政治活动意愿不强。城市非户籍常住居民政治利保障不力,原因之一是缺乏相应维护他们权利的社会组织。例如,在上海社区中,居委会的管辖范围是本地的城市居民,社区中有外来人员管理机构,即平安工作站或人口办公室。这些管理机构仅涉及外来人员的迁入迁出登记,并无维护非户籍常住居民权益的职能。因此,社区中非户籍常住居民只是"被管理"的对象,而不是参与管理的主体,更没有相应的维权的组织机构。

第二,收入和消费水平差异。收入和消费水平差异导致获取基本公共服务能力较弱。城市外来务工人员收入较低,本身职业技能缺乏,在就业过程中难以寻得收入较高的工作,容易受到就业歧视,只能从事低端、体力劳动,工作本身辛苦,且缺乏保障,生活比较艰辛。此外,因工作灵活性较大,城市就业保障难以覆盖,工作收入缺乏保障;同时,外来务工人员大多从事建筑、服务、清洁等行业工作,有些人甚至从事高危工作,这些工作危险性相对较高,安全保障相对缺乏。因此,非户籍常住居民尤其需要维护他们的社会保障权益,然而,他们与户籍居民相比,恰恰缺乏均等的社会保障待遇。此外,由于经济条件的差异,在消费过程中往往只能消费其价格低廉的物品,而由于消费市场一般是同等档次的商品集聚在同一市场中,因此,外来人员的商品消费场所集聚在同一个地方,非户籍常住居民与户籍居民消费路径分割,活动场所分割,导致外来人员很难与本地人员具有心理上的平等性,难以实现相互融合。例如,外来务工人员因在城市生活,没有自有土地,无法像农村进行耕地劳动,耕种所需蔬菜和农作物,消费支出一下子升高,衣食住行等各个方面的支出与农村差别很大。笔者基于 2017 年的一项调查发现(见表 2-2),2016 年流动人口家庭在北京的月平均支出,1 000 元及以下的比例为 5.90%,1 000 元到 2 000 元的比例为

17.67％,2 000 元到 3 000 元的比例为 21.10％,3 000 元到 4 000 元的比例为 11.93％,即56.60％的流动人口家庭月消费支出在 4 000 元以下；2016 年流动人口家庭在上海的月平均支出,1 000 元及以下的比例为 4.07％,1 000 元到 2 000 元的比例为 15.69％,2 000 元到 3 000 元的比例为 21.93％,3 000 元到 4 000元的比例为 15.26％,即56.95％的流动人口家庭月消费支出在 4 000 元以下；2016 年流动人口家庭在广州的月平均支出,1 000 元及以下的比例为 5.40％,1 000 元到 2 000 元的比例为 19.35％,2 000 元到 3 000 元的比例为 23.00％,3 000 元到 4 000 元的比例为 18.10％,即 65.85％的流动人口家庭月消费支出在 4 000 元以下。

表 2 - 2　2016 年北、上、广流动人口家庭月消费支出分布比例

流动人口家庭 月消费支出(元)	北京		上海		广州	
	人数	比例	人数	比例	人数	比例
≤1 000	413	5.90％	285	4.07％	108	5.40％
1 000～2 000	1237	17.67％	1098	15.69％	387	19.35％
2 000～3 000	1477	21.10％	1535	21.93％	460	23.00％
3 000～4 000	835	11.93％	1068	15.26％	362	18.10％
4 000～5 000	903	12.90％	983	14.04％	304	15.20％
≥5 000	2 135	30.50％	2031	29.01％	379	18.95％
总　计	7 000	100.00％	7 000	100.00％	2 000	100.00％

数据来源:经 2016 年全国流动人口卫生计生动态监测调查数据整理所得。

又如,以上海为例,根据《上海统计年鉴 2017》[1],上海市居民人均月消费支出为 3 121.5 元,如果家庭结构按照最简单的三口之家计算,则平均家庭月消费支出为 9 364.5 元,这些数据虽然是几年前的统计,近年来市民消费水平有较大变化,但是上海市居民个体的消费支出依然远大于外来人口家庭在上海的月平均消费支出。收入水平、消费行为、消费水平与城市居民的差异,加之基本公共

---

[1]　《上海统计年鉴 2017》[EB/OL].(2024-07-20).https://tjj.sh.gov.cn/tjnj/20190117/0014-1001529. html.

服务享有水平的差异,使得外来人员与本地居民之间的割裂依然存在,二元分割现象更为明显。因此,逐步提高外来人员工作报酬,提升外来人员消费层次,加大基本公共服务供给,使得外来人员与本地居民在消费习惯上差异逐步缩小,才能逐步消除"新二元结构"现象。

第三,社会保障待遇差异。城市外来务工人员的社会保障参与程度就比较低,一些企业往往逃避为外来务工人员缴纳社会保险,或缴纳部分社会保险。有许多如服务行业等甚至就明确不缴纳社会保险。社会保障制度设计的初衷在于解决劳动者的后顾之忧,然而,外来务工人员主要从事基础性、危险性较高的工作,应对风险能力弱,尤其需要社会保障制度保障他们在城市生活。然而,城市外来从业人员的保障待遇水平是最低的。这既有制度设计原因,也有政策实施中外来务工人员流动性较大,无法固定长期在同一单位工作,社会保障制度监督难度大。

从实证调查数据看,2016 年全国流动人口卫生计生动态监测调查数据显示,2016 年北京、上海和广州的流动人口社平工资分别为 75 039.72 元、6 088.68元和 4 277.28 元。北京市参加养老保险的外来人口约占调查人数的74.55%,参加医疗保险的外来人口约占调查人数的 91.94%,其中,参加新型农村合作医疗保险的约占 45.37%,参加城镇职工医疗保险的约占 39.30%,参加城镇居民医疗保险的约占 4.79%,参加城乡居民合作医疗保险的约占1.67%,公费医疗的约占 0.81%,没有任何医保的人数比例为 8.06%。上海市参加养老保险的外来人口约占调查人数的 66.69%,参加医疗保险的外来人口约占调查人数的92.63%,其中,参加新型农村合作医疗保险的约占 43.43%,参加城镇职工医疗保险的约占 40.60%,参加城镇居民医疗保险的约占 4.90%,参加城乡居民合作医疗保险的约占 3.43%,公费医疗的约占 0.27%,没有任何医保的人数比例为 7.37%。广州市参加养老保险的外来人口约占调查人数的46.39%,参加医疗保险的外来人口约占调查人数的 90.55%,其中,参加新型农村合作医疗保险的约占 58.23%,参加城镇职工医疗保险的约占 24.33%,参加城镇居民医疗保险的约占 2.70%,参加城乡居民合作医疗保险的约占 4.59%,公费医疗的约占 0.15%,没有任何医保的人数比例为 9.55%(见表 2 - 3)。近年来,外来务工人员的社会保障水平虽然有了较大提高,但是与城市市民相比,他们的社会保障范围依然不广，保障水平依然不高，尤其是许多新业态外来从业人员缺乏基本的社会保障。

表 2-3　2016 年北京、上海、广州流动人口参加基本社会保险比例

		北京		上海		广州	
		参加	不参加	参加	不参加	参加	不参加
养老保险		74.55%	24.45%	66.69%	32.31%	46.39%	53.61%
医疗保险	新型农村合作医疗保险	45.37%	54.63%	43.43%	56.57%	58.23%	41.77%
	城乡居民合作医疗保险	1.67%	98.33%	3.43%	96.57%	4.59%	95.41%
	城镇居民医疗保险	4.79%	95.21%	4.90%	95.10%	2.70%	97.30%
	城镇职工医疗保险	39.30%	60.70%	40.60%	59.40%	24.33%	75.67%
	公费医疗	0.81%	99.19%	0.27%	99.73%	0.15%	99.85%
失业保险		48.14%	51.86%	46.36%	53.64%	31.61%	68.39%
工伤保险		49.02%	50.98%	49.88%	50.12%	34.23%	65.77%
生育保险		45.45%	54.55%	35.12%	64.88%	31.03%	68.97%

数据来源：经 2016 年全国流动人口卫生计生动态监测调查数据整理所得。

　　因此，要克服制度性障碍，适应城市非户籍常住居民实际情况，为他们提供均等化的社会保障，保障他们享有基本公共服务的合法权益。

　　第四，住房条件差异。住房是城市居民生活必需品，必要的住房保障是解决"新二元结构"的重要条件。然而，外来务工人员进入城市工作，并不享有住房保障，住房水平远远低于户籍居民。从表 2-4 中我们看到，北京有 77.12%的外来人员单位没有提供住房或房租，需要自己租房；上海有 62.77%的外来人员单位没有提供住房或房租，需要自己租房；广州有 81.04%的外来人员单位没有提供住房或房租，需要自己租房；而北京、上海、广州的房租很高，相对外来人员的收入来说，房租支出是一笔不小的开支。

根据《上海统计年鉴 2017》和上海社科院公布的《上海民生民意民情系列报告》相关数据显示,2016 年上海市城镇居民人均住房建筑面积为 36.1 平方米,其中人均居住面积 15.1 至 35.5 平方米的占 78%,人均居住面积超过 35.5 平方米的占 11.3%,10.7% 的人均居住面积在 15 平方米以下。而外来人员一般会选择价格低廉、住宿条件较差的房屋进行租住,这导致他们的居住环境密度较高。

表 2 - 4　北京、上海、广州外来人员住房情况

	北京		上海		广州	
	人数	比例	人数	比例	人数	比例
提供住房或房租	108	22.88%	417	37.23%	102	18.96%
不提供	364	77.12%	703	62.77%	436	81.04%
总　计	472	100.00%	1120	100.00%	538	100.00%

数据来源:经 2016 年全国流动人口卫生计生动态监测调查数据整理所得。

第五,婚姻与家庭生活差异。外来务工人员离家在城市工作,大部分人员孤身一人来城市打拼,无固定工作和住所,很多适婚人员无法找到合适伴侣,工作地与本身家庭距离较远,在家寻找配偶的可能性降低。"流动人口家庭化,在促进社会经济结构变化的同时,其实也是尽可能地减轻流动人口对社会造成的可能的冲击和震荡。流动人口家庭化,也可以在很大程度上约束流动人口的行为,规范生产经营和日常生活活动的言行举止,家庭是社会的稳定剂,流动人口家庭化,使得流动人口在城市中产生归属感,对城市的认同度会提高,社会仇视心理会减少,这样就可以降低外来流动人口的犯罪率。"[①]

第六,享有公共文化差异。公共文化服务均等化,是促进非户籍居民社会融入的重要条件。社会融入是从经济、政治、社会、制度、文化以及心理层面等来实现融入的。社会融入有"同化论"和"多元论"两大流派,同化论是指对原有的社会文化传统和习惯的抛弃,而对当地文化的认同和接受,潜移默化中自己

---

① 孟庆洁.上海市外来流动人口的生活方式研究[M].上海:上海社会科学院出版社,2009.

受到当地文化熏陶，自然而然接受并融入其中。多元论则强调不同的种族或团体间保持差别的文化权利。

外来务工人员进入城市，从自己居住了几十年的农村迁移到城市中，面对城市文化，农村外来务工人员总是产生一定的却步心理，对于环境的陌生以及文化的隔阂，很难一下子融入其中，外来务工人员身心受到阻隔，因此他们宁愿和来自同一个地方的老乡待在一起，不愿跨出融入城市这一步，迈进城市人的生活圈中。文化习俗、思想观念、语言习惯等各方面的差异，使得外来人员社会融入面临巨大问题，找不到"归属感"的外来人员只能继续过着独立的生活，好像永远游离于城市边缘。

对于城市非户籍居民，社会融入可能是长期最难以抚平的沟壑。他们的观念、语言、风俗习惯、生活方式、行为方式等方面，都与城市居民存在差异，城市居民不适应外来人员本身所带来的生活习惯，外来人员也无法快速使用城市的生活方式，这对于外来人员与城市居民的相互融合是一件很困难的事情。在外来人员的社会交往对象中，大部分是自己共同工作类型、共同原户籍地的人们作为交往对象。一些农民工吃住都在工地，与城市文化生活割裂开来，生活方式单一，形成较封闭式的生活状况，对于融入城市生活更是难上加难。

非户籍居民与户籍居民面临文化差异。文化差异不仅存在于国家与国家之间，一国之内的地区与地区之间也存在很多文化差异。很多时候人们把它们理解为风俗习惯的不同，但是更深层次的不同在于，不同地区成长出来的人也是不相同的，用一句俗语表示就是"一方水土养一方人"。一个地区，它所形成的生长氛围，它所推崇的价值观念，它所拥有的文化内涵，都与其他的地区有着差别。外来人员在城市中的聚居行为正体现出"人以群分"的特点，在固定的、熟悉的、常规化的生活圈子里，外来人员会觉得和以前差别不大，交流沟通比较顺畅，但是他们所面临的问题是城市新环境以及新人群，融入城市是为了更好地在城市获得发展使生活更美好。

城市非户籍居民融入本地的文化生活中也存在这样一个问题。本地的生活文化以及圈子是一个强文化，外地人员一般按照自己的小圈子在生活，他们基本上不会主动融进本地人的生活圈子里去，因为一般这样做会很耗费他们的时间和精力，而且这是一个需要长期来适应的事情，所以他们并未主动去做，而政府在这块缺少相关的政策引导,这种情况使得流动人员像个城市中的"过客"一样。

第七,享有基础教育差异。非户籍居民的子女教育也是一个突出的问题,非户籍居民家庭来城市工作后,一般只能选择"农民工"子弟学校,不能享受公平的教育机会。许多人梦想通过教育来改变自己和后代的命运,但是,不能享有较高质量的基础教育,使得他们的梦想难以实现。

以上海市为例,"抽样调查显示,非户籍居民中,有 54.5% 的非户籍居民拥有 18 岁以下的未成年子女"[①],非户籍居民的子女因"居住证"等原因,一般主要是以在家乡学校读书为主,在上海读书的,也只读到初二或者初三,然后回到户籍所在地读书。在上海读到初中毕业,只能考上海的职校等,无法考进高中,希望能够读取高中的学生必须回户籍所在地参加中考。上海学校在招生时,初一招生规模较大,到初二时减少,到初三时更加少,造成生源不稳定,也影响学校正常教育的实行。

上海公办幼儿园、学校数量有限,在容纳本地生源的情况下,会接收一定的外来人员子女。外来人员在选择学校时,倾向于选择价格低廉的学校,如同"洼地效应"。入学费用低廉的学校会吸引一大批外来人员的子女来入学,而当外来人员子女增多时,本地生源便不愿继续在这所学校求学,他们倾向于在基本都是城市生源的学校上学,因此,本地学生转学,使得学校外来人员子女的比重进一步上升,学校的主要教学对象变成外来人员子女,教育资源的配置也会根据外来务工人员子女学校的性质来配置,导致教育失去公平性。

第八,享有就业服务差异。以上海市为例,上海市正在逐步完善非户籍居民就业方面的相关政策,如 2006 年起建立公益性外来人员就业服务中心,2008年起将就业满 6 个月的来沪人员纳入本市失业登记管理范围,免费为非户籍居民提供失业登记服务。户籍人口与非户籍人口在就业服务享受方面存在一定的差距。政府鼓励户籍人口就业,在同等条件下,政府通过补贴用人单位雇佣本地户籍人口,而非户籍居民在就业中处于劣势地位,并无这一政策的优惠。上海市各区县建立外来人员就业服务及信息提供,但是非户籍居民就业服务机

---

① 顾海英,史清华,程英,单文豪.现阶段"新二元结构"问题缓解的制度与政策——基于上海外来农民工的调研[J].管理世界,2011(11):55-65.

构与本地户籍人口的就业服务机构之间存在很大的差别。本地户籍人口享受各种就业培训机会，而这一福利优惠并未覆盖到广大的非户籍居民。

3）基本公共服务不均等特征

我国"新二元结构"和基本公共服务不均等诱发了诸多社会矛盾，矛盾特征主要体现在以下几个方面。

首先，户籍制度是基本公共服务不均等的制度障碍。我国现行的户籍制度将户籍人口与非户籍的外来人口划定为不同的身份，进而分割成两大社会群体：户籍居民和外来非户籍居民。而且，城市许多社会权利和资源依据户籍才能获得，这种由户籍制度导致的制度性社会隔离，不仅剥夺了外来非户籍居民社会权利，严重阻碍了外来务工人员社会融入，而且降低了外来务工人员对城市的社会认同。同时，我国城市居民的许多政治权利是和户籍挂钩的，这就必然导致户籍居民和外来非户籍居民两大社会群体之间政治权利获得差异。外来务工人员难以获得户籍居民所拥有的选举权和被选举权，而且也缺乏有效的利益诉求机制，使得外来务工人员利益受到侵害时，不能获得必要保护，往往通过非正常方式，引发社会矛盾激化。

其次，"新二元结构"是基本公共服务不均等的社会障碍。户籍居民和外来非户籍居民之间公共资源供给的不均等形成了两大利益群体。在我国现行的户籍制度下，城市公共资源配置主要是以户籍为依据的，附加在户籍上的各种公共福利资源，使户籍居民公共福利资源获得明显优于外来非户籍居民。户籍居民和外来非户籍居民之间的公共资源配置不均等，使城市非户籍居民，尤其是农村进城务工的"农民工"生活条件普遍低于户籍居民，这不仅使户籍居民获得不应有的优越感，也使城市非户籍居民产生自我防卫心理。

最后，社会资源缺失是基本公共服务不均等的能力障碍。非户籍居民进入城市后，基于社会资本引导，他们在空间上聚集，在利益上共鸣，形成了特殊社会群体。进城务工的非户籍居民面对物质和精神方面的双重困境，往往通过自己的社会支持网络，克服城市生存发展中所面临的各种问题。因此，绝大多数外来务工人员都是在亲戚、朋友、熟人的介绍下进城务工的。然而由于收入水平、社会地位以及交际空间的局限，大多数外来务工人员的社会支持网络规模都很小，而且具有高度的同质性，即主要由近亲、同乡、工友和邻居构成。这种社会支持网络能够动员的资源相当有限,而且有较强的封闭性,使外来务工人员处于相对的孤立状态,难以获得更广泛的社会帮助和情感支持。传统的农村生活方式和现代城市生活方式之间的巨大差距、文化隔阂导致外来务工人员对城市缺乏归属感和文化价值认同。

我国超大城市基本公共服务不均等的上述种种表现,导致户籍居民和外来非户籍常住居民之间社会群体性隔阂,制度性和非制度性社会排斥大量存在。

我国超大城市由于就业机会多,公共资源相对丰富,发展环境相对较好,所以非户籍常住居民数量的增长速度最快。此外,超大城市的城乡接合部是制造业相对集中地区,而且生活成本相对比较低,所以 60% 以上的外来务工人员集中在城乡接合部,这些地区成为"新二元结构"典型区域,社会群体性利益矛盾和冲突也较为集中。在 20 世纪 90 年代后,伴随着我国工业化和城市化进程,农民的流动越来越频繁,农村人口开始大量涌入城市中,在城市形成一批批"新生代农民工",他们与土地并无多大关联,未参加过农业生产活动,一开始就在城市就业谋生,城市是他们赖以生存和发展的地方,但是他们却因为没有户籍,与他们的父辈一样成为城市中的"二等公民","新生代农民工"维权意识尤为强烈,社会排斥心理远比他们的父辈强烈得多,由此引发的社会矛盾也激烈得多。

第 3 章

我国超大城市基本公共服务均等化历史进程

基本公共服务均等化是新时期中国政府贯彻以人为本的科学发展观,推动经济社会全面、协调、可持续发展的重要指导原则。基本公共服务均等化概念是在 2006 年 3 月《中华人民共和国国民经济和社会发展第十一个五年规划纲要》正式提出,但在实践中,新中国成立后,随着我国经济社会发展,各级政府在基本社会保障、基础教育、基本医疗服务、基本文化服务等领域不断加大了基本公共服务供给力度,广大人民群众享有基本公共服务待遇不断提高,基本公共服务均等化水平也有了显著提升,回溯我国基本公共服务均等化历史进程,将使我们更为清晰地把握超大城市基本公共服务的历史起点和演化逻辑。

3.1　发展历程回溯

3.1.1　改革开放前三十年

1949 年中华人民共和国建立至改革开放之初,我国的社会结构表现为城乡二元结构。这一时期国家在价值取向上坚持平等优先,力求体现社会主义制度优越性,追求的社会公平是城乡二元分治基础上的社会公平①。

这一时期,我国城乡基本公共服务均等化制度是以平均化为导向的。虽然当时我国经济发展水平较低,政府所能提供的基本公共服务资源非常有限,但是,政府的基本政策导向是区域、城乡和城市不同人群之间享有公共服务待遇

---

① 范逢春.建国以来基本公共服务均等化政策的回顾与反思:基于文本分析的视角[J].上海行政学院学报,2016,17(01):46-57.

平均化,并在政治、社会、经济、文化方面都有所体现。

　　改革开放前,党的政治理想与目标是追求平等。新中国成立之初,政府通过政权的力量实践了对平等化的追求:在政治层面,劳动人民是国家的主人公,拥有管理和参与国家事务的权利;在经济层面,政府实行的是生产资料公有制,以按劳分配为基本原则,力求缩小贫富差距,让人民获得平等的生产资料占有权与利用权;在社会层面,主张消除一切特权阶层,消除旧式的社会分工,实现人人平等之基本思想;在基本公共服务层面,也深刻体现出了对人人平等理想的追求,城乡基本公共服务也相对平均。在这一时期,贫富差距从新中国成立前的悬殊到新中国成立后的逐步减小,在城市中制度设计体现了基本公共服务基本均等化[①]。

3.1.2　改革开放初期

　　1978 年,伴随着改革开放,我国进入经济快速发展时期。这一时期的主要焦点是经济改革。经济体制由计划经济转向市场经济,经济结构从农业经济转向工业经济,经济模式由内向经济转向外向经济。各级政府都把追求国内生产总值(GDP)增长作为中心任务。在 20 世纪 80—90 年代,我国政府将经济政策和经济增长置于优先地位,相对而言社会政策和社会建设重视不够[②],在一定程度上一些地方政府甚至为了追求经济增长而"容忍不平等的扩大"[③]。市场化改革虽然提高了人民群众的生活水平,基本公共服务体制改革也在不断推进,但是在"效率优先、兼顾公平"的理念指导下,基本公共服务供给却存在严重不均等,基本公共服务在计划经济下城乡失衡的基础上不断加剧,同时还出现了区域严重失衡、群体严重失衡的情况。在 21 世纪初,我国基本公共服务"城乡差距不断加大、覆盖范围不断缩小、区域差距不断加大、群体差距不断加大、个人负担不断加重"的情况非常严重。此阶段我国基本公共服务体制改革沿袭了传统的城乡二元思路。在城乡分割的户籍制度基础上,部分基本公共服务供

---

① 郭经延,等.城乡基本公共服务均等化制度变迁路径及特征考察[J].现代经济探讨,2016(01).
② 王绍光.从经济政策到社会政策的历史性转变[M]//周建明.胡鞍钢.王绍光.和谐社会构建.北京.清华大学出版社,2007.
③ Bjorn A. Gustafsson, Li Shi, Terry Sicular (ed). Inequality and Public Policy in China[M]. NY: Cambridge University Press,2008.

给在城乡之间存在两套供给政策，且城市供给水平远远高于农村，基本公共服务供给处于城乡严重失衡状态①。

1992年，我国确立了社会主义市场经济体制改革目标。随着经济体制改革深化，超大城市经济快速发展，不断壮大的工业体系需要大量的劳动力来支撑，农村剩余劳动力加快向城市转移。为了顺应经济发展对劳动力需求以及农村剩余劳动力流动的需要，国家逐步放开了限制农村剩余劳动力向城市流动的政策。受经济利益的驱动以及在国家政策逐步放开的背景下，大量农村剩余劳动力涌入城市，在推动经济快速发展的同时也提升了他们自身的收入水平②。与经济发展同步，户籍居民与非户籍常住居民之间的收入水平、社会保障水平、各项社会福利待遇水平的差距持续拉大。

户籍制度是导致"新二元结构"和基本公共服务不均等的制度壁垒。我国的户籍制度是分割城乡之间二元结构的重要因素，同时，它也是导致目前超大城市中"新二元结构"的主要因素。超大城市基本公共服务享受的重要划分依据是户籍，有没有户籍享有基本公共服务待遇差别很大。城市非户籍居民，在享受基本公共服务，如就业服务、社区福利、社会保障、子女教育等方面与户籍居民之间存在很大差别。户籍制度限制了非户籍常住居民的享有基本公共服务资源。然而，他们在城市中参加劳动，是城市的建设者，他们同户籍人员同样从事城市建设工作，同时也是合格纳税人，但是他们却在基本公共服务待遇享有不均等。显然这对他们来说，权利与义务不均等。

随着劳动力市场上的户籍分割日益渗透至城市居民生活的各个领域，传统的城乡二元模式已悄然完成结构扩散并逐渐形成城市"新二元结构"③。我国户籍人口和非户籍常住人口基本公共服务供给类型和水平的历史性差异，以及由此引发的新二元结构社会问题，决定了这一时期超大城市推进基本公共服务均等化的关键是消除不同社会群体之间基本公共服务的非均等化。

---

① 范逢春.建国以来基本公共服务均等化政策的回顾与反思：基于文本分析的视角[J].上海行政学院学报,2016,17(01):46-57.
② 刘社建.上海新二元结构问题的演变、成因与对策[J].毛泽东邓小平理论研究,2010(11):41-44,68,86.
③ 李晓飞.城市"新二元结构"与户籍制度改革的双重路径转向[J].华中科技大学学报（社会科学版）,2017,31(02):77-87.

3.1.3　改革开放进入新世纪

我国以往的城镇化运行中,都会出现各种基本公共服务非均等化的现象,这主要体现在三个层面:在城乡之间,基本公共服务供给不均等的现象依旧明显,相对于城镇来说,农村的供给能力相去甚远;在区域之间,供给差异性大也已成为事实;在社会成员之间,城镇户籍居民所享受到的基本公共服务远超于非户籍常住居民。按照经济社会发展的一般规律,要求城镇化发展所取得的各种成效应当由全体社会成员来共享,而现实情况却出现较大的反差,在我国表现得尤为突出,城镇化的成效由社会强势群体或城镇原住居民来分享,而城镇化的代价却由弱势群体或半城镇化人口来买单,这不是均等化的体现,也给新型城镇化的有效建立带来阻力[①]。

为了更好地发展城镇化建设,实现社会公平,党的十八大针对城镇化中的公共服务均等化问题提出了要求:"科学规划城市群规模和布局,增强中小城市和小城镇产业发展、公共服务、吸纳就业、人口聚集功能。加快改革户籍制度,有序推进农业转移人口市民化,努力实现城镇基本公共服务常住人口全覆盖。"[②]

农民市民化意味着让更多的人进入到更高水平、更具现代文明的生产方式、生活方式中来。农民市民化的真正目的是要提高农民的生活水平,提高农民的社会福利水平,同时也是身份平等化的过程,而身份的转变需要制度与社会的认同。

2014 年,国务院发布的《关于进一步推进户籍制度改革的意见》中就指出:"坚持积极稳妥、规范有序。立足基本国情,积极稳妥推进,优先解决存量,有序引导增量,合理引导农业转移人口落户城镇的预期和选择。坚持以人为本、尊重群众意愿。尊重城乡居民自主定居意愿,依法保障农业转移人口及其他常住人口合法权益,不得采取强迫做法办理落户。坚持因地制宜、区别对待。充分考虑当地经济社会发展水平、城市综合承载能力和提供基本公共服务的能力,

---

① 张明斗.新型城镇化运行中的基本公共服务均等化研究[J].宏观经济研究,2016(06):118-126.
② 胡锦涛.坚定不移沿着中国特色社会主义道路前进为全面建成小康社会而奋斗[M].北京:人民出版社,2012.

实施差别化落户政策。"2015年,党的十八届五中全会通过了《中共中央关于制定国民经济和社会发展第十三个五年规划的建议》,提出:"推进以人为核心的新型城镇化。深化户籍制度改革,促进有能力在城镇稳定就业和生活的农业转移人口举家进城落户,并与城镇居民有同等权利和义务。实施居住证制度,努力实现基本公共服务常住人口全覆盖。"

随着户籍制度改革的不断深入,全国城乡统一的户口登记制度全面建立。各地取消了农业户口与非农业户口性质区分,统一登记为居民户口,不再以农业户口与非农业户口为依据区分农村人与城里人。与此同时间,各地户口迁移政策普遍放宽,不少大中城市适当降低了落户门槛,努力满足广大农业转移人口的落户需求。我国超大城市开始建立完善积分落户制度,拓宽了农业转移口落户渠道。随着上述城市户口迁移政策落实,城市农业转移人口落户城镇的数量明显增加。

2015年10月21日,国务院常务会议通过《居住证暂行条例》,明确规定:在全国建立居住证制度,推进城镇基本公共服务和便利向常住人口全覆盖,要求各地积极创造条件,逐步提高居住证持有人享有的公共服务水平。为了推动流动人口的定居化,国家将统筹鼓励到城镇"定居"和鼓励"流动"两种政策工具的推进速度,实现对人口流动的精细化调控。鼓励到城镇定居的政策工具包括:确保农民在农村的各项权益,减少其后顾之忧;同时,为农民进城常住或落户创造条件,增强进城定居的吸引力。鼓励人口流动的政策工具包括:加大力度推进各种社会保险之间的转移接续,要求地方政府对常住人口开放地方公共服务等。户籍制度改革,顺应了当前农民工流动移民化的趋势,农民工的流动越来越多地出现举家外出的情况,意味着从短期流动到移民定居的趋势在加强[1]。

3.1.4　改革开放进入新时代

进入新时代,推动基本公共服务均等化被列为党和国家重要战略措施。2017年,党的十九大报告指出:"中国特色社会主义进入了新时代,我国社会主要矛盾已经转化为人民日益增长的美好生活需要和不平衡不充分的发展之间

---

[1]　张瑞静.新型城镇化过程中农民市民化研究[J].合作经济与科技,2017(20):8-10.

的矛盾。"化解这一矛盾要以共享发展为突破口,把改革发展成果更多、更公平地惠及全体人民[①]。同时,党的十九大确立了我国实现基本公共服务均等化战略目标,即从 2020 年到 2035 年,基本公共服务均等化基本实现。

习近平总书记的共享发展理念为超大城市基本公共服务均等化指明了推进路径。"共享"发展理念要求推进基本公共服务均等化必须坚持以人为本。"以人为本",顾名思义就是要坚持人民群众的根本性、主体性地位,一切发展都要以人民群众的切身利益为出发点和落脚点,坚持发展为了人民、发展依靠人民、发展成果由人民共享,最终实现共同富裕。"共享"即人人兼有,不分彼此厚薄,一体均等。古人所说的"大同社会",马克思所设想的"共产主义社会"就是共享价值在社会中的终极呈现。"共享"发展理念与公共服务的价值导向不谋而合,具有天然的契合性。"共享"发展理念成为我国基本公共服务均等化指导思想。

基本公共服务均等化就是要让全体人民共享改革发展成果。实现基本公共服务均等化是坚持共享发展理念重要实践。我国各级政府作为公共权力掌控者,公共资源的权威分配者,保障全体社会成员公共利益是各级政府的基本职责。政府提供公共服务必须坚持人人共享,城乡均等,区域协调。当然,由于受各种客观因素的影响,基本公共服务是不可能实现绝对意义上的均等化,差别难以消除,但尽最大努力实现基本公共服务均等化则是各级政府应尽的责任。

改革开放以来,党带领人民群众在医疗、卫生、教育、文化、就业等各项社会事业的建设中取得了巨大成就。如何让改革发展的成果惠及全体人民,就需要坚持共享发展理念,通过科学合理的制度安排、有效的实施,将各项惠民政策落实到位,切实保障人民群众学有所教、劳有所得、病有所医、老有所养、住有所居的基本权益。

超大城市解决"新二元结构"和基本公共服务不均等问题,就要不断消除社会成员参与经济发展、分享发展成果方面的制度性障碍,更加关注弱势群体,更注重让低收入人群受益,提升弱势群体的参与感与归属感,让每个社会成员公平享受公共服务,都能幸福、有尊严地生活。实现基本公共服务均等化要做到

---

① 　莫申容.共享发展理念下的基本公共服务问题研究[J].农村经济与科技,2018,29(13):229-230.

确保全体公民都能公平可及地获得大致均等的基本公共服务，从而切实提高人民群众的获得感、幸福感和安全感。

2017 年 1 月，国务院公布的《"十三五"推进基本公共服务均等化规划》中指出，要"坚持以人民为中心的发展思想，坚持以社会主义核心价值观为引领，从解决人民群众最关心最直接最现实的利益问题入手，以普惠性、保基本、均等化、可持续为方向，健全国家基本公共服务制度，完善服务项目和基本标准，强化公共资源投入保障，提高共建能力和共享水平，努力提升人民群众的获得感、公平感、安全感和幸福感，实现全体人民共同迈入全面小康社会"[①]。

3.2 历史演进特征

3.2.1 形成"新二元结构"

城市化进程已逐渐由经济驱动转变为公共服务推动[②]，但城市化进程中的财政与户籍制度等诸多经济与社会因素仍然制约着基本公共服务的合理配置，子系统间未能实现协调发展[③]。特别是传统的城乡二元结构向城市间的"新二元结构"转变过程中，呈现出不同人群间的基本公共服务非均等化现象。

首先，我国现行的户籍制度将户籍人口与非户籍的外来人口划定为不同的身份，进而分割成两大社会群体：户籍居民和外来非户籍居民。而且，城市许多社会权利和资源依据户籍才能获得，这种由户籍制度导致的制度性社会隔离，不仅剥夺了外来非户籍居民社会权利，严重阻碍了外来务工人员社会融入，而且降低了外来务工人员对城市的社会认同。

其次，户籍居民和外来非户籍居民之间公共资源供给的不均等形成了两大利益群体。在我国现行的户籍制度下，城市公共资源配置主要是以户籍为依据的，附加在户籍上的各种公共福利资源，使户籍居民公共福利资源获得明显优

---

① 国务院关于印发"十三五"推进基本公共服务均等化规划的通知[EB/OL].(2017-01-23)[2017-03-01]. https://www.gov.cn/zhengce/content/2017-03/01/content_5172013.htm.

② 徐越倩，彭艳.户籍人口城镇化与基本公共服务耦合协调度研究——以浙江省 11 个地市为例[J].浙江社会科学，2017（7）：74-83.

③ 曹现强，姜楠.基本公共服务与城市化耦合协调度分析——以山东省为例[J].城市发展研究，2018，25（12）：147-153.

于外来非户籍居民。户籍居民和外来非户籍居民之间的公共资源配置不均等，使城市非户籍居民，尤其是农村进城务工的"农民工"生活条件普遍低于户籍居民，这不仅使户籍居民获得不应有的优越感，也使城市非户籍居民产生自我防卫心理。

再次，非户籍居民进入城市后，基于社会资本引导，他们在空间上聚集，在利益上共鸣，形成了特殊社会群体。进城务工的非户籍居民面对物质和精神方面的双重困境，往往通过自己的社会支持网络，克服城市生存发展中所面临的各种问题。因此，绝大多数外来务工人员都是在亲戚、朋友、熟人的介绍下进城务工的。然而由于收入水平、社会地位以及交际空间的局限，大多数外来务工人员的社会支持网络规模都很小，而且具有高度的同质性，即主要由近亲、同乡、工友和邻居构成。这种社会支持网络能够动员的资源相当有限，而且有较强的封闭性，使外来务工人员处于相对的孤立状态，难以获得更广泛的社会帮助和情感支持。传统的农村生活方式和现代城市生活方式之间的巨大差距、文化隔阂导致外来务工人员对城市缺乏归属感和文化价值认同。

最后，我国城市居民的许多政治权利是和户籍挂钩的，这就必然导致户籍居民和外来非户籍居民两大社会群体之间政治权利获得差异。外来务工人员难以获得户籍居民所拥有的选举权和被选举权，而且也缺乏有效的利益诉求机制，使得外来务工人员利益受到侵害时，不能获得必要保护，往往通过非正方式，引发社会矛盾激化。

我国城市"新二元结构"的上述种种表现，导致户籍居民和外来非户籍居民之间社会群体性隔阂，制度性和非制度性社会排斥大量存在。

我国超大城市中，"新二元结构"问题表现尤为突出。由于超大城市就业机会多，公共资源相对丰富，发展环境相对较好，所以我国北京、上海、广州等超大城市，外来人口的增长速度最快。由于超大城市的郊区是制造业相对集中地区，而且生活成本相对比较低，所以 60% 以上的外来务工人员集中在城市郊区。城市郊区的"新二元结构"问题尤为严重，社会群体性利益矛盾和冲突比中心城区也严重得多。

在 20 世纪 90 年代后，伴随着我国工业化和城市化进程，农民的流动越来越频繁，农村人口开始大量涌入城市中，在城市形成一批批"民工潮"。"新生代农民工"与土地并无多大关联,未参加过农业生产活动,天然地在城市中就业谋生,城市是他们赖以生存和发展的地方,但是他们却没有户籍,与他们的父辈一样成为城市中"二等公民","新生代农民工"的社会排斥心理远比他们的父辈强烈得多,他们引发的社会矛盾也激烈得多。

3.2.2 基本公共服务供需矛盾

基本公共服务均等化并不是"平均化",而是基于公平合理原则和经济社会发展水平,把贫富差距范围控制在相对合理区间,有利于城乡之间、区域之间、经济社会之间统筹协调发展,确保全体人民群众公平分享发展成果①。我国各地经济社会发展的差异性和工业化进程的不同阶段性,产生的直接结果就是城乡之间、地区之间、群体之间的差距扩大。特别是在获取基本公共服务方面,一些地区、一些社会群体还不能得到与自身生存和发展需求相应的公共服务②。社会中基本公共服务分配不均衡,直接表现为广大的弱势群体获取的基本公共服务严重不足,目前中国"有相当一部分群体还缺乏均等化的基本生活保障"③。

首先,基本公共服务内容不均衡。基本公共服务的内容构成,主要是指其在硬件和软件等不同部分之间的结构。义务教育作为一项基本公共服务,要面向全体、追求教育公平,促进义务教育优质均衡发展。不少地方都通过基础教育领域的改革,例如北京、上海、广州等超大城市,加快义务教育公办学校标准化建设,改善办学条件,保障符合条件的流动人口随迁子女同样受到良好教育。但义务教育供给结构仍存在矛盾。基础教育的硬件投入相对比较容易,师资等软件的服务还有差距。

其次,基本公共服务空间分布不均衡。基本公共服务供给的空间分布不均衡,不仅存在着普遍认为的城乡之间差距和不均等,而且还有其他维度的区域之间不均衡④。以基本公共卫生服务的供给为例,提供基本医疗卫生服务的主体,在地域空间或层级间分配不均衡。在北京、上海、广州等超大城市高质量的

---

① 颜雅英.福建省城乡基本公共服务均等化的财政政策供给研究[J].科技和产业,2017,17(03):25-31.
② 孙彩红.基本公共服务结构性分析与供给侧改革路径[J].云南社会科学,2019(01):43-48+69.
③ 刘志昌.中国基本公共服务均等化的变迁与逻辑[M].北京:中国社会科学出版社,2014.
④ 孙彩红.基本公共服务结构性分析与供给侧改革路径[J].云南社会科学,2019(01):43-48+69.

医疗机构在中心城区配置的数量远多于在郊区配备的数量。而从数据来看,大部分的外来非户籍人口由于生活成本的有限往往生活在物价水平较低的郊区。

最后,不同群体享用基本公共服务存在差距。基本公共服务的供给难以兼顾不同群体。部分公共服务供给忽略了其享用的不同人群,导致在一些群体中公共服务资源浪费和部分群体的公共服务供不应求同时并存。例如社区内的公共文化与体育设施,大部分是满足了老年群体的需求,但是,难以满足青少年群体。作为特殊群体的流动人口,他们可能在基础教育、基本医疗、社会保障、基本公共文化体育中更关心的是医疗等贴近生活的基本公共服务。不同群体所能享用的公共服务差异,实际上是基本公共服务供给与不同群体需求之间的结构错位。

3.2.3 户籍制度制约

户籍居民和非户籍居民之间存在社会排斥,是导致我国推进基本公共服务均等化过程缓慢的主要原因。农村剩余劳动力大规模向城市转移,城市人口急剧膨胀,农民"摇身一变"工人,村民变成市民,然而他们既没有获得城市市民的身份,也没有形成市民的生活方式。城市中的户籍居民与非户籍居民存在着价值观念、教育程度、生活方式等诸多的差异,造成社会排斥,这种社会排斥具有三个方面的特征。

第一,结构性、综合性。户籍居民和非户籍居民之间的社会排斥首先表现为制度性排斥,户籍制度和各种社会制度规定了非户籍居民"二等公民"地位,其次户籍居民和非户籍居民之间的社会排斥,不仅有经济层面的社会排斥、政治层面的社会排斥,而且有文化层面的社会排斥,所表现的社会问题也是综合性的。

第二,主观性、连锁性。户籍居民和非户籍居民之间对于制度分割和社会权利不平等有着强烈的主观感受,户籍居民存在明显的自豪感,而非户籍居民有着强烈的被剥夺的感觉。这种社会排斥的感受具有连锁性,非户籍居民在某一方面遭受的排斥往往会导致他们在其他方面也遭受排斥,连锁性效应强化了户籍居民和非户籍居民的权利不平等的主观感受。

第三,显性的、被动的。我国户籍居民和非户籍居民之间的社会排斥是指通过明确的制度、政策、法律、习俗的规定，非户籍居民被排除于享受正常的社会权利之外，而且作为社会弱势群体因为外在的原因或自身先天性因素而处于一种无可奈何状态，甚至无法摆脱和逃离。

城市非户籍居民遭遇社会排斥主要有两种类型：一是制度性排斥。目前城市的户籍制度、就业制度、社会保障制度、教育福利制度等存在着社会排斥，虽然这些制度性的社会排斥在不断被消除，但是最终消除制度性排斥难度很大。二是户籍居民群体的排斥。长期生活在城市"福利城堡"中的户籍居民，在天然的而不是通过努力获得的社会资源与竞争方面占据着优势，使得某些居民形成"一等公民"的身份优势意识，他们总是以居高临下的态度对待非户籍居民。户籍居民对非户籍居民的歧视，使后者在心理上有受歧视感和地位低劣感，这从社会心理上形成了无形的屏障，阻止了他们对户籍居民的认同、靠拢与适应，加深了城市两个社会群体"鸿沟"。

综上所述，社会排斥是推进基本公共服务均等化进程缓慢的社会原因，这种群体性社会排斥是多重因素造成的，既有制度性排斥，如户籍制度、社会保障制度等，又有非户籍居民的综合素质、文化和生活方式差异、特定的社会支持网络，也是导致非户籍居民受到社会排斥的重要原因①。社会排斥使非户籍居民难以实现城市融入，他们的市民化进程步履维艰，也就难以推进基本公共服务均等化。

3.2.4　均等化进程缓慢

北京、上海、广州作为中国经济发达的典型的超大城市，其中非户籍居民无论在规模和比例上都较高。随着新时代的来临，人民更加注重公平，越来越多的非户籍居民期盼获得更好、更公平的待遇。但是，在超大城市推进基本公共服务的过程中，发现均等化不是一蹴而就的，需要立足各地实际，逐步推进，从而提供人民满意度最高的基本公共服务。

首先，基本公共服务存在地域性差异。不同地区对基本公共服务的侧重点不同，将会形成不同的模式，在全国形成了碎片化的格局，难以统一标准。例如，在基础教育中，北京、上海、广州都形成了自己的模式。作为首都的北京向

---

① 孙立平.断裂——20 世纪 90 年代以来的中国社会[M].北京：社会科学文献出版社，2003：108-110.

来对中央宏观政策有高度的敏感性,所以基础教育模式以政策调控为主;上海更注重公平,形成了以服务导向为主的基础教育模式;作为改革开放试验田的广州市,在沿海城市中商品经济较发达,同时市场化程度较高,形成的模式是"以市场为主,政府解决为辅"。

其次,基本公共服务总量受限。均等化并非数量上的绝对平均,也并非全体公民均要享受到等质等量的公共服务,而是要在基本民生场域中最大限度缩小彼此之间的差距,最大限度确保全体居民均可以享受到基本公共服务[①]。然而,由于基本公共服务供给总量有限,在我国城市中,北上广等超大城市中非户籍人口的基本公共服务的供给都明显不足。比如,尽管北京、上海、广州等超大城市一直致力于推进基本公共服务均等化,但是外来人口依旧存在住房差、租房贵,看病难、看病贵,上学难、上学贵的难题。而城市中的户籍人口能够在地方政府的财政支持下享受到良好的、低成本的各种福利和便利。

最后,基本公共服务供给质量失衡。在北京、上海、广州等超大城市同种类的基本公共服务,郊区的质量较差,中心城区的质量较高。加上在法律和监督方面户籍人口的维权意识与参与意识要明显超过外来非户籍人口。所以户籍人口会针对政府提供的基本公共服务进行充分监督,促使政府提供更高质量的基础公共服务。同时,外来人口来到城市中的根本目的是获得高收入,所以他们往往受眼前的金钱利益诱惑,从而忽视了自己应该享受的权利。例如,很多外来务工者为了拿到更多的现金,不去参加社会保险。

综合而言,资源由于过于拥挤,在利用时会失去原本的高效率,反而导致公共服务在城市内部也出现不均等的现象,影响城市可持续发展[②]。由于高水平、高效率、高质量的公共服务资源在北京、上海、广州等超大城市过度集聚,而在这些城市中享受这些基本公共服务的条件一般都是户籍,外来人口很难享受到同等的服务。随之而来的"马太效应"会使这种两极分化愈加明显,加大了城市推进基本公共服务均等化的难度。

①　李曼音,王宁.城乡基本公共服务均等化的现实困境与纾解[J].人民论坛,2018(07):68-69.
②　沈杨嘉仪.京津冀一体化过程中基本公共服务非均等化的问题研究[J].财经界,2019(01):86-87.

3.3 政策效应评价

3.3.1 政策梳理

本书对北京、上海、广州三个超大城市2017年之前的基本公共服务均等化政策进行了梳理，以期分析上述三个城市基本公共服务均等化的发展进程。

1）基础教育政策

北京、上海、广州的基础教育政策见表3-1、表3-2、表3-3。

表 3-1　北京市部分基础教育政策

时间	政策法规	主要内容
2002 年	《北京市对流动人口中适龄儿童少年实施义务教育的暂行办法》	流动儿童少年中凡在户籍所在地有监护条件的，应当回户籍所在地接受义务教育；户籍所在地没有监护条件，且其父母在北京居住半年以上并已取得暂住证的，可以申请在本市中小学借读，接受义务教育。 户籍证明；父母的身份证、本市的暂住证和外来人员就业证等证明材料
2004 年	《关于贯彻国务院办公厅进一步做好进城务工就业农民子女义务教育工作文件意见的通知》	明确规定了区县财政经费投入的政府责任，取消了借读费，同时确定了流动儿童在公立学校就读的经费支出的责任由区县财政来承担
2011 年	北京市实施《中华人民共和国义务教育法》办法	非本市户籍的适龄儿童、少年，由父母或者其他法定监护人持本人及儿童、少年的身份证明、居住证明、工作证明等材料，经居住地所在街道办事处或者乡、镇人民政府审核确认后，到居住地所在区、县的教育行政部门确定的学校联系就读

（续表）

时间	政策法规	主要内容
2015—2017 年	《北京市教育委员会关于 2015—2017 年义务教育阶段入学工作的意见》	非本市户籍的适龄儿童少年,父母或其他法定监护人持本人在京务工就业证明、在京实际住所居住证明、全家户口簿、北京市居住证(或有效期内居住登记卡或暂住证)、户籍所在地街道办事处或乡镇人民政府出具的在当地没有监护条件的证明等相关材料

表 3－2　上海市部分基础教育政策

时间	政策法规	主要内容
2004 年	上海市人民政府办公厅转发市教委等七部门《关于切实做好进城务工就业农民子女义务教育工作意见的通知》	明确各级政府责任及流入地政府的责任,并建立了市、区县、街道(乡镇)3 级管理工作制度,确定责任主体,承担了有限责任,而没有明确流入地政府对流动儿童的教育经费的投入机制
2008 年	上海市教委《关于进一步做好本市农民工同住子女义务教育工作的若干意见》	实施 3 年计划与义务教育,转变了有限的责任,采取多项措施,从财政的投入到教育教学上的支持等方面来保障农民工子女接受教育,实现了全部流动儿童享受义务教育,真正落实了流入地政府的责任
2014 年	《关于来沪人员随迁子女就读本市各级各类学校的实施意见》	从 2014 年起,本市义务教育阶段学校招收来沪人员随迁子女就读的办法,将与《上海市居住证管理办法》相衔接。 来沪人员随迁子女需在本市接受义务教育的,必须提供其父母一方在有效期内的《上海市居住证》;或者提供父母一方满 2 年及以上的《上海市临时居住证》和在街镇社区事务受理中心办理的灵活就业登记证明

（续表）

时间	政策法规	主要内容
2015—2017 年	关于 2015—2017 年本市义务教育阶段学校招生入学工作的实施意见	进城务工人员适龄随迁子女需在本市接受义务教育的,适龄儿童须持有效期内《上海市临时居住证》,父母一方须持有效期内《上海市居住证》;或父母一方持有效期内《上海市临时居住证》满一定年限且连续在街镇社区事务受理服务中心办妥灵活就业登记

表 3-3　广州市部分基础义务教育政策

时间	政策法规	主要内容
2010 年	广州市发展和改革委员会、广州市教育局、广州市人力资源和社会保障局、广州市公安局《关于进一步做好优秀外来工入户和农民工子女义务教育工作的意见》	提高公办学校的非户籍儿童的比例,逐步提高来穗务工就业农民工子女入读公办学校的比例,同时也确定了非户籍儿童采取积分制入学模式,对于非穗籍人口采取区别对待,优先次序原则,从"根据我市优化产业布局和产业结构的需要"出发,重点鼓励技能型优秀外来工入户,引导广大外来工积极提升技能,培养壮大技能人才队伍,优化广州市劳动力结构和布局

2)基本公共卫生服务政策

我国基本公共卫生服务项目的推进始终坚持立足健康中国的发展战略,按照统一管理、条块结合、分类指导、整体推进的思路,不断地健全管理机制,强化体系建设。

从 2009 年国家基本公共卫生服务项目实施以后,北京、上海、广州的居民健康指标有了很大的提高。以北京为例。北京市的人均期望寿命由 2009 年的80.47 岁上升到 2016 年底的 82.03 岁,2021 年进一步上升到了 82.47 岁。孕产妇死亡率、婴儿死亡率分别由 2009 年的 14.55/10 万和 3.49‰下降到 2016 年的 10.83/10 万和 2.21‰,分别下降了 25.57％ 和 36.68％,基本达到国际的先进水平。北京的基本公共卫生服务主要工作有以下几方面。

第一,逐步完善社区卫生服务体系。社区卫生服务机构承担着国家基本公共卫生服务项目工作,为完善体系建设,北京市不断加强社区卫生服务机构硬件建设和队伍培养。2006—2016 年,全市社区卫生基本设施设备配备经费已经投入了 31 亿元,提升了硬件服务的能力。截至 2016 年年底,全市运行的社区卫生服务机构共 1 950 家,农村地区设立村卫生室一共 2 745 家,实现了基本公共卫生服务工作的全覆盖。全市社区卫生从业人员 35 105 人,相比 2009 年增长了 28.2%。为加强社区卫生技术人员的能力提升,实施了"十、百、千社区卫生人才"的培养,实现了人才培养的机制化和规范化。

第二,全面落实国家基本公共卫生服务项目。北京市为常住居民免费提供 12 类基本公共卫生服务项目,通过国家基本公共卫生服务项目在北京的全面落地,各项工作成绩逐渐凸显。一是全市健康档案服务管理稳步推进。截至 2016 年年底,全市居民建立健康档案共计 1 754.54 万份。二是预防接种服务成效显著。预防接种率一直保持在 99% 以上,已连续 32 年无脊灰野病毒病例,连续 20 年无白喉病例,另外麻疹、百日咳、新生儿破伤风、乙脑、流脑等疾病发病率已降低到历史最低水平。三是重点人群健康管理全面实施。为老年人、孕产妇、0—6 岁儿童和严重精神障碍患者、肺结核患者、慢性病患者等提供全面的健康管理服务。至 2016 年年底,慢性病患者健康管理已经达到 327.89 万人,培养家庭保健员 2 万多名,孕产妇系统管理率达到 97.49%,0—6 岁儿童保健覆盖率达到 98.9%,老年人健康管理率始终保持在 66% 以上。四是健康教育服务不断提升。构建了市、区、基层医疗机构三级健康教育服务网络,运用个性化与普及性健康教育相结合的方式,使北京市居民健康素养水平逐渐得到提高。五是中医药健康管理规范实施。通过中医体质辨识,对老年人健康状况进行中医体质分类,并给予中医药保健指导,通过家长对儿童进行中医饮食调养、中医保健等指导,改善儿童的健康状况,促进儿童生长发育。

第三,不断扩充服务内容。在注重常规工作开展的同时,北京市还从群众健康实际出发,优化服务政策,改进服务措施。深化和推广家庭医生签约服务,推行以预约就诊以及将健康管理融入诊疗服务全过程为主要理念的服务模式,打造签约服务团队。截至 2016 年年底,全市建立社区卫生服务团队是 3 762 个,组成人员共计 17 053 人,全市累计签约 384.16 万户,771.11 万人,常住人口签约率是 35.49％。加强孕产妇全程动态管理,强化基层卫生服务机构对高危孕妇的初筛和规范转诊随访,明确高危孕产妇分级分类标准,使高危孕妇尽早纳入孕产妇保健管理的系统。在全国率先开展一类疫苗接种后异常反应补偿工作的基础,同时建立了预防接种异常反应补偿全程引入商业保险的服务机制。

3）基本社会保障

北京、上海、广州三个超大城市基本社会保障服务均等化进程较快,但是不均等现象依然存在。

第一,北京市非户籍居民享有社会保障权利情况分析。近 30 年来,外来人口大量地涌入北京。在"2004—2020 年北京市城市总体规划"中,北京市提出了人口总规模为"2020 年北京市居住人口规模控制在 1 800 万人"。然而,到 2017 年末,北京市常住人口已经达到 2 115 万人,且数量仍在不断上升。非户籍的外来人口大量进入北京,对于北京的资源供应、环境保护带来了众多的影响。这直接导致北京市政府对北京户籍实行了严格的管理制度。北京市政府制定社会保障制度,以及居民享有社会保障权利的依据是北京市户籍,而对于非北京市户籍人口,实行特殊的社会政策。

北京市关于非北京户籍常住人口政策可以划分为四个阶段。

第一阶段（1978 年至 1983 年）：严格限制外地人口流入阶段。出台了相关政策,例如《中华人民共和国户口登记条例》《城市流浪乞讨人员收容遣送办法》、进京介绍信制度等。

第二阶段（1984 年至 1988 年）：流动人口政策相对开放阶段。相关政策包括《国务院关于农民进入集镇落户问题的通知》《关于暂住人口户口管理的规定》。

第三阶段（1989 年至 2001 年）：流动人口管制阶段。相关政策包括《北京市外地人员务工管理办法》《中央社会治安综合治理委员会关于加强流动人口管理工作的意见》《北京市郊区小城镇建设试点城镇户籍管理试行办法》《北京市外地来京人员计划生育管理规定》《北京市流动人口计划生育管理规定》等。

第四阶段（2001 年至今）：调整转型阶段。其相关政策包括《北京市农民工养老保险暂行办法》《北京市外地农民工参加基本医疗保险暂行办法》《北京市外地农民工参加工伤保险暂行办法》,并废除《北京市外地来京务工经商人员管理条例》《北京市外地来京人员租赁房屋管理规定》《北京市外地来京人员务工管理规定》等一系列针对流动人口歧视性政策法规,实施了"北京工作寄住证""北京市工作居住证"。

上述户籍政策逐步从严到宽,为逐步缩小北京市户籍居民与非北京户籍居民之间在社会保障权利方面的差异提供了条件。

首先,在养老保险方面北京市出台了《关于贯彻落实国务院统一城乡居民基本养老保险制度暨实施城乡养老保险制度衔接有关问题的通知》,规定参加北京市职工养老保险的外埠户籍人员,需办理制度衔接手续的,先按职工养老保险有关规定确定待遇领取地,并将职工养老保险关系归集到待遇领取地,再办理两种制度衔接手续。外埠户籍人员在本市参加职工养老保险缴费满10年以上且具有永久性个人账户的,即可将职工养老保险待遇领取地确定为本市,可申请将居民养老保险转入职工养老保险,并按城镇职工养老保险办法计发待遇。该政策可以看出对于非户籍人口来说,尽管可以参加北京的职工养老保险,但是参加保险的条件较苛刻,例如仅外埠户籍人员参加北京的职工养老保险缴费满10年这一门槛,对于农民工来说就已经很高了。因此根据2010年国家人口和计划生育委员会流动人口动态监测调查的数据显示北京市流动人口社会保险参加状态中,养老保险未参加比重为71.9%,参加比重为28.1%。这显示出北京市只有不到三成的非户籍流动人口参加了养老保险。

其次,在医疗保险方面北京市在2004年发布的《北京市外地农民工参加基本医疗保险暂行办法》规定:外省市农民工自2004年9月1日起应按规定参加医疗保险,医疗保险为住院治疗的医疗费用、急诊抢救留院观察并收入住院治疗的,住院前留院观察7日内的医疗费用以及恶性肿瘤放射治疗和化学治疗、肾透析、肾移植后服抗排异药的门诊医疗费用,这一规定与北京市城镇职工医疗保险待遇水平差距很大,这导致了非北京户籍人口的参保比例明显低于北京户籍人口。

再次,在社会救助方面北京市政府2015年5月发布了《北京市人民政府关于进一步完善本市临时救助制度的通知》,临时救助的对象范围仅为本市户籍或持有本市居住证的城乡居民家庭或个人。这就把没有居住证的非北京户籍居民排除在救助制度之外，而恰恰没有居住证的外来务工人员是最需要救助的。

最后，在住房保障方面。北京市户籍人口与非户籍人口所享受的住房保障资源差异显著。北京市保障性住房主要包括经济适用房、廉租房、限价房和公共租赁房等。北京明确规定非北京户籍人口不能够购买经济适用房、廉租房和限价房，北京市安居工程针对的人群主要是有北京市户籍的居民。2011年发布《北京市公有租赁住房申请审核及配租管理办法》，公租房的租赁开始对非北京户籍的居民开放，但是限定了供给额度。由于名额较少，且租赁手续繁杂、条件较为苛刻，实际所起作用极为有限。

从总体上看，北京市户籍居民与非北京市户籍居民的社会保险参保水平和参保率都存在很大差距。北京市基本公共服务供给政策主要依据户籍制度，大多数基本公共服务资源只针对北京市户籍居民，北京市户籍是市民享有社会权利的依据，这导致非北京市户籍居民还不能够充分享受政府提供的基本公共服务。

北京市户籍居民与非北京市户籍居民社会权利获得的差异性，导致非北京市户籍居民的社会保险参保率较低。以"五险一金"的参保率来看，参与率最高的医疗保险也不过是3.33%，其他社会保险都在30%以下，尤其是生育保险和住房公积金参与率不足10%，综合各类社会保险看，在京非户籍人口中有60%左右人口未参加任何一项保险。

第二，上海市非户籍居民享有社会保障权利情况分析。首先，在社会保险方面。2002年上海设立了针对非上海户籍外来人口的《上海社会保险法》，上海综合保险制度包括工伤（或者意外伤害）、住院医疗和老年补贴等三项保险。2011年7月1日我国《社会保险法》生效，上海将在本市就业的非上海户籍人口纳入城镇职工社会保险范围内，开始将非上海户籍人口的"综合保险"向城镇职工社会保险转变并且设立了5年过渡期。虽然非上海户籍人口通过"综合保险"纳入"城镇职工保险"，但是非户籍人口所获得的医疗、养老等保障仍然与户籍人口有着较大差距。非户籍人口只是享受到了户籍人口的社会保险中的一部分保险待遇。以医疗保障为例，在上海户籍居民与非户籍常住居民与上海人口在享受养老保险和医疗保险待遇方面也存在较大差异。

其次,在住房保障方面。2010 年上海市颁布了《本市发展公共租赁住房的实施意见》。上海公共租赁政策非上海户籍人口纳入政策覆盖人群。上海公共租赁租房政策允许持有《上海市居住证》和连续缴纳社会保险金达到规定年限的非上海户籍人员可以申请公共租赁租房。然而,上述两个限制条件,使得许多社会下层的外来务工人员被排斥在政策之外。

最后,在社会救助方面。2014 年上海市人民政府印发的《关于本市贯彻〈社会救助暂行办法〉的实施意见》规定,上海市社会救助体系的覆盖范围是户籍人口中的贫困失业者、老年贫困者、残疾贫困者、单亲家庭贫困者、灾民流浪乞讨人员等群体。非上海户籍人口被排斥在救助制度之外。而恰恰占上海常住人口 40％的非上海户籍人口是最需要获得社会救助的。

第三,广州市非户籍居民享有社会保障权利情况分析。广州市针对大量非户籍人口的涌入,先后出台了《广州市人民政府引发关于加强广州市人口调控和服务管理工作的意见及配套文件的通知》《关于加强广州市人口调控和服务管理工作的意见》《广州市户口迁入管理办法》《广州市积分制入户管理办法》《广州市农民工及非本市十城区居民户口的城镇户籍人员积分制入户办法(试行)》《广州市来穗人员承租市本级公共租赁住房实施细则(试行)》等一系列人口管理政策,推动了非城市户籍人口可以享受到公共服务资源,但是广州市户籍居民和非户籍居民之间社会保障待遇水平还是存在很大差距。

首先,在社会保险方面。依照 1999 年《广东省职工社会养老保险暂行规定》,广州灵活就业的非广州户籍人口可以参加职工养老保险;依照 2012 年广州市人民政府出台的《关于广州市城镇职工基本医疗保险试行办法》规定,非广州户籍居民可以参加广州市城镇职工基本医疗保险,但是上述两个规定都附加了一系列条件,多名非广州户籍的外来务工人员因不具备条件而不能享有养老医疗保险待遇。

其次,在社会救助方面。依照 2015 年出台的《广州市最低生活保障办法》规定,非广州户籍人口无法获得广州市政府社会救助。

最后,在住房保障方面。2007 年颁布的《广州市城市廉租住房保障制度实施办法(试行)》和《广州市经济适用住房制度实施办法(试行)》两个文件规定,广州保障性住房政策覆盖对象均是本市户籍低收入住房困难家庭。2013 年出台的《广州市公共租赁住房保障制度实施办法(试行)》规定,政府建设的公共租赁房,只能由广州市户籍居民申请,只有社会资金建设的公共租赁房才有条件地允许非广州户籍的常住居民申请。

4)就业保障

第一,北京非户籍居民享有就业机会情况分析。北京市不断改善非户籍居民的就业环境。1995年北京发布了《北京市外地来京人员务工管理规定》,对外来务工人员作了一系列限制性管理规定。2004年废除了《北京市外地来京人员务工管理规定》,这为非北京户籍居民在京就业提供了更加公平的环境。目前,在北京一些行业,非北京户籍人口的就业率高于北京户籍人口。如北京市保安行业目前有近30万从业者,但北京本地户籍从业人员不到9 000人,95%以上是非北京户籍。地铁安检员是政府购买服务的岗位,现在有从业人员9 000人左右,95%以上是非北京户籍。然而,北京迫于人口规模压力,北京实施了"以业控人"的人口调控目标,北京市鼓励用人单位更多吸纳北京户籍的劳动者就业。这一政策带有明显的就业歧视,但也是无可奈何之举。这说明北京的就业公共服务资源对非北京户籍居民的开放还是有限制的。

第二,上海非户籍居民享有就业机会情况分析。上海市2009年颁布了《关于进一步加强本市促进就业工作的通知》与《上海市劳动和社会保障局关于贯彻落实市政府〈关于进一步加强本市促进就业工作的通知〉若干问题的意见》,明确规定,上海市就业服务和管理、创业服务、就业援助等政策供给对象不包括非上海户籍居民。目前,非上海户籍人口主要的就业岗位分布在制造业、建筑业、服务业、住宿餐饮业、批发零售业这五大行业,这五大传统行业不仅收入水平较低,而且劳动权益难以得到有效保障,欠薪等问题较为严重。此外,上海职业培训、职业指导政策在上海户籍居民与非上海户籍居民之间也存在较大差异。

第三,广州非户籍居民享有就业机会情况分析。2009年广州市颁布了《关于印发广州市创业带动就业补贴办法的通知》,2012年广州市又颁布了《关于调整创业促进就业相关补贴项目申领程序的通知》两个文件都规定,创业扶持补贴、创业培训补贴、创业服务补贴只有广州本市户籍居民才可获得,而非广州市户籍居民不能享受这一权利,这表明在就业公共服务资源方面非广州市户籍居民是受到排斥的。2013年广州发布了《广州市就业失业登记办法》规定,在法定劳动年龄内、有劳动能力且有就业愿望的本市户籍城镇劳动者、转移到非农产业就业的农村劳动者,以及进入本市就业的异地务工人员进行就业登记或失业登记,同时,可获得免费职业介绍、职业指导服务;国家和地方政府规定的减免费职业技能培训;国家和地方政府制定的就业扶持政策;符合领取失业保险待遇条件的,可申领失业保险待遇。这说明广州在推进就业服务均等化方面迈开了一大步,但是由于申请程序复杂,以及非广州市户籍从业人员的自身素质,享有政府服务政策的人群还不多。

3.3.2　政策效应评价

近年来,超大城市在推进基本公共服务均等化进程中,对非户籍常住居民群体基本公共服务供给给予了更多关注。相继出台了一系列的促进基本公共服务均等化的政策,取得了较大的成果,但是由于存在诸多历史和制度方面因素,超大城市推进基本公共服务均等化依然面临着严峻的挑战。

首先,全体人民共享改革开放与经济发展成果获得进一步体现,社会公平正义得到弘扬。公平正义是社会价值体系中的核心内容,是衡量社会全面进步的重要尺度,也是人类世代追求的崇高目标和价值理想。社会公平正义的基本要求是"社会的政治利益、经济利益和其他利益在全体社会成员之间合理而平等地分配,意味着权利的平等、分配的合理、机会的均等和司法的公正。"①权利平等是公平正义的核心要义,权利平等是指在社会利益关系中"参与各方在规则权上的平均或相等",具体而言,就是每一个成员都应有知情权、参与权、选择权和监督权,只有每一个社会成员在规则权上是平等的,才谈得上真正的权利平等。当前超大城市基本公共服务非均等化,都是由于制度制定过程中参与各方在规则权上的不平等造成的。

在现代社会中,公平正义也是衡量现代社会制度合理性的价值标准。正如罗尔斯所说:要调节人与人之间因为利益冲突所产生的矛盾,就需要一系列的原则来调节而达到一种有关恰当地分配份额的契约。这些所需要的原则就是社会正义的原则②。人类社会的发展是一个不断寻找更加合理的秩序和制

---

① 刘琼华.公平正义:和谐社会的核心价值理念[J].山东社会科学,2007(08):100-103.
② 罗尔斯.正义论[M].北京:中国社会科学出版社,2003.

度的过程，公平正义则是国家制度中诸多价值目标的核心价值。因此，社会发展进程中，当社会结构变化客观上要求社会制度变革时，社会制度建设既要满足社会结构变化的需求，更要体现公平正义的价值理念，而后者尤为关键。例如，在我国城市化进程中，大量农村剩余劳动力转移到城市，城市人口规模和人口结构发生很大变化，政府公共政策不仅要有效调节各社会群体的利益关系，而且要坚持体现公平正义的价值理念。基本公共服务均等化政策的颁布与实施，在全社会弘扬公平正义价值理念，保障每一个社会成员的权利平等，使每个社会成员在平等的规则下，致力于改变起点的不平等和机会的不平等。

其次，"新二元结构"得到逐步缓解。我国城乡二元结构导致了城乡之间长期二元分割，"城里人"瞧不起"乡下人"，偏见是导致户籍居民对非户籍居民的社会排斥的重要社会因素。当前，我国正在加快推进"新型城镇化建设"，新型城镇化本质上就是人的城镇化，也就是推动非户籍居民的市民化，基本公共服务均等化政策的实施逐步促进培育社会包容的心态。伴随我国快速城市化进程，北京上海等超大城市尊重非户籍居民的不同的声音和意见，建立科学有效的不同社会群体的诉求表达机制、利益协调机制、矛盾调处机制、权益保障机制，加大非户籍居民的政策倾斜。改善了外来非户籍居民与本地居民之间人际的隔阂，增加了非户籍人口对城市的认同感、归属感与安全感。

最后，提高了基本公共服务资源配置效用。实现基本公共服务均等化的过程即为基本公共资源优化配置的过程，在中央一系列政策指导下，各级政府逐步合理优化资源配置结构，根据地区的经济发展水平，运用财政转移支付手段将财政资金重点向落后地区及弱势群体转移，促进区域、城乡和群体的经济发展协调。同时国家公共部门加大对低收入群体基本公共财政投入以满足他们对基本公共服务的需求。近年来，北京、上海、广州等超大城市加大对公共服务的支出，缩小非户籍人口与户籍人口的基本公共服务差距。

2013 年至 2017 年，北京在教育、社会保障和就业、医疗卫生与计划生育等基本公共服务中的预算逐年增加，支出占比根据当年情况进行调整（见表 3-4）。2013—2014 年北京市公共服务支出占比中教育高于其他支出占比，但是，从 2015 年起城乡社区支出占比高于其他支出占比（见表 3-5）。

表 3-4　2013—2017 年北京市一般公共预算支出实数情况

指标	2013 年	2014 年	2015 年	2016 年	2017 年
教育(亿元)	681.18	742.05	855.67	877.38	964.62
社会保障和就业(亿元)	469.13	509.01	700.48	716.21	795.38
医疗卫生与计划生育(亿元)	276.13	322.29	370.52	397.95	427.87
城乡社区(亿元)	510.67	567.4	995.39	1 120.37	1 034.14
一般公共预算总支出(亿元)	4 173.66	4 524.67	5 737.7	6 406.77	6 824.53

数据来源:依据《北京统计年鉴》整理。

表 3-5　2013—2017 年北京市公共服务支出占比情况

指标	2013 年	2014 年	2015 年	2016 年	2017 年
教育	16.32%	16.40%	14.91%	13.69%	14.13%
社会保障和就业	11.24%	11.25%	12.21%	11.18%	11.65%
医疗卫生与计划生育	6.62%	7.12%	6.46%	6.21%	6.27%
城乡社区	12.24%	12.54%	17.35%	17.49%	15.15%

数据来源:依据《北京统计年鉴》整理。

　　同期,上海在教育、社会保障和就业、医疗卫生与计划生育等基本公共服务中的预算逐年增加,支出占比根据当年情况进行调整(见表 3-6)。在公共服务支出占比中,2013—2016 年城乡社区支出占比高于教育支出占比,且增长速度较快(见表 3-7)。2017 年,占比下降,但依旧远高于其他支出占比。

表 3-6　2013—2017 年上海市一般公共预算支出实数情况

指标	2013 年	2014 年	2015 年	2016 年	2017 年
教育(亿元)	679.54	695.53	767.32	840.97	874.1
社会保障和就业(亿元)	468.01	498.13	543.16	988.81	1 061.03
医疗卫生与计划生育(亿元)	214.92	264.75	303.46	383.1	412.18
城乡社区(亿元)	712.92	801.39	1 173.88	1 588.04	1 531.42

（续表）

指标	2013 年	2014 年	2015 年	2016 年	2017 年
一般公共预算总支出（亿元）	4 528.61	4 923.44	6 191.56	6 918.94	7 547.62

数据来源：依据《上海统计年鉴》整理。

表 3 - 7　2013—2017 年上海市公共服务支出占比情况

指标	2013 年	2014 年	2015 年	2016 年	2017 年
教育	15.01％	14.13％	12.39％	12.15％	11.58％
社会保障和就业	10.33％	10.12％	8.77％	14.29％	14.06％
医疗卫生与计划生育	4.75％	5.38％	4.90％	5.54％	5.46％
城乡社区	15.74％	16.28％	18.96％	22.95％	20.29％

数据来源：依据《上海统计年鉴》整理。

同期，广州的教育支出有所波动，在 2014 年支出下降。社会保障和就业、医疗卫生与计划生育等基本公共服务中的预算同样是逐年增加，支出占比根据当年情况进行调整（见表 3 - 8）。在公共服务支出占比中，教育和城乡社区支出高于其他公共服务支出占比（见表 3 - 9）。

表 3 - 8　2013—2017 年广州市一般公共预算支出实数情况

指标	2013 年	2014 年	2015 年	2016 年	2017 年
教育（亿元）	253.947	229.044	287.073	321.982	404.334
社会保障和就业（亿元）	145.326	149.517	204.957	206.449	236.503
医疗卫生与计划生育（亿元）	86.896	116.355	134.882	173.887	202.349
城乡社区（亿元）	214.634	229.033	250.978	364.458	390.092
一般公共预算总支出（亿元）	1 386.135	1 436.223	1 727.718	1 943.747	2 186.013

数据来源：依据《广东统计年鉴》整理。

表 3 - 9 2013—2017 年广州市公共服务支出占比情况

指标	2013 年	2014 年	2015 年	2016 年	2017 年
教育	18.32%	15.95%	16.62%	16.57%	18.50%
社会保障和就业	10.48%	10.41%	11.86%	10.62%	10.82%
医疗卫生与计划生育	6.27%	8.10%	7.81%	8.95%	9.26%
城乡社区	15.48%	15.95%	14.53%	18.75%	17.84%

数据来源:依据《广东统计年鉴》整理。

　　总而言之,超大城市在推进基本公共服务均等化的过程中,取得了一定的成果,加快了服务型政府的建设,提高了公共服务资源配置效用,缩小了不同群体之间享有基本公共服务的差距,缓解了社会矛盾,为推动超大城市经济社会发展发挥了重要作用。但是,超大城市基本公共服务均等化依旧存在不少制约因素,例如基本公共服务供给总量不足、针对非户籍常住居民的基本公共服务供给水平低。因此,当前超大城市要有效破解"新二元结构"制约,加快推进超大城市基本公共服务均等化进程。

第 4 章

我国超大城市基本公共服务均等化瓶颈

目前,我国户籍人口与非户籍外来常住人口之间基本公共服务供给呈非均等化。不断扩大的常住人口规模与基本公共服务资源供给能力相对不足的矛盾,制约着超大城市基本公共服务均等化进程,这种社会现象在我国城市化进程特定历史发展阶段有其必然性,它的产生有其特有的形成逻辑和深刻的社会背景。本书从社会因素和制度因素两个维度,分析超大城市基本公共服务供给均等化进程的内在矛盾形成的社会机理。

4.1 社会因素

户籍人口与非户籍外来常住人口之间基本公共服务供给非均等化,反映了我国社会在城市化进程中社会结构的变化。超大城市"新二元结构"是我国城市化进程中社会结构变化的重要表现。从社会的视角讨论"新二元结构"问题的形成机理,要从分析城市社会结构变迁入手。社会结构(social structure)是一个被广泛使用的概念,但是,迄今没有一个明确的定义。一般认为社会结构是指一个国家或地区占有一定资源、机会的社会成员的组成方式及其关系格局,包含人口结构、家庭结构、社会组织结构、城乡结构、区域结构、就业结构、收入分配结构、消费结构、社会阶层结构等若干重要子结构,其中社会阶层结构是核心。

在我国工业化、城市化进程中,"新二元结构"问题反映了我国城市社会结构变化。本书从城市人口结构、就业结构、收入结构、消费结构四个方面分析"新二元结构"形成的社会因素。

4.1.1　人口结构变迁

1）我国人口结构变化

人口结构是指一定地域空间、一定时间内，人口总体中不同属性或要素之间的比例关系。狭义上的人口结构仅指人口的自然属性结构如年龄、性别结构等；而在广义上，还包括素质、空间分布、族群、职业分布等社会属性结构[①]。

人口结构的变化往是社会结构变化的前提。1978 年改革开放前，我国实行严格的人口户籍管制和计划经济体制，农村剩余劳动力被束缚在土地上难以自由流动，城乡之间、区域之间的人口流动性小，城市内部的人口自然结构和社会结构变化不大。

改革开放以后，随着我国经济体制改革的不断深入，大量的农村剩余劳动力流入城市"打工"，城市外来人口数量急剧攀升。这一方面是因为改革开放推动着经济快速发展，我国经济的长期繁荣创造了大量的就业岗位；另一方面我国城乡二元结构使农产品价格低于工业产品，农业劳动力价格大大低于工业，国家对农业和农村的投入低于工业和城市。城乡经济社会发展水平之间的巨大落差，如同一个强大的磁场，吸引着全国各地的农村劳动力，涌入大大小小的城市中寻找打工机会。

2）我国人口结构变化特征

农业劳动力向城市转移，造成了我国城乡之间、区域之间的人口流动规模持续增大。我国的人口流动性具有鲜明特征：其一，由于我国长期实行严格的户籍制度，农村劳动力受制度约束难以进入城市就业，改革开放一旦打破了人口流动制度限制，农村劳动力大规模涌入城市，并呈现爆发式增长，甚至出现了"民工潮"现象。其二，我国 1978 年开始的改革开放，实施了东部沿海地区率先发展战略，这就使得原本来就存在的东部和中西部地区的经济社会发展水平差距。进一步拉大了，区域经济发展不平衡，吸引了大批中西部地区的人口向涌向东部沿海地区。其三，我国东部沿海地区工业产业相比中西部地区发达，为农村专业劳动力提供了大量的就业岗位，当然东部地区也获得了大量的廉价劳动力，加快了东部地区发展的资本积累。此外，我国东部地区的一些超大城市，

---

① 王阳.我国人口结构变化对经济社会发展的影响研究综述［J］.西北人口，2012，33(05)：1-6.

如北京、上海、广州、深圳等城市,不仅具备了良好的区位优势,而且获得了率先发展的政策优势,这些东部沿海的超大城市常住人口呈爆发式增长。

3)北京、上海、广州城市人口结构变化

北京市城市常住人口 1979 年为 897.10 万人,2017 年增加到了的 2 153.50 万人,增长了 1.64 倍。北京城市人口从 1979 至 1990 年增加了 188.9 万人,平均每年增加 17.17 万人,1990 年至 2000 年,增加了 277.6 万人,平均每年增加 27.76 万人;2000 至 2014 年,增加了 751.2 万人,平均每年增加 53.66 万人;2014 至 2017 年,增加了 38.7 万人,平均每年增加 12.9 万人。上述统计数据显示,直到 2014 年,北京市常住人口规模呈现加速度增长趋势。但是,2014 年至 2017 年北京市的常住人口增速逐步放缓(见图 4-1)。

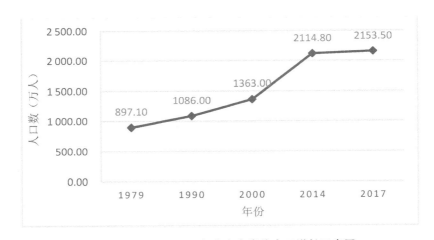

图 4-1 1979—2017 年北京市常住人口增长示意图

数据来源:依据《北京统计年鉴》整理。

同期,上海市城市常住人口 1979 年为 591.45 万人,到 1988 年达到 1 262.42 万人;到 2000 年达到 1 640.77 万人,到 2014 年达到了 2 425.68 万人,2017 年达到了 2 427.81 万人。30 多年增长了 4.1 倍。但是,从图 4-2 中可以看出,2014 年至 2017 年上海市的常住人口仅仅增加了 2.13 万人,平均每年增加 0.71 万人,常住人口数量增速明显放缓。

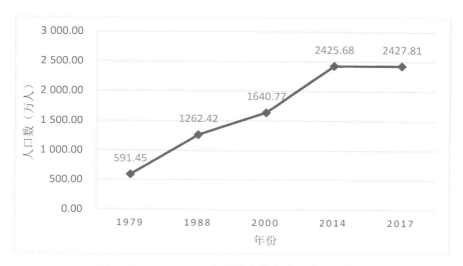

图 4 - 2　1979—2017 年上海市常住人口增长示意图

数据来源：依据《上海统计年鉴》整理。

同期，广州市常住人口规模处于持续、快速增长态势。1978 年广州市常住人口为 524.44 万人，到 2017 年常住人口达到 1 449.84 万人（见图 4 - 3）。

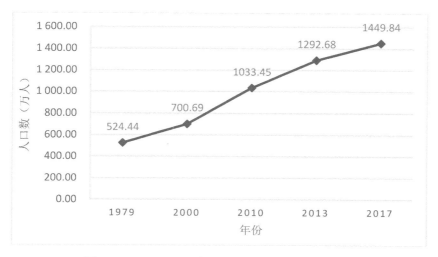

图 4 - 3　1979—2017 年广州市常住人口增长示意图

数据来源：依据《广州统计年鉴》整理。

　　城市人口的快速增长，导致了城市内部的人口自然结构和社会结构都发生了重大变化。首先，城市人口规模不断扩大，大中型城市的数量不断增加。截至 2017 年底，我国约有 13.90 亿人口，其中，8.13 亿为城镇常住人口，城市化率达到 58.5%。但是，全国人户分离人口（即居住地和户口登记地不在同一个乡镇街道且离开户口登记地半年以上的人口）达 2.91 亿人，其中流动人口 2.44 亿人^①。2014 年 11 月，国务院发布了《关于调整城市规模划分标准的通知》，将我国城市规模分为五个等级：城区常住人口 50 万以下为小城市。其中 20 万以上 50 万以下的城市为 Ⅰ 型小城市，20 万以下的城市为 Ⅱ 型小城市；50 万至 100 万的为中等城市；100 万至 500 万的为大城市；500 万至 1 000 万的为特大城市；1 000 万以上的为超大城市。依据上述标准，我国城区常住人口在 500 万～1 000 万的特大城市有 16 个、城区常住人口 1 000 万以上的超大城市 13 个。此外，我国很多省都在规划建设超大城市，其中山东省规划建设 5 个超大城市，安徽、湖南、福建省各规划建设 6 个超大城市、河北省规划建设 8 个超大城市、江苏更是规划建设 11 个超大城市。其次，城市常住人口中非户籍人口数量快速攀升，户籍人口和非户籍人口的比例不断上升。东部沿海地区的许多户籍人口与非户籍人口的比重甚至逼近 1∶1。

　　户籍人口与非户籍人口比重的上升，使城市人口结构发生变化。例如，北京市 1979 至 1990 年间常住人口由 897.10 万人增至 1 086.00 万人，非户籍常住人口从 26.50 万人增至 53.80 万人，非户籍人口数占常住人口的比例由 3.04% 上升至 5.21%，人口流入率从 2.95% 上升到 4.95%，这一时期人口流入规模不大，并未对城市整体运营产生影响。1990 年至 2000 年外来人口流入速度开始加快，城市常住人口增加了 277.6 万人，而非户籍人口由 53.80 万人增加到了 256.10 万人，非户籍人口占常住人口的比例增加至 23.12%，人口流入率达到了 18.78%。也就是说 10 年中北京市流入人口净增 202.3 万，常住人口增幅主要是外来流入人口。2000 年至 2014 年北京市常住人口增加了 751.2 万人，非户籍人口增加了 546.6 万人，非户籍人口占户籍人口的 61.17%，人口流入率为 38%，非户籍人口呈现爆发式增长态势。2014 年至 2017 年北京市常住

---

① 中华人民共和国 2017 年国民经济和社会发展统计公报［EB/OL］.（2018-02-28）［2018-02-28］. https://www.gov.cn/guowuyuan/2018-02/28/content_5269506.htm.

人口增加了 38.7 万人,非户籍人口增加了 24.4 万人,非户籍人口占户籍人口的
58.44%,人口流入率为 36.88%,非户籍人口增速放缓。如图 4-4、图 4-5 所示。

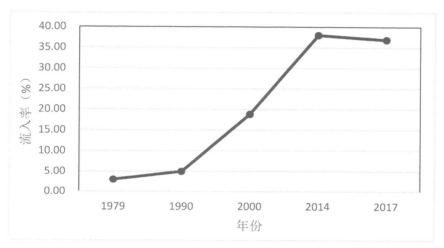

图 4-4　北京市 1979—2017 年非户籍人口增长示意图

数据来源:依据《北京统计年鉴》整理。

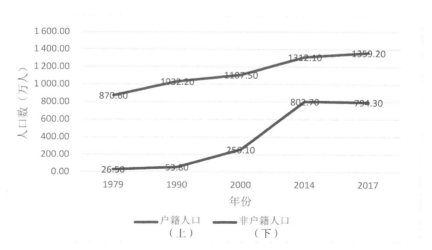

图 4-5　北京市 1979—2017 年户籍人口和非户籍人口变化示意图

资料来源:依据《北京统计年鉴》整理。

1979 年到 2014 年,上海市非户籍人口也呈爆发式的增长,2014 至 2017 年

增长放缓。1979 年到 1988 年上海常住人口由 591.45 万人增长至 1 262.42 万人，其中非户籍常住人口从 17.86 万人增加到了 106.00 万人，非户籍人口占常住人口的比例由 3.11％增加至 9.17％，人口流入率由 3.02％增加至 11.17％。1988 年到 2000 年，上海常住人口增加了 378.35 万人，非户籍人口增加了 281 万人，非户籍人口占常住人口的比例从 9.17％增加到了 30.87％，人口流入率达到 23.59％；2000 年至 2014 年，常住人口增长至 2 425.68 万人，其中非户籍人口 996.42 万人，户籍常住人口 1 429.26 万人，非户籍人口占户籍人口的 69.72％，人口流入率为 41.08％，非户籍人口流入率出现显著提高，进入了新的阶段。2014 年至 2017 年，常住人口增长至 2 427.81 万人，其中非户籍人口 972.68 万人，户籍常住人口 1 455.13 万人，非户籍人口占户籍人口的 66.84％，人口流入率为 40.06％。非户籍人口少于 2014 年，非户籍人口占户籍人口的比率下降 2.88％。如如图 4 - 6 所示。

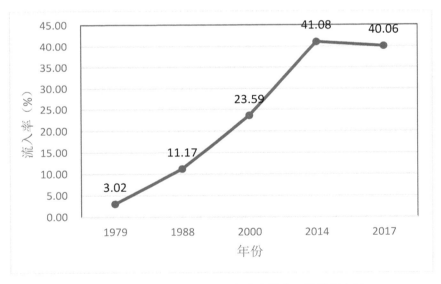

图 4 - 6　上海市 1979—2017 年非户籍人口增长示意图

数据来源：依据《上海统计年鉴》整理。

同期，广州非户籍人口数量也呈快速增长趋势。1978 年至 2000 年间，常住人口增加了 176.25 万人，非户籍人口增加了 212.42 万人，非户籍人口增长不快;到 2010 年广州常住人口达到 1 033.45 万人,户籍人口达到 804.24 万人,非户籍人口达到 229.21 万人,人口流入率为 22.18%。2010 至 2013 年的 4 年中,广州常住人口增加到 1 292.68 万人,其中户籍常住人口增加到 832.31 万人,非户籍人口增加到 460.37 万人,非户籍人口占户籍人口的 55.31%,人口流入率达到 35.61%。2013 到 2017 年,广州常住人口增加到 1 449.84 万人,其中户籍常住人口增加到 897.87 万人,非户籍人口增加到 551.97 万人,非户籍人口占户籍人口的 61.48%,人口流入率达到 38.07%。如图 4-7、图 4-8 所示。

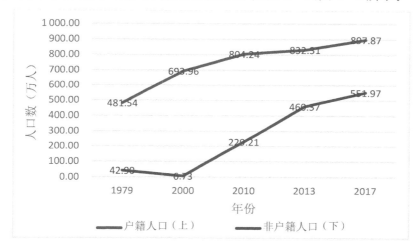

图 4-7　广州市 1979—2017 年户籍人口和非户籍人口变化示意图

数据来源:依据《广东统计年鉴》整理。

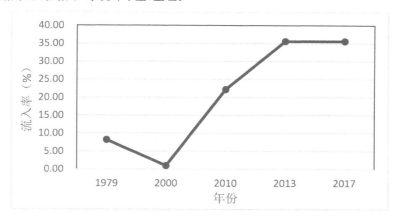

图 4-8　广州市 1979—2017 年非户籍人口增长示意图

数据来源:依据《广东统计年鉴》整理。

4）人口素质结构变化

城市常住人口的素质结构发生很大变化。由于我国农村的教育资源和教育水平远低于城市，农村人口的受教育程度较低，农业劳动力的文化素质普遍不高。一方面，大批农村人口流入城市，使得城市的整体国民素质下降，影响城市发展；另一方面，由于户籍居民的整体文化素质高于从农村进入城市的非户籍居民，户籍居民和非户籍居民两个群体之间文化素质的整体性差异，成为产生"新二元结构"问题的重要缘由。

5）人口空间结构变化

最后，城市常住人口的空间结构发生重大变化。涌入城市的大量农业转移劳动力，基于传统社会网络关系和社会资本的引导，他们绝大多数都是在亲戚、朋友、熟人的介绍下进城务工的，促使他们在空间上聚集起来。城市产业结构的空间分布，生活成本的区域差异，使得城市外来务工人员选择居住区域具有取向相同的特点，这就造成了非户籍的外来务工人员在城市某些区域的集聚，改变了城市人口原有的空间分布结构。

例如，在上海、北京等超大型城市中，城乡接合部往往成为非户籍的外来务工人员居住的集聚地。这里说的城乡接合部，主要是指城市和郊区交界区域。城市人口规模的快速扩张，带动了城市空间扩张，城市区划不断将周边的郊区划入城市市区，满足不断增长的人口及城市功能的需求。在城市中心城区不断地次向外扩张中，必然会产生城乡接合部。城乡接合部最大的特点是，特殊的区域优势。其一，相对于远郊和中心城区，城乡接合部有独特区位优势，土地价格相对较低，传统制造业、仓储运输业等劳动密集型产业往往集中在城乡接合部，这就为流入城市的农村转移劳动力提供了就业机会；其二，生活成本，尤其是住房成本相对比中心城区要低得多，且离城市中心城区较近，出行交通和生活相对便利，还可分享中心城区公共配套设施与资源，便于流入城市的农村转移劳动力居住生活。非户籍居民在城乡接合部的空间集聚，是城市化进程中极具中国特色的社会现象，是我国社会转型、城市社会结构变迁的一个活标本，也集中反映了城市"新二元结构"问题。以上海为例，上海的非户籍人口主要集聚在浦东新区、闵行区、宝山区、嘉定区等城区的城乡接合部[①]。

---

① 孟庆洁.上海市外来流动人口的生活方式研究[M].上海:上海社会科学院出版社,2009.

　　本书依据 2017 年上海市统计年鉴数据,得出了 2016 年上海非户籍常住人口区域分布。统计数据显示非户籍常住人口居住区域主要分布在城郊接合部地区。其中,浦东新区、闵行区、宝山区、嘉定区的非户籍常住人口达到 536.37 万人,约占上海非户籍常住人口总数的 55%。此外,非户籍常住人口中 28.57% 居住在郊区,仅有 16.43% 的人口居住在中心城区。如表 4-1 所示。

表 4-1　2016 年上海市非户籍常住人口各区分布比例

区域	比例(%)
黄浦区	1.70
徐汇区	2.73
长宁区	1.71
静安区	2.66
普陀区	3.41
虹口区	1.58
杨浦区	2.64
宝山区	8.62
闵行区	12.96
嘉定区	9.25
浦东新区	23.89
松江区	11.03
金山区	2.81
青浦区	7.37
奉贤区	6.13
崇明区	1.51

数据来源:依据《上海统计年鉴》整理。

　　83.57% 的非户籍常住人口居住区域主要集中在城郊接合部、新兴开发区或郊区,表明超大城市的户籍居民和非户籍居民两个群体在空间上分割。

4.1.2 二元就业结构分析

就业结构又称社会劳动力分配结构，一般是指国民经济各部门所占用的劳动数量、比例及其相互关系。就业结构问题可以从两方面考察，一是就业的部门结构，即就业人口在各个行业分布比例关系；二是职业结构，即就业人口在不同职业岗位的分布状况。

1）就业结构变化的影响因素

首先，就业结构受经济发展水平和产业结构的影响，经济发展水平影响一定时期、不同行业的劳动力需求结构，产业结构影响不同行业劳动力的分布状况。其次，就业结构受劳动者文化素质影响，一般而言，劳动密集型产业对劳动者素质要求相对较低，技术密集型产业对劳动者素质较高。再次，就业结构受社会认知影响。社会认同度低的职业岗位对从业人员的吸引力相对较小，社会认同度较高的职业岗位对从业人员的吸引力就高。

2）我国二元劳动力结构分析

我国农村剩余劳动力大规模转移到城市，使城市就业结构发生了变化，城市就业结构的合理性受到挑战。从整体上看，我国户籍居民与进城务工的非户籍居民之间存在行业选择的差异。非户籍的外来务工人员主要集中在一些对劳动者素质要求较低的行业，如制造业、建筑业、服务业、住宿餐饮业、批发零售业等。此外，一些技术要求较低或社会认同度不高的职业岗位，也主要由非户籍的外来务工人员承担，如制造业流水线岗位、家政服务岗位、保安岗位、建筑岗位、餐饮服务岗位等。相反，户籍居民较多集中在对劳动者素质要求较高的行业，如能源、交通、银行业、医疗卫生，承担技术要求高或社会认同度高的职业岗位，如企业管理、政府公务员、教师、医生等。

20世纪70年代初，经济学家皮奥罗提出了二元劳动力市场理论。他认为，在现代工业社会中存在着两种劳动力市场：一种是收入高、劳动环境好、待遇好、福利优越的劳动力市场，此被称为"首要劳动力市场"，另一种是收入低、工作环境差、待遇差、福利低劣的劳动力市场，此被称为"次要劳动力市场"。这两个劳动力市场之所以是"二元化"的，是因为这两个劳动力市场是相互隔绝的，"首要劳动力市场"的求职者宁愿等待就业机会，也不愿到"次要劳动力市场"中谋职,而"次要劳动力市场"的失业者根本不可能进入"首要劳动力市场"。

依据社会学家孙立平的判断,中国当前的社会结构已呈现固化和定型化现象,向上的社会流动更加困难[①]。这也昭示着次属劳动力市场的劳动力进入首属劳动力市场变得尤为困难,他们通过后天努力进入首属劳动力市场的概率显然不高。2005 年全国 1% 人口抽样调查数据显示,第二代农民工的就业领域仍然集中在劳动密集型和低附加值、低准入门槛行业。他们分布的前 6 位行业是:制造业(61.6%)、批发和零售业(10.7%)、住宿和餐饮业(7.7%)、农林牧渔业(5.6%)、居民服务和其他服务业(4.8%)、建筑业(3.2%)[②]。

户籍居民与非户籍外来从业人员之间行业选择和职业岗位的整体性差异产生了"二元劳动力结构",并且产生两个直接后果:其一,在我国社会主义市场经济体制下,劳动力市场应当在劳动力资源配置过程中发挥核心作用,但是我国城市的"二元劳动力市场",使劳动力市场资源配置功能不能得到有效发挥。其二,"二元劳动力结构"使许多非户籍的外来务工人员从事收入水平较低,且劳动权益难以得到有效保障的就业岗位,成为城市社会的弱势群体,这进一步固化了户籍居民与进城务工的非户籍居民之间的群体性分隔[③]。

3)城市就业政策歧视

城市就业政策对进城务工非户籍居民制度性排斥,进一步固化了"二元劳动力结构"。在城市劳动力市场存在着对非户籍从业人员的歧视问题,主要表现在劳动力的限制进入、劳动力行为的限制进入、劳动力同工不同酬以及其他隐性歧视。尤其是当经济不景气时,出现大量的失业人群,城市面临着空前的就业压力,为了保证户籍居民就业与生活,城市政府一般会对非户籍从业人员实行有差别就业政策。比如,明确规定某些行业和职业岗位不招用非户籍居民,将非户籍的外来务工人员"拒之门外"。非户籍的外来务工人员与户籍居民在就业政策上存在差异,本质上是群体性就业歧视,这是"新二元结构"问题重要表现之一。

①　孙立平.利益关系形成与社会结构变迁[J].社会,2008(3):7-14.
②　张世青,刘雪.农民工的权利诉求及社会政策回应[J].学习与实践,2011(12):105-112.
③　张世青,刘雪.农民工的权利诉求及社会政策回应[J].学习与实践,2011(12):105-112.

4.1.3 二元收入结构分析

户籍居民与进城务工的非户籍居民之间收入结构的差异是"新二元结构"问题重要表现之一。一般而言，收入结构是指社会成员各种经济收入的比例关系。我国计划经济时代，城市居民的收入主要是劳动报酬收入，即工资收入，改革开放以后，居民开始有了经营性收入、转移性收入和财产性收入。虽然居民的主要收入还是工资性收入，但是收入的多元性是显而易见。

收入结构与分配结构密切相关，从我国目前的分配结构看，国现阶段收入分配领域存在的问题：一是收入分配总量比率太低；二是行业与行业之间、级别与级别之间收入分配高低悬殊；三是收入分配调节未能形成制度的常态化。

按国家统计局 2017 年的数据，我国人均 GDP 9 481.881 美元，全球排名在第 70 名左右，属于典型的发展中国家。低收入群体收入水平很低，收入差距很大。而城市中低收入人群主要是非户籍外来务工人员，他们的收入水平远低于户籍居民。根据国家劳动和社会保障部、国家统计局公报，2017 年城镇单位在岗职工月平均工资为 5 003 元，而非户籍外来务工人员月平均工资是 3 897 元。这不仅显露出我国分配制度本身的弊端，更反映出社会财富分配的极不合理。

非户籍居民在城市中就业所得收入与城镇居民相比偏低。农民工一般仅有工资收入，且很不稳定，也无法享有与城市居民同等福利。城市居民则不仅拥有正常工资收入，还拥有各种福利待遇。非户籍居民虽然在城市工作，但依然不能同等享受各种城市社会保障待遇。比如失业保险，养老保险，医疗保险、生育保险、社会救助等。

住房制度是社会福利的重要组成部分，住房公积金是城市居民的收入组成部分。我国城市普遍实行了住房公积金制度，公职人员以及国有企业和部分私企职员可以享受这个福利补贴，但相当一部分非户籍从业人员并未被覆盖。经济适用房制度也是社会福利的重要组成部分，是政府补贴的一种手段，它拥有社会保障的性质，虽然没有直接补贴给城市居民，但以补贴给开发商的方式，使符合条件的户籍居民可以享受经济适用房。

劳动力市场上，即使在同一经济部门，"同工不同酬"问题也很普遍，甚至即使同一岗位也存在着正式工、合同工与临时工。一般来说，正式工报酬高于合同工,临时工报酬最低,而许多非户籍的从业人员往往承担临时工的工作。除了工资收入等国民收入初次分配以外,再分配中也存在着因为身份差异而导致进一步拉大收入差距的问题,当前主要表现在住房分配、医疗教育等方面。此外,非户籍居民的收入来源主要为城市务工收入,其转移性收入占比较少,从农村转移到城市务工的劳动力由于脱离土地,不再进行农业生产,无法继续享受国家农业生产补贴政策。同时,他们因为没有户籍,城市基本公共服务供给体系也把农民工排除在外。在这样的境地下,农村进城务工者成为尴尬的边缘人。

上述种种收入二元结构现象,都是由于户籍身份差别以及制度因素和社会因素造成户籍居民和非户籍居民之间收入差距。

4.1.4　二元消费结构分析

消费结构是在一定的社会经济条件下,人们在消费过程中所消费的各种不同类型的消费资料(包括劳务)的比例关系,有实物和价值两种表现形式。消费结构应该是质与量两个方面的统一。消费结构的量指的是各种消费对象的实物量和价值量的统一。消费结构的质包括消费对象本身的质地、消费的层次、消费者拥有的消费环境和享受性。总之,消费结构的质与量的统一是指人们所消耗的消费对象的构成及其对象间的协调程度。

非户籍居民家庭的消费类型主要包括:生存型消费,发展型消费,享受型消费和人情费。生存型消费主要包括食品消费和服装消费;发展型消费主要包括经营性支出,医疗保健支出和教育支出;享受型消费主要包括房屋建设支出,家庭设备支出和文化娱乐支出;人情费是指人与人之间正常交往中的感情投资,在我国尤其是广大农村人情费是一笔重要的开支。

根据调查数据分析,非户籍居民家庭以生存资料消费为主,这部分消费占总消费的 54%,这说明他们在食品和服装上的消费最多。这是因为其放弃了务农而无法像传统农民一样实现在粮食上的自给自足,且其生活环境的改善以及消费观念发生改变。人情费数量也较大,占总消费的 22%,这体现了新生代农民工已经逐步融入社会生活中。享受型消费占比 13%,占比较少,这表明新生代农民工还保有一些传统的农民消费观念。发展资料消费主要包括教育和医疗保健消费,其占比最小,为 11%,说明新生代农民工家庭教育和医疗方面仍然与城市家庭存在差别,不够重视发展型消费[①]。

从消费结构来看,非户籍居民的消费结构也存在一定的问题。储蓄倾向高,消费水平低。新生代农民工家庭人均收入为 21 327.21 元,而消费额为 6 617.01 元,储蓄率高达 69%。根据消费的生命周期理论,新生代农民工处于生命周期的第一阶段,需要有一定的储蓄来应对未来工作和收入的变化以及以后的养老所需。但过高的储蓄率会影响到生活质量,降低消费水平,特别是减少对教育和健康的投入,会严重影响人的可持续发展。消费层次低,生存型消费占比大。国家统计局 2017 年统计结果显示城镇居民家庭恩格尔系数为 29.3%,农村居民家庭恩格尔系数为 32.2%,而新生代农民工家庭恩格尔系数为 43%,生存型消费占比高达 54%,严重压缩了其他消费的空间。这说明新生代农民工的消费层次较低,这不仅会影响其个人的生活质量和个人发展,也会使当地内需不足,制约当地经济增长。消费结构失衡,享受消费仍较低,而人情费用占比过高新生代农民工的享受消费占总消费比例较低,仅占 13%;人情费占居民消费的 22%,远高于城市居民人情消费占比,此水平甚至超过其发展型消费 11% 的占比,此类消费给部分家庭带来负担,不利于其进行社会再生产。此消费结构严重失衡。

对发展型消费不重视,忽视对自身的教育。新生代农民工家庭对教育的支出仅占总支出的 7%,比重过低。我们在调查中得知,新生代农民工空闲时间大多用于上网、交友、玩游戏等。其接受的技能培训也仅限于雇主为使他们快速上岗工作而为他们提供的基本技能培训,此种培训根本无法适应不断变化发展的社会需要。因而新生代农民工想要获得自身的持续性发展还必须自己参加一些专业类培训[②]。

我国非户籍居民与户籍居民消费结构见表 4-2。

[①] 李敏,李佳,航杨云.汉新生代农民工家庭收入与消费结构研究[J].农银学刊,2015(3):21-24.
[②] 李敏,李佳,航杨云.汉新生代农民工家庭收入与消费结构研究[J].农银学刊,2015(3):21-24.

表 4‑2　2017 年城市户籍居民与非户籍居民消费水平　　　　单位:元

消费项目	城市户籍居民		非户籍居民	
项目	消费支出	所占比例	消费支出	所占比例
食品	7 001.0	28.64%	3 415.4	31.18%
衣着	1 757.9	7.19%	611.6	5.58%
居住	5564.0	22.76%	2353.6	21.49%
家庭设备及用品	1 525.0	6.24%	634.0	5.79%
交通通信	3 321.5	13.59%	1 509.1	13.78%
文教娱乐	2 846.6	11.64%	1 171.3	10.69%
医疗保健	1 777.4	7.27%	1 058.7	9.66%
其他	651.5	2.67%	200.9	1.83%
人均消费支出总额	2 4445.0	100%	10 954.6	100%

数据来源:依据《中国统计年鉴 2017》整理。

　　从两大社会群体的消费结构来看,有户籍的城市居民与农村进城务工人员的消费结构差异体现在农村进城务工人员的食品、居住性消费占比高于户籍居民,户籍居民的交通通信、衣着以及文教娱乐类消费高于农村进城务工人员,这在一定程度上反映出农村进城务工人员的消费层次仍停留在满足生存需求的层面,而对更高层次消费的需求是偏低的。

　　综上所述,从农村进城务工人员的消费习惯和消费结构来看,不难得出这样的结论:农村进城务工人员的消费主要集中在维持其在城市中生存的基本消费,如食品、住房等,文化娱乐及通信费用虽也有支出,但是消费能力比较弱;从消费数量上看,农村进城务工人员的消费数量是偏低的,即使在最基本的食品和住房消费中,农村进城务工人员的消费水平也仅维持在最低消费水平上,其消费特征呈现出消费俭朴、低档的特点,其消费模式仍旧是低消费模式。农村进城务工人员的这一低档、节约的消费习惯和消费结构真实地反映了他们在城市中的生活状态和生活处境。

4.2　制度因素

4.2.1　城乡户籍制度

1）我国户籍制度的由来

我国的户籍制度形成于 20 世纪 50 年代。1951 年，我国公安部公布了《城市户口管理暂行条例》。1956 年 12 月 30 日，周恩来总理签发《国务院关于防止农村人口盲目外流的指示》，1957 年 3 月 5 日周恩来总理签发《国务院关于防止农村人口盲目外流的补充指示》中，"结合当前春耕生产或灾区的生产救助等中心工作，对农民盲目外流的情况每年进行一次检查；在农民流入较多的城市，应设立专门机构负责外流农民的处理和遣送工作；对遣送返乡的灾民和农民，应予以妥善安置，对其中生活有困难的，应予以适当的救济"。由此，我国政府开始实行控制户口迁移的政策。1958 年 1 月 9 日，全国人民代表大会通过的《中华人民共和国户口登记条例》第十条中规定："公民由农村迁往城市，必须持有城市劳动部门的录用证明，学校的录取证明，或者城市户口登记机关的准予迁入的证明，向常住地户口登记机关申请办理迁出手续。"这是以法律的形式明确将所有人区分为"农业户口"和"城镇户口"两种不同的户籍，限制了两种人口的自由迁移，尤其对农村人口进入城市做出了约束性的规定，标志着我国严格限制农村人口向城市流动的户口迁移制度的最终形成。

此后，直到 1978 年改革开放，我国不断强化户籍制度。1958 年 9 月 13 日，中共中央发出《关于精简职工和减少城镇人口工作中几个问题的通知》，规定"对农村县镇迁往大中城市的，目前要严格控制"。1961 年 12 月 9 日《关于转发当前户口工作情况的报告》，要求对户口工作进行彻底检查整治，健全户口管理机构。同年，公安部将农业户口和人口数这一统计指标改为"非农业人口户数和人数"，这使"非农户口"和"非农人口"成为广泛使用和广为人知的概念。1962 年 4 月 17 日，公安部发出《关于处理户口迁移问题的通知》，指出"应当本着既要严格控制农村人口迁入城市，又要保证必要的政策迁移的原则，实事求是地进行处理"。1962 年 5 月 27 日《中共中央、国务院关于进一步精简职工和减少城镇人口的决定》中写道："在当前国民经济调整工作中，精减职工和减少城镇人口去加强农业战线是一个最基本的环节。全国现有的职工人数和城镇人口,不仅在今天是过多的,对国家的财政经济有着极为不利的影响,就是按照今后几年内恢复和发展农业、工业生产可能达到的程度来衡量,职工人数还超过实际需要很多,城镇人口也大大超过了农业提供商品粮食和其他产品的负担能力。所以,为了保证国民经济调整工作的顺利进行,继续加强农业战线,争取财政经济状况的根本好转,必须坚决缩短工业战线,调整商业体制,缩小文教规模,精简行政机构,进一步地精减职工和减少城镇人口。"1962 年 12 月 8 日,公安部三局发出《关于加强户口管理工作的意见》指出,"对农村迁往城市的,必须严格控制;城市迁往农村的,应一律准予落户,不要控制"。1963 年以后,公安部在人口统计中把是否吃国家计划供应的商品粮作为划分户口性质的标准,吃国家供应粮的户即城镇居民,称作"非农业户口"。

1977 年 11 月 1 日,国务院批转《公安部关于处理户口迁移的规定》的通知中,规定"市、镇人口的增长,必须与农业生产的发展水平相适应。处理户口迁移,首先要贯彻严格控制市、镇人口增长的方针,同时要保障人民群众符合国家规定的迁移。"公安部门根据上述规定,下达了"农转非"的控制指标,规定"每年批转从农村迁入市镇和转为非农业人口职工家属人数,不得超过非农业人口数的 1.5‰"。

2)我国户籍制度的改革

我国户籍制度改革起于 20 世纪 80 年代初。20 世纪 70 年代末,家庭联产承包责任制开始实行,我国粮油等农产品的供求现状得到了缓解,一些城乡分割的不合理制度,如人民公社制度、粮油供应制度、农产品统购统销制度等逐步被废除。20 世纪 80 年代中期,国家对农村居民的就业限制开始有所松动,农民可以进城务工,从事非农产业,城市也开始扩大企业自主权,改革劳动就业制度等,长期的城乡二元分割局面有所松动。

1984 年 1 月 1 日,国家颁布的《中共中央关于一九八四年农村工作的通知》规定:"农村工业适当集中于集镇,可以节省能源、交通、仓库、给水、排污等方面的投资,并带动文化教育和其他服务事业的发展,使集镇逐步 建设成为农村区域性的经济文化中心。建设集镇要做好规划,节约用地。一九八四年,各省、自治区、直辖市可选若干集镇进行试点,允许务工、经商、办服务业的农民自理口粮到集镇落户"，我国小城镇户籍改革脚步逐渐开始。1984 年 10 月 13 日，国务院发出《关于农民进入集镇落户问题的通知》，要求各级人民政府积极支持有经营能力和有技术专长的农民进入集镇经营工商业，公安部门应准予其落常住户口，统计为非农业人口。凡申请到集镇务工、经商、办服务业的农民和家属，在集镇有固定住所，有经营能力，或在乡镇企事业单位长期务工的，公安部门应准予落常住户口，及时办理入户手续，发给"自理口粮户口簿"，统计为非农业人口。粮食部门要做好加价粮油的供应工作，可发给"加价粮油供应证"。地方政府要为他们建房、买房、租房提供方便，建房用地，要按照国家有关规定和集镇建设规划办理。1995 年 4 月 11 日，为贯彻落实党的十四届三中全会和 1993 年中央农村工作会议精神，根据国务院原则同意的《关于加强小城镇建设的若干意见》的要求实行户籍管理制度改革，我国开始实行按居住地和就业原则确定身份的户籍登记制度，农民只要在小城镇具备合法固定的住所和稳定的就业条件，就可以申请在小城镇办理落户手续。1997 年 5 月 20 日，由公安部颁布的《关于小城镇户籍制度改革试点方案》提出，根据党的十四届三中全会确定的关于逐步改革小城镇户籍管理制度，允许农民进入小城镇务工经商、发展农村第三产业，促进农村剩余劳动力转移的精神，应当适时进行户籍管理制度改革，允许已经在小城镇就业、居住并符合一定条件的农村人口在小城镇办理城镇常住户口，以促进农村剩余劳动力就近、有序地向小城镇转移，促进小城镇和农村的全面发展，维护社会稳定。同时，继续严格控制大中城市特别是北京、天津、上海等超大城市人口的机械增长。这一次试点改革是对我国户籍管理制度重要的突破，符合条件的农村人口可在小城镇办理常住户口，城乡二元结构静态平衡不断被打破。1998 年 10 月 14 日，由中国共产党第十五届中央委员会第三次全体会议通过的《中共中央关于农业和农村工作若干重大问题的决定》中提出："发展小城镇，是带动农村经济和社会发展的一个大战略，有利于乡镇企业相对集中，更大规模地转移农业富余劳动力，避免向大中城市盲目流动，有利于提高农民素质，改善生活质量，也有利于扩大内需，推动国民经济更快增长。要制定和完善促进小城镇健康发展的政策措施，进一步改革小城镇户籍管理制度。"

2006 年 3 月 27 日，国务院公布的《国务院关于解决农民工问题的若干意见》提出,要充分认识解决好农民工问题的重要意义,做好农民工工作的指导思想和基本原则,提出要抓紧解决农民工工资偏低和拖欠问题,依法规范农民工劳动管理,搞好农民工就业服务和培训,积极稳妥地解决农民工社会保障问题,切实为农民工提供相关公共服务,健全维护农民工权益的保障机制,促进农村劳动力就地就近转移就业,加强和改进对农民工工作的领导十个方面内容。《意见》明确农民工问题事关我国经济和社会发展全局;维护农民工权益是需要解决的突出问题;解决农民工问题是建设中国特色社会主义的战略任务;以邓小平理论和"三个代表"重要思想为指导,公平对待,一视同仁、强化服务,完善管理、统筹规划,合理引导、因地制宜,分类指导、立足当前,着眼长远的原则;建立农民工工资支付保障制度;合理确定和提高农民工工资水平;严格执行劳动合同制度;依法保障农民工职业安全卫生权益;切实保护女工和未成年工权益,严格禁止使用童工;逐步实行城乡平等的就业制度;进一步做好农民转移就业服务工作;加强农民工职业技能培训;落实农民工培训责任;大力发展面向农村的职业教育;高度重视农民工社会保障工作;依法将农民工纳入工伤保险范围;抓紧解决农民工大病医疗保障问题;探索适合农民工特点的养老保险办法;把农民工纳入城市公共服务体系;保障农民工子女平等接受义务教育;加强农民工疾病预防控制和适龄儿童免疫工作;进一步搞好农民工计划生育管理和服务;多渠道改善农民工居住条件;保障农民工依法享有的民主政治权利;深化户籍管理制度改革;保护农民工土地承包权益;加大维护农民工权益的执法力度;做好对农民工的法律服务和法律援助工作;强化工会维护农民工权益的作用;大力发展乡镇企业和县域经济,扩大当地转移就业容量;引导相关产业向中西部转移,增加农民在当地就业机会;大力开展农村基础设施建设,促进农民就业和增收;积极稳妥地发展小城镇,提高产业集聚和人口吸纳能力;切实把解决农民工问题摆在重要位置;完善农民工工作协调机制;引导农民工全面提高自身素质;发挥社区管理服务的重要作用;加强和改进农民工统计管理工作;在全社会形成关心农民工的良好氛围。

2013 年 11 月 12 日,中国共产党第十八届三中全会通过的《中共中央关于全面深化改革若干重大问题的决定》提出:"城乡二元结构是制约城乡发展一体化的主要障碍。必须健全体制机制,形成以工促农、以城带乡、工农互惠、城乡一体的新型工农城乡关系,让广大农民平等参与现代化进程、共同分享现代化成果。要加快构建新型农业经营体系、赋予农民更多财产权利、推进城乡要素平等交换和公共资源均衡配置、完善城镇化健康发展体制机制。推进农业转移人口市民化,逐步把符合条件的农业转移人口转为城镇居民。创新人口管理,加快户籍制度改革,全面放开建制镇和小城市落户限制,有序放开中等城市落户限制,合理确定大城市落户条件,严格控制超大城市人口规模。稳步推进城镇基本公共服务常住人口全覆盖,把进城落户农民完全纳入城镇住房和社会保障体系,在农村参加的养老保险和医疗保险规范接入城镇社保体系。建立财政转移支付同农业转移人口市民化挂钩机制,从严合理供给城市建设用地,提高城市土地利用率。"

3) 我国户籍制度的政策效应

自 20 世纪 50 年代起,半个多世纪以来,户籍制度是深刻影响着中国的每一个家庭和每一个成员,是对我国经济社会发展影响最大的社会制度之一。从宪法的角度看,我国 1954 年 9 月 20 日颁布的《五四宪法》第九十条规定"中华人民共和国公民有居住和迁徙的自由"。然而,在 1975 年 1 月 17 中华人民共和国第四届全国人民代表大会第一次会议通过的《中华人民共和国宪法》中,去掉了这一条文。1978 年 3 月 5 日,第五届全国人民代表大会第一次会议通过的第三部《中华人民共和国宪法》中,也没有恢复中华人民共和国公民居住和迁徙的自由权,公民的居住和迁徙自由权利被人为地取消。也就是说,政府通过户籍制度对人口迁移管制与控制并不违反宪法精神。

我国户籍制度的社会控制功能产生了巨大的社会效应。这种效应分为正面的与负面的两个方面。

从正面效应看,自 20 世纪 50 年代新中国成立以来,在特定的社会历史条件下,政府实施城市偏向政策,在重工业优先和经济建设为中心的发展战略下,我国政府通过户籍制度及其他相关制度安排将城乡居民分割开来,限制农村人口向城市的自由流动,以牺牲农民的利益优先保障城市发展,一定程度上有助于促进经济社会的快速发展。

户籍制度作为一项日常的社会管理制度,通过对户口进行调查、登记、申报,并按照一定的原则进行立户、分类和编制来对全国人口进行管理,在户籍登记过程中能够动态收集到人口信息，户籍制度能够很好地将人口信息的收集工作融入人口管理工作中去，从而能够较快地反映出人口的变化情况。

户籍制度通过对辖区人口的有效管理，有力地维护了社会秩序，保证了社会治安，有效地消除了一些社会危险因素。《中华人民共和国户口登记条例》（1958）明确体现了户籍制度防范和打击各种违法犯罪活动的功能。制定该条例的首要目的是"维持社会秩序、保护公民的权利和利益"。条例明确规定"户口登记工作由各级公安机关主管"。户籍制度的建立实现了国家基本的社会控制功能。由于在人口管理方面所具有的优势，户籍制度成为古今中外备受推崇的一项重要的社会制度。

控制城镇人口的机械增长，是我国现行户籍制度的又一项重要的社会控制功能。城市化是现代国家的世界性趋势。我国是个发展中国家，经济发展水平还不高，农业可以提供用来供养城市人口的产品还相当有限，城市化速度过快是国力所难以承受的。然而，由于各地区生活条件的差异，特别是由于存在着巨大的城乡差别，人民群众在居住地的迁移上存在着一种自发流向，普遍地存在着从农村流向城镇，从集镇流向城市，从中小城市流向大城市的愿望。不加控制，必然会导致城镇人口机械增长过快。通过户籍管理，通过制定若干允许或限制户口迁移的政策，就能有效抑制或缓解这种过快增长的势头。

但是，户籍制度将我国的公民分割成了"非农业人口"与"农业人口"、市民与农民两种社会身份，并且将户籍制度与诸多社会福利挂钩，城乡二元户籍管理制度固化了城乡二元结构。当我国经济社会发展到一定阶段，户籍制度阻碍了农村剩余劳动力的合理流动，其负面效应也就凸显出来了。

户籍制度的负面效应，主要表现为人口流动的缓慢，户口在一定意义上衍生出了价值与等级，形成了具有不同价值与不同等级的社会身份。现行户籍制度不仅有力地强化了中国的城乡二元结构及其城镇居民与农村居民两个具有明显差异的社会身份，而且在城镇户口与农村户口内部，也形成了若干不同的户口等级。例如，在城镇居民户口中，存在着大城市、中等城市、小城市、县城、县属镇、一般乡镇等社会福利、物资供应与迁移自由度不同的户口差别；在城市户口中，又有市中心区户口、边缘市区户口、远市区户口以及在上海还有实际因居住在郊县集镇因而享有名为郊县市区户口的户口差别。同样是农村户口，也存在着因居住区位不同而产生的不同的差别。这种差别束缚着人口的流动与户口迁移，进而阻碍了商品经济的发展①。

自 20 世纪 80 年代中期开始，我国放松了城乡户籍管制，允许农村剩余劳动力进城务工，但是，我们没有及时从制度上解决户籍与非户籍之间的矛盾。也就是说，进入城市的非户籍外来务工人员虽然在形式上是城市的居民了，但却无法在制度上确认自己的市民身份，无法保障在城市生活中的合法权益，无法享受与城市居民同等的公共服务和社会保障待遇，只能作为城市的弱势群体，生活在城市的边缘。

目前，户籍制度的负面效应是显而易见的。户籍制度将农村和城市割裂开来，在城市与农村实行两套不同的公共服务供给体制，城乡居民所能享受的公共服务存在严重差异。城乡之间的两种户籍壁垒，两种不同的资源配置制度，事实上是将城乡居民分成了两种不同的社会身份和不同的待遇。改革开放以后，我国允许农村剩余劳动力向城市转移，城乡分割的户籍制度又将进城务工的农村劳动力与城市居民分割成城市中的两大社会群体，使得城乡二元结构转化成为城市"新二元结构"，从这个意义上讲，城市"新二元结构"是户籍制度下城乡二元结构的特殊表现形式。现今，在城市外来从业人员中，多数人都拥有居住证，但是它与户籍相比，都只有管理和统计意义，没有相应的社会福利附加意义，而户籍制度是阻碍非户籍居民获得城市社会福利的主要制度瓶颈。户籍作为一种身份象征，在城市社会生活中具有特殊意义，户籍制度是形成城乡二元结构和"新二元结构"制度的原因。

4.2.2　社会权利制度

马歇尔把社会权利界定为依据社会通行标准享受文明生活的权利，并提出与这一要素紧密相连的是教育体制和社会公共服务体系。我国城市"新二元结构"的典型表现之一，是非户籍居民不能享有与户籍居民同等的社会权利。本书从现行城市教育体制、基本公共服务公共体制两个维度，分析"新二元结构"问题产生的社会权利缺失因素。

---

① 丁水木.现行户籍制度的功能及其改革走向[J].社会学研究，1992(6):100-104.

1）享有平等教育权利限制

一般而言,教育是个人实现向上层社会流动的一条重要途径,教育能改变个体的先赋身份,进而在很大程度上促进社会平等。在我国城市化进程中,非户籍居民享有平等受教育权利主要体现在三个方面:第一,受义务教育权利;第二,受中等教育和高等教育的权利;第三,受职业教育的权利。从政府保障公民教育权利的角度看,政府的义务教育和基础教育政策、高等教育政策和职业教育政策应当使每一个公民都能够平等地获得受教育权利。然而,目前我国城市的教育政策存在着对非户籍居民诸多平等受教育的限制,教育制度的排斥是城市"新二元结构"问题重要表现之一。

首先,义务教育政策对非户籍居民的限制。非户籍居民子女在父母居住地接受女义务教育,不仅可以防止弱势的代际传承,也是一个国家代际公正的彰显。我国政府提出了进城务工人员的子女"以流入地政府管理为主、以全日制公办中小学就读为主"政策,这一政策保障了非户籍居民子女受义务教育的权利。然而,基础教育资源总量的有限性和配置的不均衡性,导致各级政府首先确保户籍居民的教育权利,其次再考虑非户籍居民子女义务教育问题,所以这一政策在实施过程中往往打了"折扣"。

其次,中等教育和高等教育政策对非户籍居民的限制。我国的中等教育政策规定,公民必须在户籍所在省市接受高中教育,高等教育政策规定公民必须在户籍所在的省市参加"高考",这就限制了非户籍居民就地接受中等教育权利和参加"高考"的权利。我国有许多长期居住在城市的非户籍居民,这种政策限制,实质上是限制了他们接受中等教育和高等教育的权利。

最后,职业教育政策对非户籍居民的限制。我国城市有着完整的职业教育体系。然而,享受职业教育的权利往往是与户籍或是否参加当地社会保险挂钩的,例如,政府职业培训补贴政策,主要针对户籍居民,非户籍居民就不能享受政府补贴。

户籍居民和非户籍居民之间在受教育权利上的不平等,不仅是城市"新二元结构"重要表现,而且是诱发"新二元结构"问题的制度因素。

2）享有基本公共服务权利限制

基本公共服务是指建立在一定社会共识基础上,根据一国经济社会发展阶段和总体水平，为维持国家经济社会的稳定、基本的社会正义和凝聚力，保护个人最基本的生存权和发展权，为实现人的全面发展所需要的基本社会条件。

基本公共服务包括三个基本点，一是保障人类的基本生存权（或生存的基本需要），为了实现这个目标，需要政府及社会为每个人都提供基本就业保障、基本养老保障、基本生活保障等；二是满足基本尊严（或体面）和基本能力的需要，需要政府及社会为每个人都提供基本的教育和文化服务；三是满足基本健康的需要，需要政府及社会为每个人提供基本的健康保障。基本公共服务随着经济的发展和人民生活水平的提高，其范围会逐步扩展，水平也会逐步提高①。

在我国城市生活中，户籍居民和非户籍居民的基本公共服务需求强度是存在差异的。依据笔者对上海市的调查，非户籍居民最关心、最迫切的公共服务需求是，义务教育、就业服务、医疗保障、住房保障。本书从就业服务、医疗保障、住房保障三项基本公共服务政策，分析户籍居民和非户籍居民享有基本公共服务权利的差异。

首先看就业服务，就业服务是进城务工人员最迫切的公共服务需求，因为只有有了稳定的工作，他们才能够在城市生活下去。我国各级城市政府都有就业促进政策，就业促进政策一般包括：提供各类就业机会、提供创业辅助、提供失业救助、提供职业培训、鼓励灵活就业。从现行就业促进政策及实施状况看，各级城市政府制定和实施政策的基本立足点，是解决户籍居民的就业问题。虽然各级政府都意识到"常住人口管理"是政府职责，但是"常住人口服务"意识尚未完全确立起来。因此，在就业促进政策实施过程中，政府在高度关注户籍居民的就业状况的同时，非户籍居民就业服务需求往往被忽视了，这就使户籍居民和非户籍居民没有能够平等享有政策规定的权利。

其次看住房社会政策。住房是人类生存的基本必需品。因此，获得适当住房的权利是人权的基本构成部分，也是现代国家公民的一项基本社会权利。拥有住房居住权是农民工融入城市社会的基础。目前，我国城市的住房政策包括：①住房补贴政策，如住房公积金制度；②保障房政策，如廉租房和经济适用房，廉租房是指政府以租金补贴或实物配租的方式，向符合城镇居民最低生活保障标准且住房困难的家庭提供社会保障性质的住房，经济适用房是指由政府

---

①　宁家骏.统筹规划、创新服务，扎实推进新时期电子政务建设[J].电子政务，2011(10)：49-58.

组织房地产开发企业或者集资建房单位建造,以微利价向城镇中低收入家庭出售的住房,它是具有社会保障性质的商品住宅;③公租房政策,公共租赁住房是指政府投资并提供政策支持,限定套型面积和按优惠租金标准向符合条件的家庭供应的保障性住房①。上述三项目住房保障政策,住房公积金制度主要是在企事业单位设立,但是许多中小型民营企业都没有为员工缴纳住房公积金,所以这一政策对于在中小型民营企业就业的非户籍的外来从业人员几乎没有意义。廉租房和经济适用房各级城市政府都明确规定与户籍挂钩,非户籍居民不能享有政策规定的权利。只有公租房政策规定非户籍居民可以享有。2010 年6 月 8 日由国家发改委等六部门颁发的《关于加快发展公共租赁住房的指导意见》中指出,公共租赁住房供应对象主要是城市中等偏下收入住房困难家庭。有条件的地区,可以将新就业职工和有稳定职业并在城市居住一定年限的外来务工人员纳入供应范围。然而,各城市在实施公租房政策设定了诸多额外的限制条件,如居住年限,工作稳定性等,使得许多符合条件的非户籍居民不能享受获得公租房的权利。

最后,看基本医疗服务政策。健康权是公民的基本权利之一。医疗服务是进城务工人员最迫切的公共服务需求,由于他们生活条件较差,医疗服务保障需求不能满足,将严重影响他们在城市的生活。基本医疗服务包括:基本医疗保险、基本医疗保健等。在我国城乡二元结构导致城市和农村的基本医疗服务水平和医疗服务条件存在很大差距。大量的农民进入城市工作,要享受与户籍居民同等的医疗服务待遇,不仅存在医疗服务资料短缺问题,也存在着户籍居民和非户籍居民之间的潜在利益矛盾。所以,我国城市政府在制定基本医疗卫生服务政策中,首先考虑户籍,满足户籍居民的需求,在有条件的情况下,再满足非户籍居民的需求。例如基本医疗保险,户籍居民与非户籍居民享受的待遇水平不同,至于基本医疗保健,如健康体检、社区健康保健等服务,主要为户籍居民提供。

综上所述,非户籍居民虽然在城市生活,也履行了法律规定的义务,但是他们享有基本公共服务的权利却受到了种种限制,户籍居民和非户籍居民在享有基本公共服务权利方面存在明显差异,是"新二元结构"典型表现之一。

---

① 张世青,刘雪.农民工的权利诉求及社会政策回应[J].学习与实践,2011(12):105-112.

4.3　基本公共服务非均等化问题实质

4.3.1　群体性社会排斥

我国城市化进程中的"新二元结构"问题，从现象上看是我国的户籍制度将户籍居民和非户籍居民分割为两大社会群体，许多学者也认为户籍制度是城乡二元结构和城市"新二元结构"问题的根源。然而，取消户籍制度是否就能够解决"新二元结构"问题了呢？回答显然是否定的。因为，取消户籍制度并不能解决城市外来居民与原居民之间的社会融合问题，由于各种社会因素和制度因素造成的两个群体的利益差异依然存在，社会矛盾依然存在。"新二元结构"问题本质是，户籍居民和非户籍居民之间的相互社会排斥。

1）社会排斥理论

20 世纪 60 年代，法国学者勒内·勒努瓦（Rene Lenoir）首次提出了社会排斥概念。社会排斥强调的是个体与社会整体之间的断裂。基于不同的理论取向，社会排斥可以理解为指个人与整个社会之间诸纽带的削弱与断裂过程，或是一种歧视的表现，是群体性差异的体现。这种差异否定了个人充分进入或参与社会交换或互动的权利，或权力集团通过社会关闭来限制外来者的进入。

依据社会排斥特征可以分为五种类型。第一，结构性的社会排斥与功能性的社会排斥。结构性的社会排斥是指因为社会结构的不合理而造成的社会排斥，社会结构包括通过制度确定下来的社会等级构成以及社会发展过程中自发形成的一种结构和分层。功能性的社会排斥是指被排斥的个体、群体或组织因为自身功能上的欠缺而处于一种被排斥状态。如：一些残疾人、文化程度低的人、退休者等一些社会弱势群体。第二，经济层面的社会排斥、政治层面的社会排斥与文化层面的社会排斥。经济层面的社会排斥是指个人、家庭和地方社区未能有效参与生产、交换和消费等经济活动，它的一个最直接后果就是造成贫困。政治层面的社会排斥是指个人和团体被排斥出政治决策过程，这些个人和团体缺乏权利，没有代表他们利益的声音。文化层面的社会排斥包含两个方面的含义，第一层是指失去根据社会认可的占主导地位的行为、生活发展方向及价值观模式而生活的可能性；第二层含义是指处于少数的个人和团体不能享有他们的文化权利及保有自身的传统、仪式、宗教信仰和语言等；第三，客观的社会排斥与主观的社会排斥。客观的社会排斥与主观的社会排斥。在分析社会排斥问题时，我们会发现，虽然有一部分人按照某种标准是处于一种被剥夺被排斥的状态，但由于某些因素的影响，他们并不感到自己遭遇排斥。他们可能已经在这种状态下形成了一种自己的社会认同、价值观念、行为模式，即被排斥状态下的一种文化，从而认为生活本来就是这样。而主观的社会排斥是指某些社会成员根据自己的主观判断，认定自己处于被排斥状态。这种主观感受使得他们常常有种强烈的被剥夺的感觉。第四，显性的社会排斥与隐性的社会排斥。显性的社会排斥是指通过明确的制度、政策、法律、习俗的规定，将一部分人排除于享受正常的社会权利之外。隐性的社会排斥是指在一些看似平等的游戏规则之下，却因为文化上、偏见上、习惯上或游戏规则执行过程中裁判者的原因而造成的实际的不公正。第五，被动的社会排斥与主动的社会排斥。被动接受社会排斥者并不是出于自己的主观意愿，而是因为外在的原因或自身先天性因素而处于一种边缘化的状态。而一些主动脱离社会者，往往是在一种亚文化的引导下，因其不认同主流社会而主动逃离，例如一些因为惯习、漠然或逃离而造成的被排斥①。

2）户籍居民和非户籍居民之间社会排斥特征

我国城市"新二元结构"本质上是户籍居民和非户籍居民之间的社会排斥。农村剩余劳动力大规模向城市转移，城市人口急剧膨胀，农民"摇身一变"为工人，村民变成市民，然而他们既没有获得城市市民的身份，也没有形成市民的生活方式。城市中的户籍居民与非户籍居民存在着价值观念、教育程度、生活方式等诸多差异造成的社会排斥，这种社会排斥具有三个方面的特征。

第一，结构性、综合性。户籍居民和非户籍居民之间的社会排斥首先表现为制度性排斥，户籍制度和各种社会制度规定了非户籍居民"二等公民"地位，其次户籍居民和非户籍居民之间的社会排斥，不仅有经济层面的社会排斥、政治层面的社会排斥，而且有文化层面的社会排斥，所表现的社会问题也是综合性。

第二，主观性、连锁性。户籍居民和非户籍居民之间对于制度分割和社会

---

① 代利凤.社会排斥理论综述[J].当代经济人,2006(07):229-231.

权利不平等,有着强烈的主观感受,户籍居民存在明显的自豪感,而非户籍居民有着强烈的被剥夺的感觉。这种社会排斥的感受具有连锁性,非户籍居民在某一方面遭受的排斥往往会导致他们在其他方面也遭受排斥,连锁性效应强化了户籍居民和非户籍居民的权利不平等的主观感受。

第三,显性的、被动的。我国户籍居民和非户籍居民之间的社会排斥是指通过明确的制度、政策、法律、习俗的规定,非户籍居民被排除于享受正常的社会权利之外,而且作为社会弱势群体因为外在的原因或自身先天性因素而处于一种无可奈何状态,甚至无法摆脱和逃离。

非户籍居民遭遇社会排斥主要有两种类型:一是制度性排斥。目前城市的户籍制度、就业制度、社会保障制度、教育福利制度等存在着社会排斥,虽然这些制度性的社会排斥在不断被消除,但是最终消除制度性排斥难度很大。二是户籍居民群体的排斥。长期生活在城市"福利城堡"中的户籍居民,在天然的而不是通过努力获得的社会资源与竞争方面占据着优势,使得某些居民形成"一等公民"的身份优势意识,他们总是以居高临下的态度对待非户籍居民。户籍居民对非户籍居民的歧视,使后者在心理上有受歧视感和地位低劣感,这从社会心理上形成了无形的屏障,阻止了他们对户籍居民的认同、靠拢与适应,加深了城市两个社会群体"鸿沟"。

综上所述,社会排斥是产生"新二元结构"问题社会原因,这种群体性社会排斥是多重因素造成的,既有制度性排斥,如户籍制度、社会保障制度等,又有非户籍居民的综合素质、文化和生活方式差异、特定的社会支持网络,也是导致非户籍居民受到社会排斥的重要原因①。社会排斥使非户籍居民难以实现城市融入,他们的市民化进程步履维艰。

4.3.2 公共服务资源供需矛盾

我国城市"新二元结构"问题的实质是户籍居民与非户籍居民社会排斥,其中制度性排斥消除的主要瓶颈是,城市基本公共服务资源供给的有限性和人口膨胀导致需求的无限性之间的矛盾。

从制度上消除对非户籍居民社会排斥,促进他们的社会融合和市民化,高

---

① 孙立平.断裂——20世纪90年代以来的中国社会[M].北京:社会科学文献出版社,2003:108-110.

昂社会成本是一个现实难题。

　　城市非户籍人口的快速增长,常住人口规模不断膨胀,导致公共资源需求持续扩大,这就与城市有限的公共资源之间发生了矛盾。大批从农村的农民转移到城市定居生活并获得相应福利待遇和均等化公共服务,需要进行各种经济投入。据 2013《城市蓝皮书》分析,这种市民化成本主要包括公共成本(政府成本)和个人成本两部分,该研究测算出目前我国农业转移人口市民化的人均公共成本约为每年 13 万元,其中东、中、西部地区分别为 17.6 万元、10.4 万元和 10.6 万元,个人成本约为人均每年 1.8 万元,另外还需要集中支付一笔购房成本,约为人均 10.1 万元;同时还指出,就算不计通货膨胀,假设中国每年的城镇化率以 0.8%～1.0% 的速度推进,到 2020 年,中国城镇化率超过 60%,今后还将有近 5 亿农民需要实现市民化,按人均市民化成本为 10 万元,则至少需要 40 万～50 万亿元。而据调查,目前 25.6% 农民工月收入水平低于 1 000 元,月收入水平为 1 000～2 000 元的比例为 42.7%,月收入水平为 2 000～3 000 元比例为 21.1%,月收入水平为 3 000～4 000 元比例为 6.3%,月收入高于 4 000 元的比例仅为 4.3%[1]。可见,非户籍居民要融入城市,真正现实市民化成本无论对于政府还是个人来说都是一个沉重的负担[2]。

　　所以,要从根本上解决我国城市"新二元结构"问题,消除对城市非户籍居民制度性排斥,需要切实解决公共服务资源的供需矛盾。然而,我们对这一问题的认识依然是不充分的,我国城市政府往往只是用更为强烈的制度性排斥来缓解公共服务资源的供需矛盾压力,这只能是治标不治本,难以从根本上解决"新二元结构"问题。

　　1)基本公共服务资源供需矛盾

　　我国城市"公共服务非均等化"问题的实质是户籍居民与非户籍居民社会排斥,其中制度性排斥消除的主要瓶颈是,城市基本公共服务资源供给的有限性和人口膨胀导致需求的无限性之间的矛盾。从制度上消除对非户籍居民社会排斥,促进他们的社会融合和市民化,高昂社会成本是一个现实难题。

---

① 张庆.农民工就业问题调查研究[J].经济纵横,2013(6):93-96.

② 魏后凯,等.农业转移人口的市民化[M]//中国城市发展报告(2013)[M].北京:社会科学文献出版社,2013.

　　城市非户籍人口的快速增长，常住人口规模不断膨胀，导致公共资源需求持续扩大，这就与城市有限的公共资源之间发生了矛盾。大批从农村的农民转移到城市定居生活并获得相应福利待遇和均等化公共服务，需要进行各种经济投入。所以，要从根本上解决我国城市"新二元结构"问题，消除对非户籍居民制度性排斥，需要切实解决公共服务资源的供需矛盾。

　　本书运用因子分析方法分析供给矛盾。因子分析法的基本思想是将观测变量进行分类，将相关性较高，即联系比较紧密的变量分在同一类中，而不同类变量之间的相关性则较低，那么每一类变量实际上就代表了一个基本结构，即公共因子。对于所研究的问题就是试图用最少个数的不可测的所谓公共因子的线性函数与特殊因子之和来描述原来观测的每一分量。这样，就能相对容易地以较少的几个因子反映原资料的大部分信息，从而达到浓缩数据，以小见大，抓住问题本质和核心的目的。

　　因子分析法的核心是对若干综合指标进行因子分析并提取公共因子，再以每个因子的方差贡献率作为权数与该因子的得分乘数之和构造得分函数。因子分析法的数学表示为矩阵：$X = AF + B$，即：

$$\begin{cases} x_1 = \alpha_{11}f_1 + \alpha_{12}f_2 + \alpha_{13}f_3 + \cdots \alpha_{1k}f_k + \beta_1 \\ x_2 = \alpha_{21}f_1 + \alpha_{22}f_2 + \alpha_{23}f_3 + \cdots \alpha_{2k}f_k + \beta_2 \\ x_3 = \alpha_{31}f_1 + \alpha_{32}f_2 + \alpha_{33}f_3 + \cdots \alpha_{3k}f_k + \beta_3 \\ \cdots \cdots \\ x_p = \alpha_{p1}f_1 + \alpha_{p2}f_2 + \alpha_{p3}f_3 + \cdots \alpha_{pk}f_k + \beta_p \end{cases} \quad (4-1)$$

　　模型中，向量 $\boldsymbol{X}(x_1, x_2, x_3, \cdots, x_p)$ 是可观测随机向量，即原始观测变量。其中，$k \leqslant p$，$\boldsymbol{F}(f_1, f_2, f_3, \cdots, f_k)$ 是 $\boldsymbol{X}(x_1, x_2, x_3, \cdots, x_p)$ 的公共因子，即各个原观测变量的表达式中共同出现的因子，是相互独立的不可观测的理论变量。公共因子的具体含义必须结合实际研究问题来界定。$A(\alpha_{ij})$ 是公共因子 $F(f_1, f_2, f_3, \cdots, f_k)$ 的系数，称为因子载荷矩阵，$\alpha_{ij}(i=1, 2, \cdots, p; j=1, 2, \cdots, k)$ 称为因子载荷，是第 i 个原有变量在第 j 个因子上的负荷，或可将 α_{ij} 看作第 i 个变量在第 j 个公共因子上的权重。α_{ij} 是 x_i 与 f_j 的协方差，也是 x_i 与 f_j 的相关系数，表示 x_i 与 f_j 的依赖程度或相关程度。α_{ij} 的绝对值越大，表明公共因子 f_j 对于 x_i 的载荷量越大。$\boldsymbol{B}(\beta_1, \beta_2, \beta_3, \cdots, \beta_p)$ 是 $\boldsymbol{X}(x_1, x_2,$

$x_3, \cdots, x_p$)的特殊因子,是不能被前 k 个公共因子包含的部分,这种因子也是不可观测的。各特殊因子之间以及特殊因子与所有公共因子之间都是相互独立的。

在运用因子分析法时,可能会涉及一些统计量,具体如下:

特征方程根:反映原始变量的总方差在各个成分上重新分配的结果,即特征值的和等于特征值方差和。

$$S_i = \frac{\sum\limits_{i=1}^{n}(Z_i - \overline{Z}_i)^2}{n-1} = \lambda_i, \ \sum_{i=1}^{n}\lambda_i = m \qquad (4-2)$$

成分贡献率:各个成分所包含信息占总信息的百分比。

$$\lambda_i / \sum_{i=1}^{n}\lambda_i = \lambda_i / m \qquad (4-3)$$

积累贡献率:前 n 个因子的累计贡献率。

$$\sum_{i=1}^{n}(\lambda_i / \sum_{i=1}^{n}\lambda_i) \qquad (4-4)$$

特征向量值:各个因子表达式中标准化原始变量(均值为 0、标准差为 1)的系数向量值,它是写因子表达式的根据。

模型的基本思路:

(1)原始数据标准化,以消除量纲的影响,并求标准化后的标数据的相关系数矩阵 R。

(2)计算相关系数矩阵 R 的特征值和特征向量,并计算贡献率和累计贡献率。

(3)确定因子个数。设综合指标 $F_1, F_2, \cdots F_m$ 为 m 个主因子,其中主因子的累计贡献率约为 85% 以上时,即可取前 m 个主因子来反映原评价对象。

(4)计算因子旋转载荷矩阵。为了使主因子的含义更明显,对各主因子的实际意义作出明确的解释,运用方差最大正交旋转法对因子载荷阵进行旋转。

(5)计算主因子得分,并进行排序。

(6)最后根据主因子贡献率的大小,建立因子分析的综合评价模型:

$F = (\alpha_1 F_1 + \alpha_2 F_2 + \cdots + \alpha_m F_m)/\delta$,其中 $\alpha_1, \alpha_2, \cdots \alpha_m$ 分别为因子贡献率和累计贡献率。

2）基本公共服务均等化评价指标体系构建

根据指标数据的可获得性及其本公共服务的类别,遵循评价指标体系选取的科学性、系统性、可操作性相结合原则,将基本公共服务均等化指标体系设为基础教育、基本医疗卫生、社会保障和基础设施四大类,共 15 项指标,详见表 4 - 3。

表 4 - 3　基本公共服务均等化指标体系

总目标	一级指标	二级指标
公共服务均等化指标体系	经济	GDP(亿元)
		物价指数(CPI)
	基本公共教育	普通小学生在校生(万人)
		普通初级中学生在校生(人)
		教育支出(亿元)
	基本劳动就业创业	社会保障和就业(亿元)
		城镇登记失业人数(人)
	基本社会保险	年末参加城镇职工养老保险人数(万人)
		年末参加城镇职工医疗保险人数
		年末参加失业保险参保人数
	基本医疗卫生	医疗卫生与计划生育(亿元)
		实有病床数(张)
		卫生技术人员(人)
	基本公共文化和体育设施	图书馆数量(个)

根据表 4 - 4 可以判断变量之间是否有相关性,变量之间若不存在相关性,就没有提取公因子的必要性。在因素分析的适合度检验中,KMO 的值为 0.682,大于 0.5,这说明分析所要涉及的数据适合作因子分析,Barlett 球形度检验的值为 250.19,显著水平 $Sig = 0.000 < 0.005$,对数据进行因子分析有效。

表 4 - 4　基本公共服务均等化因子分析的 **KMO** 和 **Bartlett** 的检验

KMO 检验	
KMO	0.682
Bartlett 的球形度检验	250.19
近似卡方	4
df	55
Sig.	0.000

　　从公因子方差表中可以看出(见表 4 - 5),提取公因子方差后,各变量的未旋转的公因子方差有差异,其数值越大,对应变量与潜在公因子的相关性越强,代表公因子可以提取变量中的绝大部分信息。

表 4 - 5　基本公共服务均等化因子分析公因子方差表

变量	起始	提取
GDP(亿元)	1	0.988
物价指数(CPI)	1	0.976
普通小学在校生(万人)	1	0.998
普通初级中学在校生(人)	1	0.997
教育支出(亿元)	1	0.996
医疗卫生与计划生育(亿元)	1	0.933
实有病床数(张)	1	0.999
卫生技术人员(人)	1	0.987
社会保障和就业(亿元)	1	0.999
年末参加城镇职工养老保险人数(万人)	1	0.999
年末参加城镇职工医疗保险人数	1	0.97
年末参加失业保险参保人数	1	0.992
城镇登记失业人数(人)	1	0.933
图书馆数量(个)	1	0.997

　　根据累计贡献率大于 85% 和因子特征值大于 1 的原则，从 14 项指标变量中提取出 4 类公因子，通过它们来代替原有指标变量所含信息。表 4-5 显示提取的 4 个公因子累计贡献率为 98.894%，即这 4 个公因子反映出了总体信息的 98.894%，丢失信息较少，因子分析结果的可信度较高。

　　为了对北京、上海、广州公共服务均等化水平进行科学评价，对 4 个公因子采用默认的回归法计算因子得分，并以 4 个公因子各自贡献率在累积贡献率中的比重为权数加权，其公式为：

综合得分＝FAC1_1 * 0.37595＋FAC2_1 * 0.29568＋FAC3_1＋0.2233＋FAC4_1 * 0.09401

表 4-6　累计方差表

因子	未旋转因子			旋转后因子		
	特征值	方差贡献率(%)	累计贡献率(%)	特征值	方差贡献率(%)	累计贡献率(%)
1	5.263	37.595	37.595	4.730	33.780	33.780
2	4.139	29.568	67.162	3.500	25.030	58.810
3	3.126	22.330	89.493	3.390	24.240	83.060
4	1.316	9.401	98.894	2.220	15.840	98.890

　　为便于对各因子载荷进行合理的解释，采取方差最大法进行因子旋转，从而得到方差最大的旋转矩阵，如表 4-7 所示。从表 4-7 可以看出，GDP（亿元）、物价指数（CPI）、图书馆数量（个）为 F1，主要反映了经济状况，因此可以定义为经济因子；普通小学生在校生（万人）、普通初级中学生在校生（人）、教育支出（亿元）为 F4，主要反映了教育水平，定义为教育因子；医疗卫生与计划生育（亿元）、年末参加城镇职工医疗保险人数、年末参加城镇职工养老保险人数（万人）、失业保险参保人数、社会保障和就业（亿元）、城镇登记失业人数（人）主要反映基本公共服务中社会保障情况，可以归属于 F2，定义为社会保障因子；实有病床数（张）、卫生技术人员（人）为 F3，主要反映医疗卫生情况，定义为医疗卫生因子。

表 4-7　旋转后因子载荷矩阵

	因子			
	1	2	3	4
GDP(亿元)	0.928	−0.184	0.166	0.255
物价指数(CPI)	0.901	−0.189	0.201	0.297
普通小学生在校生(万人)	0.142	−0.273	0.198	0.93
普通初级中学生在校生(人)	0.306	0.366	0.125	0.868
教育支出(亿元)	0.301	−0.039	0.08	0.947
医疗卫生与计划生育(亿元)	−0.086	0.995	0.008	−0.054
社会保障和就业(亿元)	0.299	0.397	−0.694	−0.52
年末参加城镇职工养老保险人数(万人)	0.622	0.738	0.26	0.02
年末参加城镇职工医疗保险人数	0.058	0.864	−0.306	−0.355
失业保险参保人数	−0.043	0.939	0.32	0.076
城镇登记失业人数(人)	0.248	0.92	0.119	−0.101
图书馆数量(个)	0.964	0.206	−0.054	0.152
实有病床数(张)	0.32	0.379	0.868	−0.001
卫生技术人员(人)	−0.645	0.368	0.665	0.077

　　根据表 4-8 的综合得分可以看出北京、上海、广州公共服务均等化区域差距比较明显,其中北京市密云区和广州市番禺区的公共服务均等化综合得分小于零,从整体上来看,其基本公共服务水平偏低。在我国财政分权模式下,以经济增长为导向的政府竞争和以 CDP 增长为主的地方官员考核体系,导致地方政府过度热衷于经济建设,抑制对基本公共服务的供给,从而造成基本公共服务总量供给不足.基本公共服务均等化的前提是地方政府财力的均等化。我国公共财政的制度设计造成了地方政府的财力非均等,从而导致基本公共服务供给存在明显的区域差异[①]。根据东城区、密云区、黄浦、宝山、天河区、番禺区这8 个区的因子得分,可以看出经济因子最强的是上海宝山区,社会保障支出最高的是北京东城区,医疗卫生情况最好的是广州天河区,而教育水平最高的是

① 成小平,高磊.中国基本公共服务均等化程度评价——基于 2011 年省际截面数据的因子分析[J].内蒙古师范大学学报(自然科学汉文版),2014,43(01):96-100.

广州番禺区。因此提高基本公共服务均等化水平与各地区之间的基本公共服务水平与经济基础、综合发展能力紧密相关。

天河区的经济因子排名并不靠前，但是社会保障因子很高，分析结果表明，天河区的均等化程度远高于北京、广州的核心区域，说明一个地区的均等化水平不仅受到经济发展水平的影响，同样受到政府政策价值取向、社会保障力度的影响。为此，在推进我国公共服务均等化过程中，既要通过经济发展为公共服务均等化提供强大的经济保障，也需要政府部门转变政策价值取向，对实现公共服务均等化给予充分重视。

表 4-8 基本公共服务均等化因子综合得分排名表

	F1	F2	F3	F4	综合得分	排名
东城区	−1.35104	1.36151	0.67907	0.16271	0.81	3
密云区	−0.97495	−0.8723	−1.19888	−0.9301	−1.69	6
黄浦	0.81467	0.08364	0.5414	−1.26605	0.98	2
宝山	1.21452	1.00781	−0.89071	0.21073	0.11	4
天河区	0.29227	−1.0285	1.33938	0.2789	1.39	1
番禺区	0.00453	−0.5522	−0.47026	1.54382	−0.26	5

4.4 基本公共服务供需不均等问题实证分析

超大城市基本公共服务不均等和"新二元结构"问题，是一个现实的社会问题，对这一问题进行实证研究，通过实证分析方法，描述我国城市化进程中超大城市基本公共服务不均等和"新二元结构"问题的具体表现形式，积累经验事实，进而揭示超大城市基本公共服务不均等和"新二元结构"问题形成的社会和制度原因，为解决问题的提供经验分析基础。

4.4.1 实证调查

本研究以上海市为典型案例，运用实证调查分析方法，对超大城市基本公共服务不均等和"新二元结构"问题的表现形式进行实证研究。

1)上海地区问卷调查

(1)基本情况分析。

本研究对上海市 16 个区的简单抽样问卷调查共发放 1500 份问卷,问卷调查采用当场填答问卷、当场完成、当场检查、当场回收的方式进行,收回有效问卷 1433 份,有效回收率为 95.54%。

对上海市 16 个区的问卷调查的男女性别比例、年龄结构、文化程度、职业分布的基本情况如表 4-9 至表 4-12 所示。

表 4-9　调查对象性别基本情况

变量	取值	百分比(%)
性别	男	48.64
	女	51.36

表 4-10　调查对象年龄分布

变量	取值	百分比(%)
年龄	20 岁及以下	10.02
	21~30 岁	36.07
	31~40 岁	16.43
	41~50 岁	21.24
	51~60 岁	9.82
	60 岁以上	6.42

表 4-11　调查对象学历结构

变量	取值	百分比(%)
文化程度	初中及以下	29.52
	高中(含中专、职高)	22.51
	大专	22.03
	大学本科	16.97
	研究生	8.97

表 4-12   调查对象职业分布

项目	人员类别	百分比（%）
职业分布	政府机关公务员	3.18
	企业管理人员	2.36
	企业工人	40.72
	个体劳动者	11.08
	技术人员	4.62
	公司职员/文员	7.59
	自由职业者	8.72
	其他行业劳动者	8.00
	大中学校学生	2.36
	离退休人员	5.95
	无业或待业	5.42

（2）调查结果分析。

第一，非户籍的外来务工人员就业途径分析。调查统计结果显示，非户籍的外来务工人员进入城市工作的途径单一。56.53%的被调查者是通过亲戚朋友介绍，31.30%的被调查者选择自己到单位应聘，只有 12.17%的被调查者由中介机构介绍或其他渠道进入城市工作。如表 4-13 所示。

表 4-13   获得工作的途径分析

就业途径	百分比（%）
亲戚朋友介绍	56.53
自己到单位应聘	31.30
中介机构介绍	10.17
其他	2.00

第二，非户籍的外来务工人员住房情况。在"您现在居住的房子情况"的调查中，超过 49%的被调查者选择了"租的"。另外在关于"您是和谁居住在一起"的调查中，56.21%的被调查者选择了与亲戚朋友居住在一起。具体如表 4

-14、表 4-15 所示。

表 4-14　非户籍的外来务工人员住房情况

项目	人数	百分比(%)
租的	480	49.23
自己买的	170	17.43
单位宿舍	129	13.23
亲戚朋友家	61	6.26
其他	135	13.85

表 4-15　非户籍居民居住情况

您是和谁居住在一起?		
项目	人数	百分比(%)
亲戚朋友	548	56.21
工友、同事	132	13.54
跟别人合租	129	13.23
仅自己一人	123	12.62
和家人一起	43	4.41

　　第三,户籍制度对非户籍的外来务工人员产生影响的分析。在"户籍制度对非户籍的外来务工人员产生什么影响""非户籍的外来务工人员城市融入的最主要障碍是什么"这两项调查显示,认为户籍制度对非户籍的外来务工人员影响最大的依次为:子女教育机会(26.90%)、享有社会保障权利(22.80%)、就业机会(19.10%)、社会福利(17.60%)四个方面(见表 4-16)。

　　有 21.00% 的被调查者认为,非户籍外来务工人员融入城市的主要障碍是户籍制度(见表 4-17)。上述调查数据显示,户籍制度是影响非户籍的外来务工人员能否获得与上海户籍居民相同的社会权利的重要因素。

表 4 - 16　户籍制度对外来务工人员的影响

项目	百分比(%)
子女教育机会	26.90
享有社会保障权利	22.80
就业机会	19.10
社会福利	17.60
本地人与外来人员之间交流	11.00
其他	2.60

表 4 - 17　无法留在城市的障碍分析

项目	百分比(%)
户籍制度	21.00
文化背景差异	22.00
生活方式	16.00
社会保障水平	16.00
经济条件	14.00
人际关系	9.00
其他	2.00

第四,非户籍的外来务工人员享受基本公共服务状况分析。关于是否应当将非户籍的外来务工人员纳入城市社会保障体系问题的调研,问卷调查分析显示(表 4 - 18),45.80%的被调查者认为应当将非户籍的外来务工人员纳入城市社会保障体系。38.20%的被调查者认为,目前尚不具备将非户籍的外来务工人员纳入城市社会保障体系,条件成熟后应当将他们纳入城市社会保障体系。

表 4 - 18　非户籍居民对城市社会保障体系态度

态度	百分比(%)
支持	45.80

（续表）

态度	百分比（%）
不支持	15.40
目前不能够纳入，但是条件成熟可以纳入	38.20
其他	0.60

第五，非户籍的外来务工人员享有社会权利的状况。关于"您认为非户籍的外来务工人员在城市生活中，受到最不公平待遇的项目有哪些"的询问，有61.00%的被调查者认为"社会保障"权利缺失，是最不平等待遇，有75.38%的被调查者认为非户籍的外来务工人员最需要获得的公平待遇也是"社会保障"（表4-19、表4-20）。

此外，社会福利获得机会、教育资源获得机会及就业机会差异，也是非户籍的外来务工人员认为社会权利不平等的主要内容。

表 4-19 非户籍居民对不公平待遇的态度

您认为外来务工人员在城市生活中，受到不公平待遇的项目有哪些？（多选）		
项目	人数	百分比（%）
社会保障	874	61.00
就业歧视	708	49.38
公共服务歧视	519	36.23
社会福利获得	785	54.77
教育资源获得	677	47.23
其他	64	4.46

表 4-20 非户籍居民希望获得的待遇

您认为外来务工人员城市融入中至少在哪几个方面需要获得平等待遇？（多选）		
项目	人数	百分比（%）
社会保障	1 080	75.38
基础教育	929	64.82

（续表）

项目	人数	百分比（%）
就业扶助	622	43.38
工资待遇	722	50.36
社区服务	413	28.82
利益述求表达渠道	281	19.59
社会管理参与	4047	27.79

第六，非户籍的外来务工人员融入城市社会状况。调查统计显示，非户籍的外来务工人员融入城市社会的愿望十分强烈，80%以上的被调查者认为"十分希望"融入城市社会。但是他们与户籍居民交流不多，关于非户籍的外来务工人员和户籍居民的交流询问，有42.50%的被调查者认为"从来不交流"，有28.61%选择"交流不多，但希望交流"（见表4-21）。

表4-21　与本地户籍交流情况

外来务工人员与本地户籍人员交流多吗？		
项目	人数	百分比（%）
从来不交流	609	42.50
经常交流	236	16.47
偶尔交流	178	12.42
交流不多，但希望交流	410	28.61

非户籍的外来务工人员也较少参与社区的各种活动。有39.01%的被调查者认为"不参加各种社区活动，是因为不让参加"，有25.82%的被调查者认为"不会参加，因为不想参加"。如表4-22所示。

表 4-22 参加社区活动情况

您会参加政府或者居委会组织的各种社区活动吗？		
项目	人数	百分比（%）
不会，因为不让参加	559	39.01
不会，因为不想参加	370	25.82
会经常参加	315	21.98
偶尔会参加	189	13.19

第七，对促进非户籍的外来务工人员融入城市社会政策的态度。关于是否应当给予非户籍的外来务工人员市民待遇，并且降低户籍准入门槛，有 65.32% 和 58.38% 的被调查者选择了"给予外来务工人员市民待遇"和"政府的政策导向"。如表 4-23 所示。

表 4-23 政府如何促进非户籍的外来务工人员融入城市社会（多选）

方式	百分比（%）
给予外来务工人员市民待遇	65.32
政府的政策导向	58.38
提高外来务工人员的素质	45.62
转变市民观念	37.62
其他	7.00

在"打破新二元结构的关键"的询问中，"给予非户籍的外来务工人员市民待遇"被认为是打破新二元结构的关键，42.24% 的被调查者选择了此项，另外有 23.18% 选择了"政府的政策导向"，21.13% 的被调查者选择了"提高外来务工人员的素质"，而 13.45% 的被调查者选择了"转变市民观念"和"其他"。结果如表 4-24 所示。

表 4 - 24　打破新二元结构的关键

方式	百分比（%）
给予外来务工人员市民待遇	42.24
政府的政策导向	23.18
提高外来务工人员的素质	21.13
转变市民观念	9.24
其他	4.21

最后，在"地方政府的哪项工作对促进非户籍的外来务工人员融入城市最重要"的调查中，"解决非户籍的外来务工人员子女教育问题"和"制定各类相关政策和制度"被认为是促进非户籍的外来务工人员融入城市最重要的因素。如表 4 - 25 所示。

表 4 - 25　哪项政策对外来务工人员城市融入最重要

政策	百分比（%）
解决外来务工人员子女教育问题	30.36
制定各类相关政策和制度	29.64
提供免费职业技能培训	21.54
搜集并提供就业信息，举办招聘会	9.85
提供有利于农民工创业的优惠条件	8.61

第八，非户籍的外来务工人员在城市享有基本公共服务的情况。非户籍的外来务工人员在城市里希望享有与城市居民一样的基本公共服务，但是还有一些外来务工人员对自身应该享有的基本公共服务有哪些并不了解。调查统计显示，12.95％的被调查者认为自身对基本公共服务是非常不了解的；21.05％的被调查者认为自身对基本公共服务是比较不了解的，39.54％的被调查者觉得对基本公共服务是一般了解的，仅有9.32％的被调查者认为自身对基本公共服务非常了解。如表 4 - 26 所示。

表 4 - 26　对基本公共卫生服务了解程度

选项	人数	百分比（%）
非常不了解	96	12.95
比较不了解	156	21.05
一般	293	39.54
比较了解	127	17.14
非常了解	69	9.32

　　根据调查统计显示，非户籍的外来务工人员在城市里享受过不同的基本公共服务，其中是否享受过基本公共教育的被调查者中认为自己享受过的占68.70％，有72.40％的被调查者认为自己享受过医疗卫生公共服务，有64.00％的被调查者享受过公共文化体育等设施，有56.40％的被调查者享受过社会保障待遇，享受过劳动就业服务项目被调查者只占25.50％，也就是说很大一部分的非户籍人员认为自己没有享受过就业保障。如表 4 - 27 所示。

表 4 - 27　流动人口享受过基本公共服务的情况（多选）

选项	人数	百分比（%）
基本公共教育	515	68.70
社会保障	420	56.40
劳动就业服务	191	25.50
医疗卫生	543	72.40
公共文化体育	473	64.00

　　非户籍的流动人口对基本公共服务有不同的需求。根据调查统计显示，在城市里享受过不同的基本公共服务的人员中，25.44％的被调查者认为自己最需要社会保障，有23.69％的被调查者认为自己需要医疗卫生公共服务，有22.65％的被调查者需要基本公共教育，有16.38％的被调查者需要劳动就业服务，需要公共文化教育的被调查者占了11.85％。如表 4 - 28 所示。

表 4 - 28　非户籍居民对基本公共服务的需求程度

选项	人数	百分比(%)
基本公共教育	130	22.65
社会保障获得	146	25.43
劳动就业服务	94	16.38
医疗卫生	136	23.69
公共文化体育	54	11.85

2）上海地区典型案例调查分析

（1）基本情况分析。

调查对象为上海市松江区泗泾镇。泗泾镇是上海城乡接合部是非户籍外来务工人员相对集中的地区，"新二元结构"和基本公共服务不均等问题也相对比较突出。

松江区泗泾镇位于上海市西南的城乡接合部。泗泾镇是有着 1000 多年历史的古镇。泗泾镇整个行政区划 24.04 平方千米。泗泾镇 12 个行政村 7 个居委会。泗泾镇共有常住居民 104 513 人，其中泗泾镇户籍人口 21 880 人，非户籍的外来人口 82 633 人，非户籍的外来务工人员占泗泾镇总人口的 80%。

"新二元结构"问题表现为户籍人口与非户籍外来人口之间的社会分割。泗泾镇镇政府提供的基本公共服务难以满足快速膨胀的人口规模。公共服务需求的无限增加和镇政府提供公共服务财力有限性矛盾十分突出，将泗泾镇列为调查对象具有典型意义。

（2）调查基本情况。

泗泾镇问卷调研。在 10 个行政村和 7 个居委会共发放问卷 300 份，收回有效问卷 287 份，有效回收率为 95.67%。

泗泾镇访谈调查。在泗泾镇 10 个行政村，7 个居委会，选择有代表性的 25 位对象进行访谈调查。访谈对象的选择做到代表性强，了解真实情况，覆盖管理人员和普通市民，以期全面真实地反映情况。

（3）调查结果分析。

泗泾镇问卷调查和访谈结果显示，泗泾镇的"新二元结构"问题与上海全市问卷调查得到的结论基本一致，只是某些方面问题更为突出。具体问题主要表现在以下几个方面。

第一，现行户籍制度严重阻碍非户籍的外来务工人员社会融入。关于户籍制度对非户籍的外来务工人员的影响调查显示，"影响社会保障获得"和"影响社会福利获得"在泗泾镇表现尤为突出，两项分别达到了 25.44％和 23.69％。关于影响非户籍的外来务工人员的城市融入最大障碍，调查显示，"户籍制度"和"社会保障权利缺失"是非户籍的外来务工人员社会融入的最大障碍。

第二，户籍居民与非户籍的外来务工人员社会分割严重。泗泾镇被调查对象居住环境情况选择"租房""单位宿舍"和"亲戚朋友家"三项的人数要比全市被调查的多，分别达到了 54.36％、19.86％和 14.29％，而上海市只有 49.23％、17.43％和 6.26％。在居住情况方面，泗泾镇被调查者更多与亲戚朋友居住在一起，为 62.86％，而上海只有 56.21％。

第三，非户籍外来务工人员获得基本公共服务情况。关于"非户籍的外来人口在城市中生活，有哪些不公待遇"的调查，73.41％和 65.52％的被调查者认为缺乏社会保障和社会福利的权利，分别高于上海市抽样结果的 61.00％和 54.77％。

在关于"希望获得哪些公平待遇"的调查中，泗泾镇被调查者选择"社会保障""工资待遇"和"社区服务"等的数量，都要高于上海市的抽样调查。

第四，非户籍的外来务工人员参加社区活动更少。在"您是否会参加政府或者居委会组织的各种活动"调查中，泗泾镇被调查者选择"不会，因为不让参加"和"不会，因为不想参加"分别为 42.16％和 29.78％，而上海全市调查只有 39.01％和 25.82％。

关于"您认为外来务工人员与户籍人口交流多吗"的调查，泗泾镇被调查者选择"从来不交流"和"交流不多，但希望交流"的分别为 47.04％和 35.19％，而上海全市只有 42.50％和 28.61％。

4.4.2　实证调查分析

本研究基于对问卷调查和个案调查的信息分析，认为上海基本公共服务不均等和"新二元结构"问题，存在以下 5 个方面的典型表现。

第一，非户籍的从业人员与户籍居民存在明显的身份差异。实证调查结果显示，户籍制度在上海城市社会生活中仍然具有特殊意义。非户籍的从业人员中部分申领了居住证，多数人申领了临时居住证（原暂住证），但是与户籍相比，都仅有人口管理和统计上的意义，没有明确的户籍身份和与之相应社会权利功能。虽然，申领了居住证和临时居住证的非户籍的从业人员也能够在一定范围内享有上海的基本公共服务待遇，但是与户籍居民所享有的待遇水平相比，还存在着较大的差距。户籍居民依然可以凭借其户籍身份获得诸多特殊的社会权利，而这些社会权利将户籍居民非户籍的居民分割为两大社会群体。

实证调查显示，非户籍的外来务工人员与户籍居民对户籍制度的看法也有着明显差异。关于对现行户籍制度看法，100％非户籍的从业人员认为现行户籍制度不合理，部分调查对象甚至主张户籍制度应立即取消。但是户籍居民中，33％调查对象认为现行户籍制度合理应当继续坚持，48％的调查对象认为现行户籍制度不合理，但有存在的必要性，仅有19％的调查对象认为户籍制度不合理，应废除。上述调查统计表明，在户籍问题上，非户籍的从业人员和户籍居民之间存在明显的认识分歧，这种认识上对立是现行户籍制度导致非户籍的居民和户籍居民两大不同社会群体利益差别在观念上的反映。非户籍的从业人员因现行户籍制度而利益受损因此反对户籍制度，户籍居民反对取消户籍制度，原因在于担心既得利益受到影响，社会利益的群体性差异形成了城市中非户籍居民和户籍居民两大利益群体。

第二，非户籍的从业人员与户籍居民享有社会权利的差异。城市居民的社会权利是市民维持其社会生活的基本权利。实证调查显示，非户籍的从业人员与户籍居民之间在享有社会权利方面存在的差距主要表现在，享有义务教育权利、享有社会保障权利、享有社会福利权利等方面的差异。

调查数据统计表明，64.40％的非户籍从业人员的调查对象认为子女受教育权利受户籍制度限制；54.60％的非户籍从业人员的调查对象认为不能平等地获得社会保障权利；45.80％的非户籍从业人员的调查对象认为不能获得平等的就业机会；42.20％的非户籍从业人员的调查对象认为不能平等地享有社会福利权利。

问卷调查显示，在非户籍从业人员的调查对象中，61.00％的调查对象认为社会保障待遇不公平;54.77%的调查对象认为社会福利待遇不公平;49.38%的调查对象认为存在就业歧视;47.23%的调查对象认为教育资源获得不公平;36.23%的调查对象认为基本公共服务享有待遇不公平。

近年来,上海市政府逐步将附加在户籍上的社会权利加以剥离,非户籍从业人员享有的社会权利逐步增加。但是,许多社会权利依然与户籍挂钩,上海户籍居民在社会保障、社会福利等诸多方面仍然享有非户籍从业人员难以获得的社会权利。两大社会群体享有社会权利的差距也是"新二元结构"的典型表现之一。

第三,非户籍的从业人员与户籍居民享有经济权利的差异。城市居民的经济权利是市民经济活动中的基本权利。实证调查显示,非户籍的从业人员与户籍居民之间在享有经济权利方面存在的差距主要表现在,享有就业权利、享有获得劳动报酬权利、享有住房权利、享有休息权利等方面的差异。

实证调研显示,非户籍的从业人员往往受到就业歧视,也难以获得政府的就业辅助,非户籍的从业人员难以通过正规渠道获得理想的工作,寻找工作的渠道多数通过亲朋好友的介绍,多数人在传统制造业、低端服务业从事无技术的简单劳动,工资待遇水平低,生活条件普遍比较差。

从上海市松江区泗泾镇的个案调查中发现,非户籍的从业人员成为支撑当地经济发展的主要劳动人口。但是,非户籍的从业人员几乎没有在政府机关、事业单位工作的,多数人收入水平很低,他们的平均工资收入远远低于户籍从业人员。非户籍的从业人员的居住条件普遍较差,多数居住在"城中村"。

第四,非户籍的从业人员与户籍居民之间存在文化的差异。上海虽然是一个移民人口占多数的城市,严格意义上讲,上海就是一个移民城市。但是,近代以来上海已经形成了独特的海派文化,上海市民生活方式、方言,娱乐方式,感情表达方式等都与外来从业人员有很大的不同。实证调查显示,调查对象在回答"您认为制约外来务工人员城市社会融入的主要障碍是什么"询问时,38.00%的调查对象认为,生活方式和文化背景差异阻碍非户籍的从业人员融入城市。生活方式差异和文化隔阂是形成"新二元结构"问题的最重要因素之一。

第五,非户籍的从业人员与户籍居民之间存在社会网络支持差距。社会网络支持是社会成员通过社会联系所能获得的他人在精神或物质上的支持的社会关系网络。有效的社会支持网络是个体应对压力的关键资源，一定程度上它可以帮助社会成员避免生存风险，而且还可以帮助社会成员减轻生存压力，感受到被社会支持的快乐等。

实证调查显示，非户籍的从业人员进入城市，失去了原来的社会支持网络，进而失去了社会支持网络所提供的资源支持。由于非户籍的从业人员自身素质较低，难以通过更换工作或者职务晋升，来实现垂直社会流动。此外，在精神和情感方面，城市属于"陌生人社会"，来自五湖四海的人们聚居在一起，他们之间不具备基于血缘和地缘的天然感情。所以，非户籍的从业人员在上海城市新的生存环境中"人生地不熟"，尤其是农村进城的从业人员，失去了农村建立在传统血缘关系和地域关系基础上的社会支持网络，进而失去了社会网络所提供的资源支持。面对物质和精神方面的双重困境，外来务工人员群体积极建构自己的社会支持网络，以化解在城市生存发展所面临的各种困难。这种社会支持网络虽然使非户籍的从业人员在工作生活中可以获得一定程度相互依靠。但是，其能够动员的资源相当有限，而且由于较强的封闭性，使他们处于相对孤立状态，难以获得广泛的社会帮助和情感支持，更不利于融入城市。

上海市松江区泗泾镇的个案调研显示，许多非户籍的从业人员进城务工主要依靠原有的社会支持网络，进城后依然依靠同乡建立起新的社会支持网络，这可以很好地解释为什么来自于同一地区的外来务工人员，往往集聚在同一地区从事几乎相同的工作，而这一状况加剧了非户籍从业人员与户籍居民之间的分割，严重阻碍着两大群体的社会融合。非户籍的从业人员城市社会网络关系和社会资本缺乏，是"新二元结构"的重要表现之一。

4.5 超大城市基本公共服务不均等成因分析

超大城市由于有着优越的公共服务设施、就业机会、工资收入水平等因素，成为农村剩余劳动力转移的集聚区域。本书基于上海地区的社会调查，进一步分析超大城市基本公共服务不均等和"新二元结构"问题特殊表现和成因。

4.5.1　问题特殊表现

课题组通过社会调查发现,上海的基本公共服务不均等问题集中表现在以下几个方面。

1)户籍制度导致制度性社会排斥

调查发现,户籍制度导致了制度性社会排斥,降低了非上海户籍居民的社会认同,阻碍了他们的社会融入,社会整合机制被严重削弱。

社会调查针对户籍制度对非上海户籍居民城市社会融入影响,设计了调查问题,通过社会调查显示,户籍制度对非上海户籍居民的影响程度依次为:影响子女就读 26.90%;影响社会保障 22.80%;影响就业机会 19.10%;影响社会福利 17.60%;影响非上海户籍居民与上海户籍居民之间的交流 11.00%;其他 2.60%。

社会调查针对阻碍非上海户籍居民社会融入因素这一问题,通过问卷调查发现,阻碍非上海户籍居民社会融入的主要因素依次是:文化背景差异 22.00%;户籍制度 21.00%;社会保障水平 16.00%;生活方式 16.00%;经济条件 14.00%;人际关系 9.00%;其他 2.00%。户籍制度是影响非上海户籍居民城市融入仅次于文化背景因素的最重要因素之一。户籍制度阻碍,使得非上海户籍居民在子女受教育、社会保障、就业机会、社会福利等重要社会资源的获得方面处于弱势地位。

2)非户籍居民与户籍居民之间成为不同的利益群体

通过对上海市松江区泗泾镇的个案调查发现,非上海户籍居民进入上海,除了大学毕业生和专业技术人才外,绝大多数非上海户籍外来从业人员都是通过亲戚、朋友、熟人的介绍进入上海务工的,并通过这种网络关系在工作生活中相互依靠,他们在户籍身份、福利制度安排、生活方式、文化素质、社会网络等诸多方面与上海户籍居民存在较大差异。然而,大多数非上海户籍居民的社会网络规模都很小,而且具有高度的同质性,即主要由近亲、同乡、工友和邻居构成。非上海户籍居民赖以生存的这种社会支持网络,极易形成特殊的利益群体,导致社会利益冲突①。

---

① 张健明,等.上海"新二元结构"问题的成因和缓解思路[J].科学发展,2011(11):17-24.

3）基本公共服务供给不均等

社会调查显示：在目前的户籍制度下，上海基本公共服务供给还不同程度地与户籍挂钩，导致非上海户籍居民不满，极易引发群体性的利益冲突。

社会调查对上海市松江区泗泾镇个案调查显示："新二元结构"导致了严重的公共服务资源供需矛盾。人口急剧增加，公共服务需求不断上升。虽然松江区泗泾镇政府已经尽最大努力增加公共资源的投入，不断加大非上海户籍居民基本公共服务提供，但是镇财政难以支撑因人口急剧增加而不断攀升的公共服务需求压力。泗泾镇政府在配置公共资源中，面临着公共资源的有限性和不同群体需求快速增长之间的矛盾。泗泾镇政府难以做到公共资源均等化配置，只能在满足本地居民需求的基础上，兼顾外来务工人员需求。这在一定程度上容易形成非上海户籍居民与本地户籍居民之间的利益对立。

4）社会歧视导致非制度性社会排斥大量存在

教育歧视是导致非制度性社会排斥的典型例子。近年来，上海已经将非上海户籍居民子女纳入本市九年义务制教育覆盖人群。但是，由于非上海户籍居民多数居住比较集中，各个城区往往指定几所学校，集中安排非上海户籍居民子女入学，于是就出现了非上海户籍居民子女相对集中，而上海户籍居民的子女往往不愿就读的学校，这也是上海户籍居民子女择校就读中小学的一个重要因素。在非义务制教育阶段，非上海户籍居民子女仍然受户籍身份限制。在本次调查中发现，大部分调查对象认为，户籍制度对非上海户籍居民子女就读影响最大。也就是说，非上海户籍居民子女受教育限制是最大的社会歧视之一。

此外，经济条件的差距和生活方式差异也是社会歧视重要诱导因素。非上海户籍居民，尤其是农村进城务工人员，他们的经济条件普遍低于城市市民，他们多数集聚在城乡接合部，形成外来务工人员的集聚区，在这些地区往往是上海户籍居民不愿居住的地区，这种社会现象导致了严重社会群体隔离和非制度性的社会排斥。

5）文化隔阂和综合素质差距导致社会群体性隔离

上海独特的地域文化，特有的上海方言和生活方式成为阻碍外来务工人员城市融入的重要因素。社会调查发现，文化隔阂导致外来务工人员的社会价值认同度低，严重影响社会整合，影响社会稳定。此外，城市生活不同于农村，城市有许多公共设施,有各种各样的规则和秩序,有诸多相应的管理机构,城市居民从小就学习种种公共规则。城市中的人们被各种网络联系在一起。人们需要广泛的协作分工才能正常生活。城市越大,对这方面的要求越严格。而农村的生活是自发的、分散的、随意的,公共设施和公共规则往往很少。许多外来务工人员,尤其是农民工,他们不适应现代城市生活,许多人仍然采取农村的生活方式,造成生活环境"脏、乱、差"。农村进城务工人员之所以受城市居民的歧视,原因之一就在于他们对城市中各种各样的规则不适应,经常违反,给别人带来麻烦。显然,传统的农村生活方式和城市现代生活方式的巨大差距,是导致社会歧视和社会排斥的重要因素之一。

6)政治权利获得差异引发社会矛盾

当前,我国公民许多政治权利的获得仍然和户籍挂钩。由此,非上海户籍居民与上海户籍居民之间在政治权利获得方面存在不少差别。例如,非上海户籍居民虽然居住和生活在上海,却没有社区居民委员会的选举权和被选举权。此外,外来务工人员利益诉求也缺乏表达机制,他们的利益受到侵害,往往不能获得必要保护,有些人往往借助于非正规途径和方式获得利益保护,引发群体性冲突,影响社会稳定。

7)新生代农民工成为社会特殊群体

新生代农民工作为一个特殊群体,是上海新二元结构问题的突出表现之一。近年来,新生代农民工成为广受关注的一个特殊群体。他们具有"三高一低"的特征:第一,受教育程度比他们前辈高;第二,职业期望值比他们前辈高;第三,物质和精神享受要求比他们前辈高,工作耐受力却比他们前辈低。上述特征就决定了新生代农民工与他们前辈有明显不同。新生代农民工的外出动机已经从经济型转到经济型和生活型并存或者发展型,他们对制度性身份的认可和对家乡的乡土认同同步减弱。新生代农民工对大城市有高度认同感,强烈渴盼融入大城市,成为城市新居民。但是,边缘身份的特殊性,使他们游离于城乡之间,其融入城市的过程面临诸多困境。社会调查发现,近年来,许多企业在招聘非上海户籍从业人员过程中,许多年轻新生代农民工普遍不满意目前企业提供的工资待遇,而且缺乏吃苦耐劳精神,成为许多地方出现民工荒的一个重要因素①。

社会调查以新生代农民的特征为主题,抽样调查发现新生代农民工的特征依次为:58%的调查对象认为新生代农民工不愿意再回到农村去;53.0%的调查对象认为新生代农民工与其父辈比对生活有更高期望值;51.2%的调查对象认为新生代农民工城市适应能力更强;42.8%的调查对象认为新生代农民工对城市的认同度高。这些特征表明,新生代农民工"回不了乡,进不了城",却有着对生活更高的期望值。他们的城市融入问题是一个亟待解决的重大问题。

8)城乡接合部"新二元结构"问题尤为严重

上海"新二元结构"问题引发的另一个重大问题是,上海城乡接合部是"新二元结构"问题集中区域,这是一个必须引起高度重视的社会问题。

通过对上海松江区泗泾镇的个案调查表明,上海郊区是传统制造业相对集中地区,非上海户籍居民中的60%以上集中在上海城乡接合部。上海城乡接合部是"新二元结构"问题高发区域。上海郊区原有的城乡二元结构尚未消除,又叠加"新二元结构",加上近年来上海中心城区居民大量迁移到郊区,多元社会结构引发的社会利益冲突比中心城区严重得多。

通过上海市松江区的个案调查显示,近年来松江区与中心城区相比,以其良好的生态环境,相对较低的生活成本,吸引了大量非上海户籍居民在松江安家落户。其中,有近60万外省市来沪务工人员及其家属。大量涌入的非上海户籍居民,改变了松江的人口结构,松江区所有的街镇外来人口数量都超过了本地人口。"十二五"期间,随着上海城市建设重点向郊区转移,松江人口总量将继续呈上升趋势。非上海户籍居民在松江的快速聚集,在推动当地经济发展、社会繁荣的同时,也使松江区的公共资源供给面临前所未有的压力。松江的公共资源是按照原户籍人口的需求设计和安排的,虽然设计之初已经考虑了未来人口增长可能带来的公共资源需求的增加,但是非上海户籍居民的快速增加大大超出了设计者的预想。因此,无论是社会公共资源供给还是公共服务能力,都难以满足人口急剧膨胀所带来的巨大社会需求。

此外,松江社会公共资源供给压力还在于区域的差异性大,社会公共服务需求的复杂性高,不同群体的利益协调难度大。例如,松江泗泾镇有常住人口

---

① 张健明,等.上海"新二元结构"问题的成因和缓解思路[J].科学发展,2011(11):17-24.

10 万左右,其中原籍人口仅 2 万多,其余为市区迁入人口和非上海户籍居民及家属。市政府在松江泗泾镇建设了多个安置中心城区转移居民的大型安置社区,数万名中心城区居民迁入松江泗泾地区。此外,还有数万名非上海户籍居民及家属。原籍居民、市区迁入居民、外来务工人员及家属构成了松江泗泾镇的基本人口结构。上述三类人群因生活方式的不同,有着不同的公共资源和公共服务的需求。中心城区迁入的居民,希望获得与中心城区相同的公共资源供给水平,原籍居民希望原有的公共资源供给保持刚性增长,非上海户籍居民及家属希望在公共资源方面获得市民待遇。松江泗泾镇政府有限的财力很难满足多元需求,处于众口难调的困境。在有限公共服务资源的分配中,地方政府只能优先考虑满足本地居民的需求,由此产生了中心城区迁入居民的不满意,非上海户籍居民及家属处于公共资源分配中的劣势地位,导致他们缺乏对居住地的社会认同,社会群体存在融合障碍,蕴涵着各种社会矛盾。

上述社会调查结果表明,如果不能增加公共资源投入,提高公共服务能力,建立适合不同群体需求的公共服务体系,就难协调原籍居民、中心城区转移安置居民和非上海户籍居民及家属在公共服务资源分配中的利益矛盾。

综上所述,户籍制度和传统城乡二元结构基础上形成的"新二元结构"将城市居民分割为两大利益群体。"新二元结构"问题的不断累积必定会衍生出诸多后果,非上海户籍居民难以真正融入城市,对城市社会的稳定造成更大压力。

4.5.2　问题成因分析

超大城市基本公共服务不均等和"新二元结构"问题虽然引发了一系列的社会矛盾,但是,从本质上看,这是城市化进程背景下的外来务工人员与城市市民之间的社会排斥与社会融合关系问题。社会排斥导致了不同社会群体之间的隔离,一部分社会群体被排斥在社会主流之外,他们不能够获得正常的社会公平待遇。社会排斥理论比较好地解释了我国目前超大城市的"新二元结构"现象。

如果从超大城市视角,进一步分析城市不同群体社会排斥的现象,可以发现社会排斥是导致超大城市"新二元结构"的主要社会因素。

1)社会公平正义理念较弱

所谓公平正义,一般来说,反映的是人们从道义上、愿望上追求利益关系特别是分配关系合理性的价值理念和价值标准。社会公平正义表现为：权利公平，即承认并保证社会主体具有平等的生存、发展权；机会公平，即社会主体参与社会活动，要求社会确保机会均等；效率公平，即在市场经济条件下，社会公平观念首先要以整个社会的发展为出发点和目的，必须与效率连在一起求公平；分配公平，即合理分配社会物质财富和精神财富；社会保障公平，即对贫困群众，以及缺乏参与社会选择、社会竞争能力亦即缺乏劳动能力的人和遭遇各种灾难的人平等提供帮助。

公平正义是人类社会文明进步的重要标志，是社会主义的本质要求。"公平正义，就是社会各方面的利益关系得到妥善协调，人民内部矛盾和其他社会矛盾得到正确处理，社会公平和正义得到切实维护和实现。"长期以来，我们党一直关注并积极解决社会公平正义问题。早在1992年，邓小平同志就指出："如果富的愈来愈富，穷的愈来愈穷，两极分化就会产生，而社会主义就应该而且能够避免两极分化。"并设想在20世纪末达到小康的时候，我们党就要提出和解决这个问题。进入21世纪以后，随着改革开放的不断深入，经济的巨大发展，小康目标的实现，党和国家把维护和解决社会公平正义放到更加突出的位置，要求全党不仅要"更加注重社会公平"，而且要综合运用多种手段，依法逐步建立以权利公平、机会公平、规则公平、分配公平为主要内容的社会公平保障体系，加紧对保障社会公平正义具有重大作用的制度建设，使全体人民朝着共同富裕的方向稳步前进。

公平正义是我国社会主义社会所倡导和维护的主流价值。我们党在领导革命、建设和改革事业过程中，始终贯穿着对公平正义的不懈追求。社会主义的优越性，在很大程度上也体现于这种社会制度较之其他制度能够更有效地保障和实现社会的公平正义。因此，社会主义法治不仅应当鲜明地体现出公平正义的特性，而且必须有效维护社会公平正义这一主流价值[1]。

我国城市化进程中，社会排斥和公共资源供需矛盾固然是超大城市基本公共服务不均等和"新二元结构"问题的重要成因，但是从根本上说，社会公平正义理念较弱才是问题产生的深层社会根源。当前，社会公平正义理念弱化，首先表现为社会制度建构还没有完全体现公平正义精神，诸多不公平的制度依然

---

① 陈娜，陈明富.实现社会公平正义：依法治国的价值目标[J].理论经纬，2014(01)：18-33.

存在,固化了社会二元结构;其次表现为公平正义意识尚未在全社会真正树立起来,获得各种特权还是许多人追求的目标,社会歧视现象还普遍存在。一句话,解决"新二元结构"问题的社会基础尚未真正形成。

2)超大城市的社会排斥具有结构性与功能性双重因素

社会排斥表现为结构性的社会排斥与功能性的社会排斥。从功能性的社会排斥看,超大城市非户籍居民,尤其是农村进城务工人员,普遍社会素质较低,对城市的社会适应能力较弱,加之大城市居民原有的优越感,及对农村居民长期形成的偏见,使得他们对非户籍居民产生排斥心理,反之非户籍居民在形成自卑心理的同时,也产生强烈自卫心理,这就产生两个社会群体的心理隔阂。从结构性的社会排斥角度看,现行的户籍制度,以及附加在户籍之上的各种社会权利制度,导致非户籍居民难以获得各种大城市所有的公共福利,成为城市的"二等市民"。显然,上海"新二元结构"问题是结构性的社会排斥与功能性的社会排斥双重因素造成的。

3)超大城市的社会排斥涉及经济、政治、社会三个层面

从人类生活的不同领域来看,可以分为经济领域、政治领域和社会领域,调查显示,上海超大城市基本公共服务不均等和"新二元结构"问题,同样涉及了经济、政治和文化领域的社会排斥现象。

从经济层面的社会排斥看,非上海户籍的居民在就业、社会保障等方面难以享有与上海户籍居民平等的待遇水平,导致他们需要支付更高的社会生活成本。从政治层面的社会排斥看,非上海户籍的居民普遍缺乏利益表达渠道。从文化层面的社会排斥看,非上海户籍的居民短期内难以适应大城市的生活方式和上海地方文化,受到上海户籍市民歧视。

社会调查显示,上海的超大城市基本公共服务不均等和"新二元结构"问题是比较典型的社会排斥现象,它不同于我国原先存在的城乡二元结构,"新二元结构"是在现代城市中,不同社会群体由于体制和非体制性社会排斥而引发的同一社会中的不同群体隔离。

第一,非户籍的居民的综合素质较低是导致社会排斥和社会融入受阻的重要因素之一。进入城市的非上海户籍的外来务工人员相对于滞留在农村的农民而言,群体素质在不断提高,但相对于城市居民来说,综合素质依然有待提

升，他们成为以提供低层次劳务谋生的劳动者。非户籍的外来务工人员在进入城市之前许多人长期生活在农村，小农思想和农民意识在他们身上打下了深刻的印记，他们对城市的生活方式、待人接物方式、价值观念、人际关系、风俗习惯皆感到不适应，难以对城市社会和城市居民产生认同。由于土地牵制和户籍限制，外来务工人员对城市形成"过客"心态，对城市没有归属感和"主人翁"意识。而由于职业和居住的特性以及经济社会地位的劣势引起的"二等公民"的自卑心理，也使农民工囿于习惯性的同乡交往而不愿意主动地突破这一交往圈，客观上形成了自我隔离状况，与城市主流社会、主流文化相疏离①。

第二，文化背景和生活方式差异是阻碍非户籍的居民社会融入的重要因素。非户籍居民是遭遇社会排斥和社会融合受阻重要群体。非户籍居民对工作岗位不挑剔，对劳动条件不苛刻，本身劳动力价格又低廉，对城市劳动力市场形成巨大冲击，使不少城市感受到就业竞争的压力。而长期生活在城市"福利城堡"中的市民，在天然的而不是通过努力获得的社会资源与竞争方面占据着优势，使得某些市民形成"一等公民"的身份优越意识，他们总是以居高临下的态度对待非户籍居民②。

第三，缺乏城市社会支持网络是导致非户籍居民难以获得更好的发展机遇、抵抗生存风险能力较弱、社会贫困等因素的重要原因之一，也是城市社会人群隔离的重要原因之一。缺乏社会支持网络影响着非户籍居民在城市社会的发展。人际网络中相互信任关系的建立一直沿袭着特殊主义的规则，血缘关系和地缘关系的差异，直接导致资源获取和发展机会方面的差异③。跨区域流动到城市的非户籍居民不仅损失了原有社区的亲戚邻里关系和其他社会关系网络，而且由于在城市居住分布的边缘性、与城市居民交往的局限性及社会经济地位的底层性，非户籍居民的社会资本质量较低、异质性较差，难以获得向上流动的机会。

第四，城市社会的各种正式组织对非户籍居民的关注和容纳不够也阻碍着外来务工人员的城市融入。无论是计划经济时代遗留下来的单位组织、行政组

① 张健明，等.上海"新二元结构"问题的成因和缓解思路[J].科学发展，2011(11)：17-24.
② 张健明，等.上海"新二元结构"问题的成因和缓解思路[J].科学发展，2011(11)：17-24.
③ 张时玲.农民工和城市社会的关系分析[J].黄冈师范学院学报，2006(02)：28-32+92.

织和发育不完善的职业组织、社会团体等,还是近年来随着市场经济发展而建的社区组织、文化团体、福利组织等,外来务工人员都很难进入。最突出的是工会组织和城市居民社区没有对非户籍居民进行必要的接纳和整合。[1]

正式组织的缺失,使非户籍居民缺乏利益表达和权益维护的渠道和载体,在权益受到侵害时,不能通过集体的力量,更好地维护自己的利益。也正因正式组织的缺失,非户籍居民只能依赖原始的地缘组织和血缘组织。但是,这种非正式组织同时具有封闭的特点,把非户籍居民的生活世界与户籍居民的生活世界隔离开来,阻碍着非户籍居民接触、吸收新的文化、价值观念,使非户籍居民无法融入城市社会的主流文化[2]。一般而言,城市居民社区在吸纳和同化新成员以及城市社会整合中发挥着不可替代的作用,然而我国现在城市居民社区还不能较好地有效吸纳、整合大量非户籍居民。

目前,非户籍居民和户籍居民的社会距离由于新一代外来务工人员的身份认同变化、城市居民的刻板印象以及传统网络的存在导致非上海户籍的居民与户籍居民的社会距离正在逐渐增大,他们缺乏主动介入城市生活的积极性,并且感觉与城市生活和城市居民之间的关系日趋隔离,两个社会群体的社会距离逐渐增大,使得非户籍居民结成自己的社群网络,并以此与城市生活产生隔离[3]。

---

[1]　张健明,等.上海"新二元结构"问题的成因和缓解思路[J].科学发展,2011(11):17-24.
[2]　张时玲.农民工和城市社会的关系分析[J].黄冈师范学院学报,2006(02):28-32+92.
[3]　张健明,等.上海"新二元结构"问题的成因和缓解思路[J].科学发展,2011(11):17-24.

第 5 章
超大城市基本公共服务供需动态平衡模型

　　党的十八大以来,全面推进"基本功服务均等化"已经成为我国目前各级政府重要的战略目标和职能要求[①]。伴随着"新型城镇化"的推进过程,我国社会人口流动、阶层分化、利益重组呈加速发展态势,基本公共服务的非均等化程度也在这一时期更加凸显,也意味着我国经济社会结构转型正面临着新的挑战[②]。作为经济社会发展处于全国前列的几座超大城市,它们在推进基本公共服务均等化过程中也存在着诸多碍难之处,但是与普通城市相比,庞大的外来人口基数和有限的基本公共服务资源,使得超大城市在推进基本公共服务均等化进程中变得更加复杂和困难。在全面建成小康社会的进程中,如何提高基本公共服务的人均享受水平? 怎样缩短社会成员间非均等化程度[③]? 此类问题的梳理和探究显然有助于推进超大城市基本公共服务均等化,深入贯彻"以人民为中心的发展思想"。因此,本研究以北京、上海和广州为例,测定这三个超大城市社会成员间的基本公共服务差异水平,分析研究户籍人口与外来人口在享受基本公共服务数量和质量上的差距,从而为推进超大城市基本公共服务均等化政策实践提供有价值的理论参考和科学依据[④]。

---

① 程岚,文雨辰.不同城镇化视角下基本公共服务均等化的测度和影响因素研究[J].经济与管理评论,2018,34(06):106-115.
② 张健明.我国城市化进程中新二元结构问题研究[M].上海:上海交通大学出版社,2015.
③ 刘丹鹭.长三角地区基本公共服务均等化的评估[J].南通大学学报(社会科学版),2018,34(06):35-42.
④ 吴琦.农民工市民化动态可计算一般均衡模型及其应用[D].长沙:湖南大学,2017.

5.1　动态平衡模型引入

　　超大城市基本公共服务均等化,本质上就是超大城市常住人口(本研究的常住人口是指在同一辖区居住的户籍人口和外来人口)应当获得大致相当的基本公共服务供给。理论上,倘若超大城市基本公共服务资源充足,常住人口基本公共服务需求适度且基本一致,可以实现超大城市基本公共服务均衡匹配,但现实中,由于庞大的常住人口基数和有限的财政资源等因素的制约,实现超大城市基本公共服务均等化异常困难。因此,笔者认为实现超大城市基本公共服务均等化,不能是简单谋求基本公共服务的绝对均等化,而应追求基本公共服务的相对均等化,即在保证户籍人口基本公共服务正常供给数量和供给速度的前提下,根据外来人口对基本公共服务的需求强度,增加他们主要的基本公共服务供给数量和供给速度,进而实现超大城市基本公共服务供需的动态平衡。因此,本研究主要参考了 Kima J & Kimb S(2008)[1]、王弟海(2011)[2]、方蕾和粟芳(2018)[3]模型构建的思想,构建了超大城市常住人口基本公共服务供需的动态平衡模型,以期探讨如何缩小户籍人口与外来人口在享受基本公共服务上的差距。

　　动态均衡模型原本属于经济学的范畴。在经济学中,市场稳定必须具备两个条件:市场存在均衡点和具备自动修正非均衡状态的能力[4]。在本研究中,不妨将超大城市基本公共服务供需看作是一个"经济市场",倘若超大城市基本公共服务"市场"能够满足上述两个条件,说明超大城市基本公共服务"市场"是一个稳定的市场,即超大城市基本公共服务供需能够实现动态均衡。那么该"市场"的均衡点又在何处? 倘若我们找到该均衡点,即找到了超大城市基本公共服务动态均等化的一个充分条件。进一步而言,超大城市基本公共服务"市

① Kima J, Kimb S. Calculating and Using Second-Order Accurate Solutions of Discrete Time Dynamic Equilibrium Models [J]. Journal of Economic Dynamics & Control,2008,32(11):3397-3414.
② 王弟海.宏观经济学数理模型基础[M].上海:格致出版社,2011.
③ 方蕾,粟芳.中国保险业系统性风险的存在性研究——基于动态均衡模型的视角[J].保险研究,2018(11):17-28.
④ 王弟海.宏观经济学数理模型基础[M].上海:格致出版社,2011.

场"是否为稳定的"市场"？倘若该"市场"是稳定的，说明找到均衡点后，该"市场"即使偏离了均衡点，也可以自动修正非均衡状态直至回到均衡点上，而这一过程需要投入大量的资源(财政资金等)，显然目前我国的超大城市难以做到。倘若该"市场"是非稳定的，说明该"市场"偏离了均衡点，却无法具备自动修正非均衡状态的能力[①]。在此情况下，研究超大城市基本公共服务"市场"如何借助有限的外部力量调整部分供给和部分需求，进而实现"市场"动态均衡很有意义。因此，本文构建了超大城市基本公共服务动态均衡模型，分析了超大城市基本公共服务供需不匹配情况下，"市场"进行动态调整的过程。基于此，本研究做了以下几个基本假设和符号说明。

假设超大城市基本公共服务的供给对象只有户籍人口和外来人口，因此，超大城市基本公共服务需求只存在两大需求：户籍人口的基本公共服务需求和外来人口的基本公共服务需求。在超大城市基本公共服务"市场"中，政府提供基本公共服务供给，户籍人口和外来人口存在需求并享受基本公共服务，且两者享受基本公共服务类型、数量、质量等存在差距，假设这两类对象的供给是相互独立的。户籍人口和外来人口根据人口结构、生活水平、就业状况和心理预期等刚性需求来确定各自基本公共服务的需求量，且供方(政府)尝试利用有限资源不断调整这一差距，使得缩小户籍人口和外来人口享受基本公共服务的差距，最终实现基本公共服务的动态均衡。

从需求的角度分析，居民生活水平、就业状况和心理预期是由超大城市的社会经济发展状况决定的，属于超大城市基本公共服务"市场"的外生变量。因此，可以表示出：户籍人口对基本公共服务的享受量(消费量)是政府补贴的财政资金的函数，可表示为 $C_H = f(G)$，C_H 代表户籍人口对基本公共服务的享受量(消费量)；同理，外来人口对基本公共服务的享受量(消费量)是政府补贴的财政资金的函数，可表示为 $C_M = F(G)$，C_M 代表外来人口对基本公共服务的享受量(消费量)；其中，G 表示政府对户籍人口和外来人口公共服务补贴的财政资金投入；从供给的角度分析，政府不仅需要投入相应的资源(本研究主要考虑财政资金)，还需要考虑常住人口享受基本公共服务的满意程度，即政府基

① 方蕾，粟芳.中国保险业系统性风险的存在性研究——基于动态均衡模型的视角[J].保险研究，2018(11)：17-28.

本公共服务的供给量是由政府的财政资金和人们享受基本公共服务的满足程度共同决定的。假设超大城市的常住人口数量和政府的财政资金属于内生变量。在户籍人口数量和其他条件不变的情况下,政府财政资金投入越多,超大城市外来人口的数量越少,越能实现基本公共服务均等化。由此,可以将基本公共服务供给看成政府投入资金与外来人口数量的减函数,可记为 $L(G, -P_M)$,其中 P_M 为外来人口数量,且规定常住人口数量 $P=P_H+P_M$,P_H 为户籍人口数量。同时,超大城市基本公共服务的供需还由常住人口享受基本公共服务的满意程度决定,基本公共服务供给的数量和质量越高,常住人口享受基本公共服务越满意。因此,政府供给的基本公共服务是政府财政资金和常住人口享受基本公共服务满意程度的复合函数,记为 $U(G, P_H)$ 和 $U(G, -P_M)$。其中,$U(G, P_H)$ 为户籍人口享受基本公共服务的满意程度是政府的财政资金和外来人口数量的效用函数,$U(G, -P_M)$ 为外来人口享受基本公共服务的满意程度是政府的财政资金和外来人口数量的效用函数。综上所述,户籍人口基本公共服务总供给函数为:$\{C_H(G)-S_H[U(G, -P_M), L(G, -P_M)]\}$,外来人口基本公共服务总供需函数为 $[D_M(G, -P_M)-S(G, -P_M)]$。

5.2　动态平衡模型的求解

在动态均衡模型中,基本公共服务的供给量受政府财政资金 G 和外来人口数量 P_M 两个内生变量决定。当外来人口对基本公服务的需求和其获得的基本公服务供给存在差距时,政府的财政资金 G 进行倾斜,努力使常住人口基本公共服务享受量达到均衡,同时,也可以调整常住人口的数量,从而使常住人口基本公共服务享受量达到均衡。假设政府财政资金 G 和外来人口数量 P_M 的调整方程为:

$$\begin{cases} \dfrac{dG}{dt}=\varphi\{C_H(G)-S_H[U(G, -P_M), L(G, -P_M)]\}=g(G, -P_M) \\ \dfrac{dP_M}{dt}=\varphi[D_M(G, -P_M)-S_M(G, -P_M)]=h(G, -P_M) \end{cases}$$

$$(5-1)$$

其中,式(5-1)第一个公式表示,若户籍人口的基本公共服务供给大于外来人口基本公共服务供给时，政府需要增加财政资金投入以提高外来人口基本公共服务供给，使得户籍人口和外来人口的基本公共服务供给差距减小，最终趋于基本公共服务均等化；式（5-1）第二个公式表示，外来人口对基本公共服务的需求与政府的基本公共服务供给存在差距，若外来人口的基本公共服务需求大于政府的基本公共服务供给，政府需要增加基本公共服务供给，则外来人口需求与供给之间的差距缩小，进而使得基本公共服务供需达到均衡。因此，当常住人口基本公共服务供需处于均衡状态时，有：

$$
\begin{cases}
\dfrac{\mathrm{d}G}{\mathrm{d}t}=\varphi\{C_H(G)-S_H[U(G,-P_M),L(G,-P_M)]\}=g(G,-P_M)=0 \\[2mm]
\dfrac{\mathrm{d}P_M}{\mathrm{d}t}=\varphi[D_M(G,-P_M)-S_M(G,-P_M)]=h(G,-P_M)=0
\end{cases}
$$

$$(5-2)$$

求解式（5-2）基本可以确定户籍人口与外来人口基本公共服务供需的均衡点。从图 5-1 可以看出，假设横轴为 G（政府的财政资金），纵轴为 P_M（外来人口的数量），则 $g(G,P_M)=0$，$h(G,-P_M)=0$ 两个方程将 G—P_M 平面分割成四个区域。根据 $g(G,P_M)=0$ 和 $h(G,-P_M)=0$ 的运动趋势，则可明晰超大城市常住人口基本公共服务的供需在这四个区域中的运动趋势，进而求得户籍人口与外来人口基本公共服务供需的均衡点或是户籍人口与外来人口基本公共服务供需的差距。

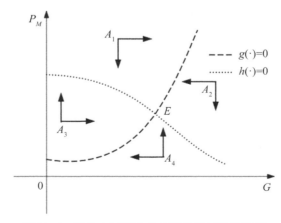

图 5-1　常住人口基本公共服务供需动态均衡

分析 $g(G,P_M)=0$ 和 $h(G,-P_M)=0$ 的运动趋势可以对相应变量求偏导数，可以分析相应的偏导数的运动趋势。F.O.C 有：

$$\frac{\partial g}{\partial G}=\phi'\times\{C'_H(G)-S_H[U'_G(\cdot),L(\cdot)]-S_H[U(\cdot),L'_G(\cdot)]\}$$

$$(5-3)$$

$$\frac{\partial g}{\partial P_M}=\phi'\times\{S_H[U'_{P_M}(\cdot),L(\cdot)]+S_H[U(\cdot),L'_{P_M}(\cdot)]\}\quad(5-4)$$

$$\frac{\partial h}{\partial G}=\phi'\times[(D_M)'_G-(S_M)'_G]\quad(5-5)$$

$$\frac{\partial h}{\partial P_M}=\phi'\times[-(D_M)'_{P_M}+(S_M)'_{P_M}]\quad(5-6)$$

这四组偏导数的取值既可以为正，也可以为负，且不包括存在偏导为零的情况。同时，还应考虑在曲线 $g(\cdot)=0$ 和 $h(\cdot)=0$ 的斜率为同向(同正或同负)情况下，还需要比较 $g(\cdot)=0$ 和 $h(\cdot)=0$ 斜率的大小。因此，共有 24 种情形。

命题 1：假设常住人口基本公共服务供需存在唯一的均衡点。若满足式 (5-6)时，即 $g_G(G,-P_M)$、$h_G(G,-P_M)$ 和 $h_{P_M}(G,-P_M)$ 这三组偏导数为负值，$g_{P_M}(G,-P_M)$ 的偏导数为正值时，常住人口基本公共服务供需能够实现总体均衡。

$$\begin{cases}\dfrac{\partial g}{\partial G}=\phi'\times\{C'_H(G)-S_H[U'_G(\cdot),L(\cdot)]-S_H[U(\cdot),L'_G(\cdot)]\}<0\\[2mm]\dfrac{\partial g}{\partial P_M}=\phi'\times\{S_H[U'_{P_M}(\cdot),L(\cdot)]+S_H[U(\cdot),L'_{P_M}(\cdot)]\}>0\\[2mm]\dfrac{\partial h}{\partial G}=\varphi'\times[(D_M)'_G-(S_M)'_G]<0\\[2mm]\dfrac{\partial h}{\partial P_M}=\varphi'\times[-(D_M)'_{P_M}+(S_M)'_{P_M}]<0\end{cases}$$

$$(5-7)$$

当 $g(G,-P_M)=0$ 时，由式(5-7)中的 $g_G(G,-P_M)>0$ 和 $g_{P_M}(G,-P_M)<0$ 可知，$g(\cdot)=0$ 时的斜率 $k_g>0$，是图 5-1 中向右上方倾斜的曲线。因此，在曲线 $g(\cdot)=0$ 的左侧，有 $g_G(G,-P_M)=g(G,-P_M)>0$；在曲线 $g(\cdot)=0$ 的右侧，有 $g_G(G,-P_M)<g(G,-P_M)<0$，且在 $g(G,-P_M)=0$

的右下方 G 会不断减小，图5-1中的箭头就是代表政府的财政资金 G 点的变动趋势。同理，当 $h(G,-P_M)=0$ 时，由式（5-7）中的 $h_G(G,-P_M)<0$ 和 $h_{P_M}(G,-P_M)<0$ 可知，$h(\cdot)=0$ 时的斜率 $k_h<0$，是图5-1中向左下方倾斜的曲线。因此，在曲线 $h(\cdot)=0$ 的左侧，有 $h_G(G,-P_M)>g(G,-P_M)>0$；在曲线 $h(\cdot)=0$ 的右侧，有 $h_G(G,-P_M)=h(G,-P_M)<0$，且在 $h(G,-P_M)=0$ 的左方 $-P_M$ 会不断增大。图5-2中的箭头就是代表外来人口数量 P_M 点的变动趋势。

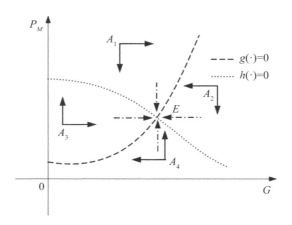

图5-2　常住人口基本公共服务供需的全局均衡

在图5-2中，点 E 为 $g(\cdot)=0$ 和 $h(\cdot)=0$ 的交点，且两条曲线将第一卦限分为了四个区域，即 A_1、A_2、A_3 和 A_4 区域。当 $g(\cdot)$ 曲线偏离均衡点 E 向 A_1 方向移动时，说明政府投入基本公共服务的财政资金 G 不足，外来人口数量 P_M 过高，户籍人口数量 $P-P_M$ 相对偏低，使得常住人口的基本公共服务需求低于基本公共服务供给，因此，政府会及时增加基本公共服务财政资金的投入，出台相应的社会政策限制外来人口的流动，最终使得常住人口的基本公共服务实现供需均衡。当 $g(\cdot)$ 曲线偏离均衡点 E 向 A_2 方向移动时，虽然政府投入基本公共服务的财政资金 G 较为充裕，但外来人口数量 P_M 相对不断增加，户籍人口数量 $P-P_M$ 不断减少，使得常住人口的基本公共服务需求大于基本公共服务供给，在该状态下，常住人口的基本公共服务得到充分满足，达到新的基本公共服务均衡点，且该均衡点较点 E 更理想，但由于资源的有限性和需求的无限性,此状态极不稳定,最终会回落到点 E 处,达到现有状态下的均衡。当 $h(\cdot)$ 曲线偏离均衡点 E 向 A_3 方向移动时,说明虽然外来人口数量 P_M 已经开始降低,政府投入基本公共服务的财政资金 G 却不足,导致常住人口的基本公共服务需求大于基本公共服务供给,因此,政府会及时增加基本公共服务财政资金的投入,最终使得常住人口的基本公共服务实现供需均衡。当 $h(\cdot)$ 曲线偏离均衡点 E 向 A_4 方向移动时,说明政府投入基本公共服务的财政资金 G 较为充裕,外来人口数量 P_M 降低,户籍人口数量 $P-P_M$ 相对偏高,导致户籍人口挤占了更多的基本公共服务资源,使得常住人口的基本公共服务需求大于基本公共服务供给。综上所述,上述四种情形,无论 $g(\cdot)=0$ 和 $h(\cdot)=0$ 向何方向偏移,它最终都会趋近于均衡点 E。由此,可以说明命题 1 的正确性。

命题 2:假设常住人口基本公共服务供需存在唯一的均衡点。若满足式 (5-8) 时,即 $g_{P_M}(G,-P_M)$、$h_G(G,-P_M)$ 和 $h_{P_M}(G,-P_M)$ 这三组偏导数为负值,$g_G(G,-P_M)$ 的偏导数为正值时,常住人口基本公共服务供需能够实现局部均衡。

$$
\begin{cases}
\dfrac{\partial g}{\partial G}=\phi'\times\{C'_H(G)-S_H[U'_G(\cdot),L(\cdot)]-S_H[U(\cdot),L'_G(\cdot)]\}>0 \\[2mm]
\dfrac{\partial g}{\partial P_M}=\phi'\times\{S_H[U'_{P_M}(\cdot),L(\cdot)]+S_H[U(\cdot),L'_{P_M}(\cdot)]\}<0 \\[2mm]
\dfrac{\partial h}{\partial G}=\varphi'\times[(D_M)'_G-(S_M)'_G]<0 \\[2mm]
\dfrac{\partial h}{\partial P_M}=\varphi'\times[-(D_M)'_{P_M}+(S_M)'_{P_M}]<0
\end{cases}
$$

$$(5-8)$$

首先,对于曲线 $g(\cdot)=0$,其斜率 $dP_M/dG=-g_G(G,-P_M)/g_{P_M}(G,-P_M)>0$,其曲线 $g(\cdot)=0$ 走势是从左下方向右上方倾斜;其次,由于 $g_G(G,-P_M)>0$ 和 $g_{P_M}(G,-P_M)<0$ 使得在曲线 $g(\cdot)=0$ 的左上方政府的财政资金 G 在不断缩减,而右上方政府的财政资金 G 在不断增大。图 5-2 中的水平箭头方向代表了政府的财政资金 G 的运动趋势;对于曲线 $h(\cdot)=0$,其斜率 $dP_M/dG=-h_G(G,-P_M)/h_{P_M}(G,-P_M)<0$,其曲线 $h(\cdot)=0$ 走势是从左

上方向右下方倾斜,同时 $h_G(G,-P_M)<0$ 和 $h_{P_M}(G,-P_M)<0$ 使得在曲线 $h(\cdot)=0$ 的左下方外来人口数量 P_M 在不断增大,而右下方外来人口数量 P_M 在不断减少。在图 5-3 中的垂直箭头方向代表了外来人口数量 P_M 的运动趋势。

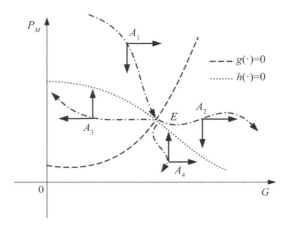

图 5-3 常住人口基本公共服务供需的局部均衡

综上所述,当 $g(\cdot)$ 曲线偏离均衡点 E 向 A_1 方向移动时,说明政府投入基本公共服务的财政资金 G 不足,外来人口数量 P_M 也在减少,户籍人口数量 $P-P_M$ 相对偏高,使得常住人口的基本公共服务需求低于基本公共服务供给,其原因可能为政府财力不足,户籍人口的基本公共服务需求不断递增,导致政府财政资金的过度倾斜,进而常住人口基本公共服务供需存在失衡。因此,政府应及时增加基本公共服务财政资金的投入,出台相应的社会政策将基本公共服务资源向外来人口适当倾斜,最终使得常住人口的基本公共服务实现供需均衡。当 $g(\cdot)$ 曲线偏离均衡点 E 向 A_2 方向移动时,虽然政府投入基本公共服务的财政资金 G 较为充裕,但由于外来人口数量 P_M 不断减少,户籍人口数量 $P-P_M$ 相对不断增加,使得常住人口的基本公共服务需求大于基本公共服务供给,在该状态下,常住人口的基本公共服务得到充分满足,达到新的基本公共服务均衡点,且该均衡点较点 E 更理想,但由于资源的有限性和户籍人口基本公共服务需求的无限性,此状态极不稳定,最终会回落到点 E 处,达到现有状态下的均衡；当 $h(\cdot)$ 曲线偏离均衡点 E 向 A_3 方向移动时，说明虽然外来人口数量 P_M 不断增加，户籍人口数量 $P-P_M$ 相对处于缩减状态，在此状态下，即使政府投入基本公共服务的财政资金 G 也在不断增加，由于庞大的常住人口基数，也会导致政府用于基本公共服务的财政资金存在不足，进而导致常住人口的基本公共服务需求大于基本公共服务供给，因此，政府及时出台相应的社会政策限制外来人口的流动，最终使得常住人口的基本公共服务实现供需均衡。当 $h(\cdot)$ 曲线偏离均衡点 E 向 A_4 方向移动时，说明政府投入基本公共服务的财政资金 G 在不断缩减，外来人口数量 P_M 却在不断增大，最终使得常住人口的基本公共服务供需存在失衡状态，即常住人口的基本公共服务需求大于基本公共服务供给。综上所述，上述四种情形，当且仅当曲线位于 $g(\cdot)=0$ 上时，超大城市基本公共服务供需会趋于均衡，在其他位置上，超大城市基本公共服务供需均会趋于失衡状态，远离均衡点 E。由此，可以说明命题 2 的正确性。

命题 3：假设常住人口基本公共服务供需存在唯一的均衡点。若满足式 (5-9)时，即 $g_G(G,-P_M)$、$h_G(G,-P_M)$ 和 $h_{P_M}(G,-P_M)$ 这三组偏导数为正值，$g_{P_M}(G,-P_M)$ 的偏导数为负值时，常住人口基本公共服务供需会出现失衡状态。

$$
\begin{cases}
\dfrac{\partial g}{\partial G}=\varphi'\times\{C'_H(G)-S_H[U'_G(\cdot),L(\cdot)]-S_H[U(\cdot),L'_G(\cdot)]\}>0 \\[2mm]
\dfrac{\partial g}{\partial P_M}=\varphi'\times\{S_H[U'_{P_M}(\cdot),L(\cdot)]+S_H[U(\cdot),L'_{P_M}(\cdot)]\}<0 \\[2mm]
\dfrac{\partial h}{\partial G}=\varphi'\times[(D_M)'_G-(S_M)'_G]>0 \\[2mm]
\dfrac{\partial h}{\partial P_M}=\varphi'\times[-(D_M)'_{P_M}+(S_M)'_{P_M}]>0
\end{cases}
$$

$$(5-9)$$

根据命题 1 和命题 2 同样的结论可知，其曲线 $g(\cdot)=0$ 走势是从左下方向右上方倾斜，且在曲线 $g(\cdot)=0$ 的左上方政府的财政资金 G 在不断缩减，而曲线 $g(\cdot)=0$ 的右上方政府的财政资金 G 在不断增大(图 5-4)。对于曲线 $h(\cdot)=0$，其斜率 $\mathrm{d}P_M/\mathrm{d}G=-h_G(G,-P_M)/h_{P_M}(G,-P_M)<0$，其曲线运

动趋势是从左下方向右上方倾斜，且 $h_G(G,-P_M)>0$ 和 $h_{P_M}(G,-P_M)>0$ 决定了在曲线 $h(\cdot)=0$ 的左上方有 P_M 不断缩减，在曲线的右上方有 P_M 不断增加。

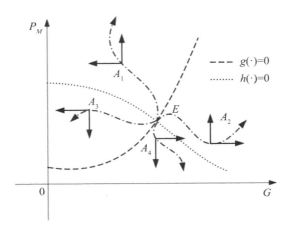

图 5‑4　常住人口基本公共服务供需失衡

综上所述，当 $g(\cdot)$ 曲线偏离均衡点 E 向 A_1 方向移动时，说明政府投入基本公共服务的财政资金 G 不足，而外来人口数量 P_M 却在不断增加，最终导致常住人口的基本公共服务需求大于基本公共服务供给，在此状态下，出台相应的社会政策限制外来人口的数量，最终使得常住人口的基本公共服务实现供需均衡。当 $g(\cdot)$ 曲线偏离均衡点 E 向 A_2 方向移动时，虽然政府投入基本公共服务的财政资金 G 较为充裕，但外来人口数量 P_M 相对不断增加，户籍人口数量 $P-P_M$ 不断减少，使得常住人口的基本公共服务需求大于基本公共服务供给，在该状态下，常住人口的基本公共服务得到充分满足，达到新的基本公共服务均衡点，且该均衡点较点 E 更理想，但由于资源的有限性和需求的无限性，此状态极不稳定，最终会回落到点 E 处，达到现有状态下的均衡。当 $h(\cdot)$ 曲线偏离均衡点 E 向 A_3 方向移动时，虽然政府投入基本公共服务的财政资金 G 较为充裕，但由于外来人口数量 P_M 不断减少，户籍人口数量 $P-P_M$ 相对不断增加，使得常住人口的基本公共服务需求大于基本公共服务供给，在该状态下，常住人口的基本公共服务得到充分满足，达到新的基本公共服务均衡点，且

该均衡点较点 E 更理想,但由于资源的有限性和户籍人口基本公共服务需求的无限性,此状态极不稳定,最终会回落到点 E 处,达到现有状态下的均衡。当 $h(\cdot)$ 曲线偏离均衡点 E 向 A_4 方向移动时,说明政府投入基本公共服务的财政资金 G 在不断缩减,外来人口数量 P_M 也在不断缩减,此状态下,可能由于外部宏观经济因素,影响了政府的财政收支,同时由于外来人口数量 P_M 也在不断缩减,其财政税收也相应减少,进而导致政府投入基本公共服务的财政资金 G 在不断缩减。因为,此状态为理想状态,在现实中难以出现,因此分析其基本公共服务的供需可以忽略不计。综上所述,从图 5-4 可以看出,无论超大城市基本公共服务"市场"的初始值位于何处,均会偏离远离均衡点 E,造成超大城市基本公共服务供需均会趋于失衡状态。由此,可以说明命题 3 的正确性。

　　命题 1、命题 2 和命题 3 可以涵括超大城市的常住人口基本公共服务的供需均衡状态,也是三种最具代表性的状况。当户籍人口和外来人口享受基本公共服务的供需条件满足命题 1 时,即使目前存在基本公共服务的供需失衡,在一定的时间内也会逐渐趋于均衡;当户籍人口和外来人口享受基本公共服务的供需条件满足命题 2 时,可能需要做出一定的外部政策调整,才能使得其供需条件归于"正轨",进而不断走向供需均衡;当户籍人口和外来人口享受基本公共服务的供需条件满足命题 3 时,无论我们做出何种政策调整,施加多少外部因素,对于常住人口基本公共服务的供需也会永远存在失衡状态,因此,在日常社会经济发展过程中,必须避免此种状态的出现。对于其余 13 种模型的分析,都是建立在这三个命题的分析基础上的,分析它们各自的供需均衡状态,进而形成了表 5-1,在此不再展开赘述。

表 5-1　动态均衡模型变量的结果分析

编号	1	2	3	4	5	6	7	8
$g_G(G, -P_M)$	+	−	+	−	+	+	+	−
$g_{PM}(G, -P_M)$	+	+	−	−	+	+	+	+
$h_G(G, -P_M)$	+	+	+	+	+	+	−	−
$h_{PM}(G, -P_M)$	+	+	+	+	+	+		+

（续表）

编号	1		2	3	4	5	6	7	8
$g_G/g_{PM}<h_G/h_{PM}$	√	×	/	/	/	/	/	/	/
结果	失衡	局部均衡	失衡	失衡	失衡	失衡	局部均衡	失衡	失衡

编号	9	10	11	12	13	14	15	16
$g_G(G,-P_M)$	−		+		+	−		
$g_{PM}(G,-P_M)$	+	+						
$h_G(G,-P_M)$	−	+	−		+	+	−	
$h_{PM}(G,-P_M)$	−	−	+	−	−		+	−
$g_G/g_{PM}<h_G/h_{PM}$	/	√ ×	√ ×	√ ×	/	√ ×	/	√ ×
结果	总体均衡	失衡／局部均衡	失衡／局部均衡	局部均衡／失衡	局部均衡	总体均衡／总体均衡	失衡	总体均衡／局部均衡

符号说明：在表5-1中，"＋"号表示它们各自的偏导数大于零，"—"号表示它们各自的偏导数小于零，"√"表示"$g_G/g_{PM}<h_G/h_{PM}$"，"×"表示"$g_G/g_{PM}>h_G/h_{PM}$"，其中 g_G 表示 $g(\cdot)$ 对变量 G 的偏导数，g_{PM} 表示 $g(\cdot)$ 对变量 P_M 的偏导数，h_G 表示 $h(.)$ 对变量 G 的偏导数，h_{PM} 表示 $h(\cdot)$ 对变量 P_M 的偏导数。

从表5-1可以看出，存在基本公共服务供需失衡状态共有 11 种情形，其中无需辨识是否"$g_G/g_{P_M}<h_G/h_{P_M}$"，而直接反映出来基本公共服务供需失衡状态有 6 种情形，需要通过各自相应的偏导之比来判断是否存在基本公共服务供需失衡的状态有 5 种情形；存在基本公共服务供需局部均衡状态共有 7 种情形，其中无须辨识是否"$g_G/g_{P_M}<h_G/h_{P_M}$"，而直接反映出来基本公共服务供需存在局部均衡状态仅有 2 种情形，需要通过各自相应的偏导之比来判断是否存在基本公共服务局部均衡状态有 4 种情形，由此可以看出判断是否存在基本公共服务供需局部均衡状态的条件较为严苛，绝大数情形需要判断各自相应的偏导之比；存在基本公共服务供需全局均衡的情形共有 4 种情形，其中无须辨

识是否"$g_G / g_{P_M} < h_G / h_{P_M}$",而直接反映出来基本公共服务全局均衡状态仅有1种情形,需要通过各自相应的偏导之比来判断是否存在基本公共服务供需失衡的状态有3种情形,由此可以看出,要实现超大城市基本公共服务供需全局均衡难度较大,政府调整相应的政策条件也极为严苛。因此,就动态优化的角度讲,政府调整相应的政策条件实现其超大城市的常住人口基本公共服务供需局部均衡的策略可能会远优于政府调整相应的政策条件实现其超大城市的常住人口基本公共服务供需全局均衡的策略。

因此,如若我国超大城市的常住人口的基本公共服务供需状态,符合本研究分析的16种情形的任意一种,我们就可以判断未来超大城市的常住人口的基本公共服务供需均衡情况,以及出台何种社会政策来调整相应供需失衡状态。当然,需要说明的是,本研究将宏观经济领域中的动态均衡模型应用于超大城市常住人口的基本公共服务供需均衡之中,我们在此之前做了诸多假设,假设超大城市常住人口的基本公共服务"市场"和宏观社会经济系统的运行机制大致相当,即基本公共服务的供给量仅受政府财政资金 G 和外来人口数量 P_M 两个内生变量决定,但实际情况可能比这理论分析复杂得多,不仅需要考虑政府财政资金和外来人口数量,还需要考虑户籍人口和流动人口享受基本公共服务的数量和质量、超大城市的社会就业因素、文化因素和宏观的外部社会经济因素等,因此,本研究的超大城市常住人口的基本公共服务动态均衡模型在日后的研究中还需要不断地修正与完善。

5.3 动态平衡模型实证分析

本研究将基于 2013—2018 年北京、上海、广州三座超大城市的统计年鉴等面板数据,根据上文推导得出的超大城市常住人口的基本公共服务动态均衡模型和相应的命题,实证分析我国超大城市常住人口的基本公共服务供需均衡状态。具体的思路为:第一,拟合出户籍人口与外来人口基本公共服务的动态调整方程 $g(G, -P_M) = 0$ 和 $h(G, -P_M) = 0$,求出两个方程的交叉点,即户籍人口与外来人口基本公共服务的均衡点 E;第二,根据 $g_G(G, -P_M)$、$g_{P_M}(G, -P_M)$、$h_G(G, -P_M)$ 和 $h_{P_M}(G, -P_M)$ 在均衡点 E 附近的正负号情况,同时,

考察了曲线 $g(G,-P_M)=0$ 的斜率 k_g 和 $h(G,-P_M)=0$ 的斜率 k_h 的关系；第三，依据上述分析情况，判断当户籍人口与外来人口基本公共服务供给存在失衡状态时，政府的财政资金 G 和外来人口数量 P_M 的变动方向，并观察政府的财政资金 G 和外来人口数量 P_M 是否能够自动回归到动态均衡点 E，判断超大城市的常住人口基本公共服务的供需均衡状态（全局均衡、局部均衡和失衡），回答目前超大城市的常住人口基本公共服务的供需是否处于均衡状态。

5.3.1　数据来源与整理

　　超大城市基本公共服务的动态均衡模型的主要变量是政府用于基本公共服务的财政资金投入 G 和外来人口数量 P_M。为了拟合出户籍人口与外来人口基本公共服务的动态调整方程 $g(G,-P_M)=0$ 和 $h(G,-P_M)=0$ 的准确性，本研究利用了 2013 至 2018 年北京、上海、广州三座超大城市的统计年鉴等面板数据。因此，表 5 - 2 为基本公共服务动态均衡模型的变量说明，表 5 - 3、表 5 - 4 和表 5 - 5 分别为北京、上海和广州相关变量的描述性统计。

表 5 - 2　基本公共服务动态均衡模型的变量说明

变量名	变量说明
G	本年度一般公共预算支出实数（亿元）
P_M	本年度外来人口的数量（万人）
$\Delta G/\Delta t$	本年度一般公共预算支出额—上年度一般公共预算支出额（亿元）
$\Delta P_M/\Delta t$	本年度外来人口的数量—上年度外来人口的数量（万人）

表 5 - 3　北京基本公共服务动态均衡模型的描述性统计

变量名	2013 年	2014 年	2015 年	2016 年	2017 年	最小值	均值	最大值	标准差
G	4173.66	4524.67	5737.7	6406.77	6824.53	4173.66	5873.42	6824.53	869.86
P_M	0.08027	0.08187	0.08226	0.08075	0.07943	0.07943	0.081078	0.08226	11.01
$\Delta G/\Delta t$	/	351.01	1213.03	669.07	417.76	351.01	662.72	1213.03	339.13
$\Delta P_M/\Delta t$	/	0.00016	0.00039	−0.00015	−0.00013	−0.000151	−0.00021	0.00016	12.80

数据来源：根据《北京统计年鉴》相关数据整理所得。

表 5-4　上海基本公共服务动态均衡模型的描述性统计

变量名	2013 年	2014 年	2015 年	2016 年	2017 年	最小值	均值	最大值	标准差
G	4528.61	4923.44	6191.56	6918.94	7547.62	4528.61	6395.39	7547.62	975.95
P_M	0.099001	0.099642	0.098165	0.09802	0.097268	0.097268	0.098274	0.099001	8.60
$\Delta G / \Delta t$	/	394.83	1268.12	727.38	628.68	394.83	754.75	1268.12	320.05
$\Delta P_M / \Delta t$	/	0.00641	−0.00148	−0.0015	−0.00752	−0.001477	−0.00433	0.00641	7.79

数据来源:根据《上海统计年鉴》相关数据整理所得。

表 5-5　广州基本公共服务动态均衡模型的描述性统计

变量名	2013 年	2014 年	2015 年	2016 年	2017 年	最小值	均值	最大值	标准差
G	1386.14	1436.22	1727.718	1943.75	2186.01	1386.14	1823.43	2186.01	276.15
P_M	0.00832	0.0084242	0.008542	0.008705	0.0089787	0.0083231	0.0086624	0.0089787	20.80
$\Delta G / \Delta t$	/	50.09	291.50	216.03	242.27	50.09	199.97	242.27	90.68
$\Delta P_M / \Delta t$	/	0.001011	0.001177	0.00163	0.002738	0.001011	0.001639	0.002738	6.74

数据来源:根据《广州统计年鉴》相关数据整理所得。

　　诚然,本研究的变量选取可能存在一定的局限性,对现实的基本公共服务供需均衡分析产生一定的影响,譬如未考虑户籍人口和流动人口享受基本公共服务的数量和质量、超大城市的社会就业因素、文化因素和宏观的外部社会经济因素等。当本研究选择的政府用于基本公共服务的财政资金投入 G 和外来人口数量 P_M 也具有一定的科学性和合理性。首先,从数据提取的难易角度分析,由于户籍人口和流动人口享受基本公共服务的数量和质量、超大城市的社会就业因素、文化因素和宏观的外部社会经济因素等这些因素存在一定的主观性,难以收集;其次,本研究选取的财政资金投入 G 和外来人口数量 P_M 的数据具有客观性,不涉及居民满意度等问题。

5.3.2　运算过程分析

　　1)北京的基本公共服务动态均衡模型分析

　　由式(5-1)可知,$g(G,-P_M)=\mathrm{d}G/\mathrm{d}t$ 和 $h(G,-P_M)=\mathrm{d}P_M/\mathrm{d}t$ 均为 G

和 P_M 的函数。因此，我们需要考虑 $g(G, -P_M)=dG/dt$ 和 $h(G, -P_M)=dP_M/dt$ 中包括高次项，公式如下：

$$\begin{cases} \dfrac{dG}{dt} = \alpha_0 + \alpha_1 \cdot G + \alpha_2 \cdot G^2 + \alpha_3 \cdot P_M + \alpha_4 \cdot P_M^2 + \cdots = g(G, -P_M) \\ \dfrac{dP_M}{dt} = \beta_0 + \beta_1 \cdot G + \beta_2 \cdot G^2 + \beta_3 \cdot P_M + \beta_4 \cdot P_M^2 + \cdots = h(G, -P_M) \end{cases}$$

$$(5-10)$$

由式(5-10)，我们不难得出 $g(G, -P_M)=dG/dt$ 和 $h(G, -P_M)=dP_M/dt$ 的表达式(5-11)。由于 P_M^2 的系数 $\alpha_4=0$ 和 $\beta_4=0$ 且 α_4 和 β_4 均不显著，同时，比 α_4 和 β_4 更高的次项也均不显著，且 G^3 的更高次项系数趋近于 0，说明这些高次项对本研究的作用不大。因此，式(5-11)为：

$$\begin{cases} g(G, -P_M) = 0.0001 - 0.0012G + 1983.18138P_M \\ h(G, -P_M) = 76181.1 + 1.5989G - 0.0001G^2 \end{cases}$$

$$(5-11)$$

超大城市常住人口基本公共服务实现均等化时，即 $g(G, -P_M)=dG/dt=0$，$h(G, -P_M)=dP_M/dt$ 同时成立，因此，存在以下方程组成立：

$$\begin{cases} g(G, -P_M) = 0.0001 - 0.0012G + 1983.18138P_M \\ h(G, -P_M) = 76181.1 + 1.5989G - 0.0001G^2 \end{cases}$$

$$(5-12)$$

求解方程组式(5-12)可知，当 $G=36730.0012$，$P_M=0.0222$ 时，即当政府用于基本公共服务的财政资金达到 36 730.0012 亿元，外来人口的数量达到 0.0222亿人时，北京的户籍人口与外来人口能够实现基本公共服务均等化。就目前而言，随着北京市政府用于基本公共服务的财政资金逐年加大，外来人口的数量也在不断缩减，因此北京市政府的相关政策和现行的发展趋势是有助于北京实现超大城市基本公共服务均等化的。

2）上海的基本公共服务动态均衡模型分析

由式(5-1)可知，$g(G, -P_M)=dG/dt$ 和 $h(G, -P_M)=dP_M/dt$ 均为 G 和 P_M 的函数。因此，我们需要考虑 $g(G, -P_M)=dG/dt$ 和 $h(G, -P_M)=dP_M/dt$ 中包括高次项，公式如下：

$$\begin{cases} \dfrac{dG}{dt} = \alpha_0 + \alpha_1 \cdot G + \alpha_2 \cdot G^2 + \alpha_3 \cdot P_M + \alpha_4 \cdot P_M^2 + \cdots = g(G, -P_M) \\ \dfrac{dP_M}{dt} = \beta_0 + \beta_1 \cdot G + \beta_2 \cdot G^2 + \beta_3 \cdot P_M + \beta_4 \cdot P_M^2 + \cdots = h(G, -P_M) \end{cases}$$

$$(5-13)$$

由式(5-13)可知,我们不难得出的 $g(G,-P_M)=dG/dt$ 和 $h(G,-P_M)$ $=dP_M/dt$ 的表达式(5-14)。由于 $P_M{}^2$ 的系数 $\alpha_4=0$ 和 $\beta_4=0$ 且 α_4 和 β_4 均不显著,同时,比 α_4 和 β_4 更高的次项也均不显著,且 G^3 的更高次项系数趋近于0,说明这些高次项对本研究的作用不大。因此,式(5-14)为:

$$\begin{cases} g(G,-P_M)=4.9234+0.0973G-12596.0488P_M \\ h(G,-P_M)=39482.5968+0.7274G-0.0005G^2 \end{cases} \quad (5-14)$$

超大城市常住人口基本公共服务实现均等化时,即 $g(G,-P_M)=dG/dt$ $=0,h(G,-P_M)=dP_M/dt$ 同时成立,因此,存在以下方程组:

$$\begin{cases} g(G,-P_M)=4.9234+0.0973G-12596.0488P_M=0 \\ h(G,-P_M)=39482.5968+0.7274G-0.0005G^2=0 \end{cases} \quad (5-15)$$

求解方程组式(5-15)可知,当 $G=9643.3578,P_M=0.0749$ 时,即当政府用于基本公共服务的财政资金达到 9 643.3578 亿元,外来人口的数量达到0.0749亿人时,上海的户籍人口与外来人口能够实现基本公共服务均等化。就目前而言,随着上海市政府用于基本公共服务的财政资金逐年加大,同时外来人口的数量也在不断缩减,因此上海市政府的相关政策和现行的发展趋势是有助于上海实现超大城市基本公共服务均等化的。

3)广州的基本公共服务动态均衡模型分析

由式(5-1)可知,$g(G,-P_M)=dG/dt$ 和 $h(G,-P_M)=dP_M/dt$ 均为 G 和 P_M 的函数。因此,我们需要考虑 $g(G,-P_M)=dG/dt$ 和 $h(G,-P_M)=$ dP_M/dt 中包括高次项,公式如下:

$$\begin{cases} \dfrac{dG}{dt}=\alpha_0+\alpha_1\cdot G+\alpha_2\cdot G^2+\alpha_3\cdot P_M+\alpha_4\cdot P_M{}^2+\cdots=g(G,-P_M) \\ \dfrac{dP_M}{dt}=\beta_0+\beta_1\cdot G+\beta_2\cdot G^2+\beta_3\cdot P_M+\beta_4\cdot P_M{}^2+\cdots=h(G,-P_M) \end{cases}$$

$$(5-16)$$

由式(5-16)可知,我们不难得出 $g(G,-P_M)=dG/dt$ 和 $h(G,-P_M)=$ dP_M/dt 的表达式(5-17)。由于 $P_M{}^2$ 的系数 $\alpha_4=0$ 和 $\beta_4=0$ 且 α_4 和 β_4 均不显著,同时,比 α_4 和 β_4 更高的次项也均不显著,且 G^3 的更高次项系数趋近于0,说明这些高次项对本研究的作用不大。因此,式(5-17)为:

$$\begin{cases} g(G,-P_M)=0.0008+0.0017G-7489.0721P_M \\ h(G,-P_M)=39482.5968+0.7274G-0.0005G^2 \end{cases} \quad (5-17)$$

超大城市常住人口基本公共服务实现均等化时,即 $g(G,-P_M)=\mathrm{d}G/\mathrm{d}t$ $=0,h(G,-P_M)=\mathrm{d}P_M/\mathrm{d}t$ 同时成立,因此,存在以下方程组成立:

$$\begin{cases} g(G,-P_M)=0.0008+0.0017G-7489.0721P_M=0 \\ h(G,-P_M)=39482.5968+0.7274G-0.0005G^2=0 \end{cases} \quad (5-18)$$

求解方程组式(5-18)可知,当 $G=16115.4360$, $P_M=0.0037$ 时,即当政府用于基本公共服务的财政资金达到 16 115.4360 亿元,外来人口的数量达到 0.0037亿人时,广州的户籍人口与外来人口能够实现基本公共服务均等化。就目前而言,广州的外来人口数量仍在不断增加,而且已经超过了均衡的外来人数数量 0.0037 亿人的一半之多。但结合广州的实情,我们可以发现,由于处于沿海地区,广州与国外交流较为频繁且人口流动性较大,在外来人口统计上可能存在一定的误差,而常住的外来人口数目不一定如此之多。当然,我们也要呼吁广州政府出台相应的社会政策以限制外来人口的涌入,通过积极的财政资金调节和稳健的人口政策,实现广州超大城市基本公共服务的均等化。

第 6 章

超大城市基本公共服务均等化国际经验

  超大城市基本公共服务均等化关键制约因素是"新二元结构"。"新二元结构"产生的背景是我国城乡二元结构的户籍制度,"新二元结构"赋予了我国超大城市基本公共服务均等化问题特殊含义,即户籍居民与非户籍居民之间享有基本公共服务待遇不均等。"新二元结构"问题的本质是社会排斥,所以,超大城市基本公共服务不均等表现为户籍居民和非户籍居民之间享有基本公共服务的机会和结果不均等。在国外,社会排斥和公共服务享有待遇不均等,主要表现在移民和本地居民之间①,所以,类似我国"新二元结构"的社会排斥和群体性社会分割问题在许多国家同样存在。然而,只要存在社会排斥,基本公共服务享有不均等现象也就必然会存在。探讨国外解决移民和本地居民社会排斥问题,促进移民社会融入相关政策和实施办法,考察典型国家解决移民和本地居民之间基本公共服务供给不均等问题,对我国现阶段加快推进超大城市基本公共服务均等化进程具有启迪意义。

  从理论上看,国外并没有直接针对超大城市基本公共服务均等化问题的相关研究,讨论较多的是针对城市不同人群政府基本公共服务供给政策效应和公平性问题。本书依据基本公共服务三个最主要的内容:基础教育、公共卫生和基本医疗、基本社会保障,考察世界典型国家和城市基本公共服务政策供给、实践效应,在此基础上,总结典型国家解决移民社会排斥,促进移民社会融入的实践经验,以期获得对我国超大城市基本公共服务均等化的经验启迪。

---

① 注:世界主要发达国家均已经完成城市化,不存在类似中国的户籍制度,所以并不存在超大城市基本公共服务均等化问题。然而,一些国家如美国、加拿大、澳大利亚等,这些国家许多大城市都有大量的移民,原居民和新移民之间必然会存在公共服务享有的差异问题,既有制度设计中的不公平问题,也有政策实施过程中的不均等问题。

6.1　典型国家基础教育服务均等化政策

6.1.1　美国和加拿大的基础教育政策

基础教育是基本公共服务最主要内容之一。美国和加拿大拥有全世界较好的基础教育。美国和加拿大的基础教育服务都是由各级政府公平无偿地向全体社会成员提供的，未成年人均可以享受较高水平的义务教育。美国和加拿大采用的 12 年制的义务教育，孩子从 5 岁学前班教育开始，一直到 18 岁都拥有享受免费教育的权利。公立学校的学生不用缴纳学费，学生的课本都由国家供给，对于边远和农村地区的学生，政府提供专车接送服务，对于有先天性生理缺陷的孩子，可以到特殊教育学校接受教育，或通过函授教育完成义务教育的课程。孩子们从学前班到 12 年级都是就近上学，有免费的校车接送，不需要缴纳学费和课本费①。在美国，中小学课本由学校统一购买，借给学生使用，暑假放假前还给学校，然后供下一年的学生使用，学生只需要购买上课所需要的文具纸本。

美国提供基础教育服务是由联邦、州和地方三级政府提供的，其中州政府承担主要责任，州财政是基础教育资金主要来源。加拿大政府的基础教育服务由联邦、省及地方三级政府承担，其中联邦政府和省级政府承担主体责任，联邦和省级财政提供主要资金支持。美国和加拿大基础教育对于不同人群基本不存在歧视政策，原籍居民和新移民的家庭都平等地免费享有基础教育服务。美国和加拿大的基础教育划分为不同学区，学区的功能是教育管理。从制度上看学区没有好坏优劣之分，但是不同学区的教育资源差异性还是存在的，进入好的学区，获得优质基础教育资源，也反映了其城市居民之间享有基本公共服务的差异性。一般而言，美国和加拿大的原籍居民和新移民之间由于先天的资源禀赋差异，他们获取优质基础教育的能力是不同的，因此，原籍居民和新移民之间实际享有的基础教育服务还是存在一定差异的。

6.1.2　日本的基础教育政策

　　基础教育是日本政府高度重视的基本公共服务项目。日本的基础教育主要由日本政府财政直接投入,由中央、都道府县、市町村三级政府共同分担,其中,农村义务教育由中央和都道府县通过财政转移支付,支持町村义务教育经费,而且政府对农村义务教育财政转移支付是通过了立法规定的规范的财政支出,而非一次性或某个时段的支出。《日本国宪法》第 26 条显示:"所有国民根据法律规定,平等享有与之能力相应的接受教育的权利""所有国民根据法律规定,负有使其监护的子女接受普通教育的义务",且义务教育为免费教育。日本《教育基本法》更是明确地把"教育机会均等"写进了法律条款中,其第 3 条对教育机会均等做出了如下规定:① 所有国民一律平等地享有与其能力相应的教育机会,在受教育上不因人种、信仰、性别、社会身份、经济地位及门第的不同而有所差别;② 国家及地方公共团体,对虽有能力但因经济原因而上学困难者,必须采取奖学金的办法给予帮助。在第 4 条中对义务教育做出了规定:① 国民负有使其监护的子女接受 9 年义务教育的义务;② 在国家和地方公共团体设置的学校里,义务教育不收学费。这两部法律规定了日本所有国民有最低限度接受九年义务教育的权利和义务,为普及九年义务教育提供了法律保障。同时九年义务之后的各级各类教育,也规定了国家和地方必须采取奖学金的办法来保证有能力学习者不因为经济困难而无法接受教育,从而把"教育机会均等"作为法律确定了下来,并明确了国家、地方公共团体和家庭负有帮助学习者接受均等教育机会的责任和义务。上述规定也为日本实现教育的均衡化发展提供了有力的法律依据和保障[①]。

　　日本经济发展离不开教育的发展,随着经济发展不断提高基础教育服务供给水平。第二次世界大战后,伴随经济的复苏和发展,1947 年日本将义务教育年限从 6 年延长至 9 年。目前,日本中央财政对地方义务教育的经费补助成为中央教育经费的最大支出项目,历年所占比重均在 50% 左右。日本政府十分重视对外来人口提供教育服务,主要表现为积极推进职业教育,开设各类职业

---

① 李协京.日本教育财政制度和教育立法的若干考察——教育均衡化发展的制度环境[J].外国教育研究,2004(03):61-64.

课程满足外来人口对教育的不同类型需求，对于外来人口子女的教育问题，外来人口子女可在当地学校同等享受义务教育①。

6.1.3　德国和英国基础教育政策

第二次世界大战后，德国外来人口大量涌入城市寻找工作，由于大量外来人口受教育年限少，文化水平低，德国政府对于外来人口免费开展职业教育。进入21世纪后，为了适应现代工业生产和服务业的需要，德国政府通过设立成年人职业教育与儿童义务教育，专注提高其科学技术和文化水平②。此外，对于那些孩子较多的中低收入家庭还专门设置了子女教育补贴。此外，教育机会平等也是英国教育福利制度的基本理念，对于外来人口，政府一方面通过财政拨款免费开展职工教育，致力于提高外来人口的文化水平，同时通过法规规定工厂开办学校，提供外来人口学习机会；另一方面就是政府对于贫困人口给予教育财政补贴③。这一系列的政策使得英国的教育福利制度日趋完善。

综上，美国、加拿大和日本作为发达国家，基础教育水平处于世界前列。三个国家在制度设计上体现了公平性，并不存在不同人群享有基础教育服务的差异，但是在基础教育服务实际供给过程中，由于不同人群，尤其是原籍居民和移民之间社会资源要素禀赋的差异，获取基础教育公共服务能力存在差异，导致不同人群实际享有的基础教育服务质量水平还是存在较大差距的。由此得到的结论是：基础教育水平高低，并不代表基础教育服务供给均等化，我国超大城市基础教育多数已经达到了世界前列，但是并不说明基础教育服务供给已经均等化了。但是，日本通过严格的立法确保基础教育服务供给的均等化，对于我国具有重要的借鉴价值。

6.2　典型国家基本医疗服务均等化政策

基本社会保障政策中，基本医疗保障是重要的方面，也是不同人群享有公

---

① 刘琴，张继良.国外对外来人员基本公共服务保障政策及启示[J].调研世界，2015(05)：60-65.
② 刘芳.国外农民工社会保障经验及其借鉴[J].乡镇经济，2007(6)：49-53.
③ 江赛蓉.英国教育福利制度的变迁及其启示[J].外国教育研究，2012(7)：79-86.

共服务均等化问题较为严重的领域。

国外医疗保险制度历经百余年的发展与演变,形成了与各自经济发展和卫生事业相适应的模式,许多国家建立和完善了全民医保制度。在医疗保险方面,对于外来人员的医疗保险,美国政府根据外来人员是否有工作来分类解决。对于在城市有工作的外来人员,大都由所属公司购买医疗保险;无工作或是有工作但是收入低下以致无法购买商业保险的外来人员弱势群体,联邦政府和州政府设立健康保险专项基金为其提供医疗救助①。对于有正式工作的外来人口,德国政府规定医疗保险费用由雇主负担 2/3,雇员负担 1/3②。只要雇员加入了医疗保险,不管其收入多少都可以得到治疗,这一政策解决了从乡村进入城市的外来人口由于收入低,无法享受正常的医疗服务的问题③。并且外来人口中一个人参与医疗保险,他的配偶和子女便可不付保险费而同样享受医疗保险的待遇④。对于无正式工作的外来人,政府根据相关标准发放相应医疗保险待遇。

6.2.1　欧洲国家公共医疗服务政策

在欧洲高福利国家,公共医疗服务和医疗保险水平也位于世界各国前列。例如挪威基本医疗保障由第三级政府——市镇政府负责。医疗保障在制度上覆盖到了全体社会成员,挪威有 470 万人口,几乎 99% 的挪威居民都参加了"全科医生计划"。大约 95% 的全科医生是与市镇政府签约的自雇医生;其余的受雇于市镇政府,拿固定工资——大部分在边远地区。对于自雇全科医生的付费,30% 根据接诊人数付费,70% 按提供的服务付费。挪威基本社会保障制度设计没有原籍居民和新移民(非公民身份)享有基本医疗服务的差异,但是在实际政策实施过程中,两类不同人群之间享有基本医疗公共服务结果差异还是存在的。在健康和社会服务方面,无证移民使用这些服务的人数少于一般人口

---

① 朱文杰.美国社区医疗和公共卫生服务带来的启示[J].首都医药,2011(12):36 -38.
② 孟繁丽.国外"农民工"社会保障制度对我国的启示[J].学理论,2011(4):57 58.
③ 刘彩,王健.国外农民工医疗保障经验及其启示[J].中国卫生事业管理,2009(8):531-533.
④ 苏春红.德国社会保障制度述评[J].山东社会科学杂志,2005(8):151-153.

(Deroseetal，2007)①。

芬兰1999年《宪法》第19条并未对获得公共资助的属人医疗保健服务的权利设置限制。更具体地说，第19条规定："公共当局应保证每个人，根据法案更详细的规定，提供适当的社会、健康和医疗服务，并促进人民的健康。"与此同时，芬兰立法规定了获得医疗保健和获得瑞典语服务的特殊权利。根据1999年芬兰《宪法》第17条规定，"芬兰的民族语言是芬兰语和瑞典语"。各项立法分别载有瑞典语的人口获得医疗保健服务的规定。此外，芬兰面临着在国家境内非法居住的"无纸化人"的患者权利的特定问题，并被排除在享受公共资助的医疗保健服务的福利之外，但不包括紧急医疗服务。

6.2.2　美国公共医疗服务政策

在美国，也存在同样的问题。研究显示，原籍居民和新移民在基本健康保险供给服务方面存在着差异。对医疗保健支出数据的分析表明，包括无证移民在内的移民的健康保险费率较低，使用较少的健康护理（Derose等，2007）②；对北卡罗来纳州紧急医疗补助支出的研究表明，分娩和妊娠并发症占无证移民紧急医疗支出的大部分。较低的服务利用率也是美国种族和族裔差异的一个指标，反映了各种因素，包括缺乏健康保险和没有健康保险护理提供者有限的英语能力，贫困和边缘化，受到公然监视，生活在恐惧逮捕和驱逐出境中。例如，美国公共卫生部诊所的监测和直接监督。边境巡逻是对无证妇女及其子女和儿童进行预防性护理的直接威慑，其中一些人可能是美国公民。然而，在过去的20年中，已经有一些州立法倡议旨在剥夺无证移民获得公共资助的健康、社会和教育服务。这些举措中最值得注意的是加利福尼亚州的第187号提案，该提案在1994年被选民推翻，但随后被法院视为违宪，并最终被重复。

美国学者研究证明了美国一些州移民法根据当地社区特征对家庭产生了不同的影响。居住在一个拥有较高种族密度的县，将拉丁裔儿童置于移民家庭中，当他们的国家通过一项综合移民法时，他们更有可能失去医疗补助/

① Derose, K., Escarce, J., & Lurie, N. Immigrants and Healthcare: Sources of Vulnerability[J]. Health Affairs, 2007, 26(5): 1258-1268.
② Derose, K., Escarce, J., & Lurie, N. Immigrants and Healthcare: Sources of Vulnerability[J]. Health Affairs, 2007, 26(5): 1258-1268.

CHIP。失去保险可能会使儿童在整个生命中面临健康、教育和就业等风险。

此外,许多国家对于无正式工作经济困难的外来移民,政府制定了一些相关政策,对于符合标准的给予一定的财政补贴并允许到政府公共医疗网点进行优惠治疗。例如,在印度允许外来人口在政府指定医疗网点接受免费治疗;巴西的"统一医疗体系"更是实行全民免费医疗①。

综上,在基本公共卫生和基本医疗服务实际供给中,种族和移民歧视现象依然是存在的,由于医疗服务和医疗保险具有复杂性,解决不同人群之间公共卫生和医疗服务均等化问题,在上述国家同样是一个难题。但是,值得我国借鉴的是,这些国家的公共卫生和基本医疗服务的供给机构发现了这些问题,并积极推动政府立法解决上述问题。同时,许多国家给予外来移民提供必要的医疗服务,甚至与原籍居民相同的基本医疗服务,相比之下,我国这方面与国外差距较大,我国超大城市加快推进户籍居民与非户籍常住居民之间均等地获得公共医疗和基本医疗保险服务应当借鉴国际经验。

6.3　基本社会保障均等化政策

社会保障制度是以国家和政府为主体,根据法律规定,通过国民收入再分配,对公民在暂时或永久失去劳动能力以及由于各种原因生活发生困难时给予物质上的帮助,保障其基本生活的制度。社会保障作为基本公共服务的主要内容之一,非常典型地反映有关国家通过立法保证这一制度实施的状况。

6.3.1　加拿大基本社会保障政策

加拿大是世界上最早实施基本社会保障均等化的国家之一,也是世界上公认的和典型的基本社会保障均等化国家之一。在加拿大,不管人们居住在哪里,都可以享受到联邦政府的基本社会保障均等化项目,基本社会保障均等化制度成为加拿大联邦的基础。通过基本社会保障均等化的财政转移支付制度实现各地区财政能力均等化。加拿大的基本社会保障均等化体系包括均等化转移支付医疗保险计划、养老金等一系列的制度体系。联邦政府的支出负责全

---

① 刘琴,张继良.国外对外来人员基本公共服务保障政策及启示[J].调研世界,2015(05):60-65.

国统一的养老金计划、医疗保险和失业保险，省级政府承担其余的社会福利，如社会救济以及形成的"社会安全网"的社会防御体系；而老人安全、最低收入补贴、儿童税收补贴和国内儿童补贴等项目则由联邦政府和省级政府共同承担。省级政府收入不足覆盖这些开支，则有联邦政府每年按实际标准提供转移支付，以保证省级政府提供服务的资金保证。这一系列的转移支付体系有助于内在化人口流动等原因造成的地区间公共服务溢出效应，并保证基本公共服务的全国统一最低标准。加拿大健康和社会转移支付（CHST）、均等化项目（EP、TFF）。CHST 是为了消除纵向财政差异，缓解各级政府的纵向收支矛盾，保证省级政府提供全国统一标准的健康、教育、社会救济等公共服务的能力。EP、TEF 是分别针对省和地区政府无条件转移支付，是一个由宪法确立的无条件转移支付体制，其目的是保证各省在合理的和相当的水平的公共服务。国家通过统筹政策解决社会保障水平的区域差异，值得我国借鉴，当然，加拿大人口数量相对较少，解决问题的难度要比我国小得多。

在养老保险方面，美国实行投保资助型养老保险汇。美国的养老保险除国家法定养老保险外，积极鼓励发展私营退休养老保险和个人储蓄养老保险。规定从乡村进入城市的外来人口，有雇佣关系的均可参加私营退休养老保险即雇主发起和建立的单一雇主养老金计划，它不具有强制性，但覆盖了美国近一半的劳动人口；无雇佣关系的可加入国家法定养老保险，此外也可根据自己意愿参加个人储蓄养老保险。

6.3.2　德国和英国基本社会保障政策

德国实行全民养老保险制度。德国养老保险体系由法定养老保险、企业补充养老保险、个人自愿保险等多种形式组成。外来人口中有雇佣关系的可要求企业同自己共同负担法定养老保险的缴费，也可要求企业雇主将一部分工资或者节假日奖金变成企业养老保险，企业养老保险的筹资方式、组织形式及受保人等均可自由选择，此外外来人口还可根据自己意愿参与自愿投保。对于低收入家庭无力购买养老保险的外来人口，德国政府给予一定的财政补贴。据统计，德国在养老保障方面的出资约占其财政支出的 1/5。

英国实行福利型养老保险制度。英国贯彻"普惠制"原则，基本养老保险覆盖全体国民,强调国民皆有年金[1]。英国政府建立了"老年年金",在这一制度下,包括外来人口中农民劳动力的所有退休国民,均可无条件地从政府领取一定数额的养老金[2]。这种养老金与公民的身份、职业、在职时的工资水平、缴费(税)年限无关,所需资金完全来源于公共财政[3]。

6.3.3　日本和韩国基本社会保障政策

日本人口自由流动,外来人口进入城镇,享受与当地居民同等的基本公共服务。在养老保险方面,日本的养老保险制度主要包括 3 大类,即国民年金、厚生年金、共济年金(郑秉文、史寒冰,2001)[4]。国民年金是向所有国民支付的共同的基础年金。厚生年金主要是以在企业有工作的人为对象,外来人口中只要有工作的人都可以加入厚生年金,缴费由雇主和雇员各缴付一半。共济年金主要是以公务员等特定职业为保险对象的年金制度。因此,在外来人口中,大多参与的是前两类养老保险。同时,对于经济困难的外来人口,日本政府给予适度的财政补贴。

韩国社会保障制度的发展滞后于经济的发展。韩国的养老保险主要分为两大类,一类是针对特定职业职员为对象的职业年金,一类是一般劳动人民为对象的国民年金(姜向群 2003)[5]。韩国跟日本一样,外来人口进入城镇,其基本公共服务的权利同本地居民同等,国民年金的保险费原则上由加入者自行负担,但是有工作的可以要求雇主和雇员各负担一半。此外,对于低收入者和经济困难者,考虑到其负担能力,政府由国库给予一部分补助。

6.4　典型城市基本公共服务均等化经验

欧美发达国家的公共服务体系从发达国家经验来看,国家的公共服务逐步变成为政府的核心要务,政府职能从以经济性公共服务为主,逐步扩展到以社

---

①　刘芳.国外农民工社会保障经验及其借鉴[J].乡镇经济,2007(6):49-53.

②　刘央央.农民工社会保障制度国际比较[J].合作经济与科技,2009(6):118-120.

③　刘琴,张继良.国外对外来人员基本公共服务保障政策及启示[J].调研世界,2015(05):60-65.

④　郑秉文,史寒冰.东亚国家或地区养老社会保障模式比较[J].世界经济与政治,2001(8):32-37.

⑤　姜向群.韩国养老保险制度的发展、特点、问题及与中国的比较分析[J].东北亚论坛,2003(5):46-50.

会性公共服务为主的阶段。政府支出占国内生产总值的比重也不断上升。国家政府职能广泛地介入教育、医疗卫生、养老保险、失业保险、贫困救济、国民收入再分配、环境保护等公共服务领域。发达国家的公共服务体系可分为两种主要类型：一种是以美国、德国和日本为代表的"公平与效率兼顾型"的公共服务体系；另一种是以英国、法国和北欧国家为代表的"公平主导型"的公共服务体系[1]。

从以上这些国家推行基本公共服务均等化的历史过程来看，各个国家所处的历史时期、面对的社会经济发展环境以及文化背景迥异，其实施基本公共服务均等化的制度也存在一定的差异，但从各国政府的主要公共政策出发，我们依然可以从中总结出一些共同的规律。

6.4.1　制度体现基本公共服务均等化

1）克服收入差距导致基本公共服务不均等

纵观西方国家的基本公共服务供给政策和实践可以看出，基本公共服务待遇享有不均等，更多的是由于收入的差异导致公共资源获取能力的不足所致。国外学者和政府致力于研究和解决因收入的差异导致公共资源获取能力所引起的基本公共服务不均等状况。

国外学者研究发现，卫生保健服务的使用情况已被证明在各人口群体中分布不均。在这一系列的分布不均的人群和项目中，对 21 世纪经济合作组织（OECD）成员国的研究表明，富人更有可能去看医学专家[2]，而牙科保健是富人更经常使用的服务[3]。也有越来越多的研究关注了国际范围内预防保健使用

① 陈建波.浅析国外公共服务的主要做法和经验[J].城市管理与科技,2014,16(02):77-79.

② Van Doorslaer, E., Masseria, C. Income-related inequality in the use of medical care in 21 OECD countries. OECD Health Working Paper No.14. OECD, Paris[OL]. http://www.oecd.org/health/health-systems/31743034.pdf (2004), 2013-6-22.

③ Teresa Bago d'Uva, Jones A M, Doorslaer E V.Measurement of Horizontal Inequity in Health Care Utilisation Using European Panel Data[J].Journal of Health Economics，2009，28(2):280-289.

方面的不平等[①],而一些研究也侧重于测量这些不平等[②]。尽管 OECD 各国将公平纳入优先事项,但至今也还存在着收入不平等的情况,各国之间的差距也很大,相比较而言,法国和美国的不平等现象更为严重,瑞士和英国的不平等现象普遍较小[③]。一项基于跨城市回归分析的中国证据表明,在公共服务资源比较稀缺、收入排序比较容易的地区,收入排序导致的空间不平等程度增加[④]。

Dickman S L,Himmelstein D U,Woolhandler S.(2017)研究指出贫穷的美国人比富裕的美国人获得医疗服务的机会更少,部分原因是,尽管自 2010 年以来奥巴马医保法案扩大了覆盖范围,但仍有许多人没有医保。对于拥有私人保险的个人来说,保费上涨和成本分担削弱了工资增长,并导致许多家庭负债,甚至破产。与此同时,用于照顾富人的医疗资源份额也在上升[⑤]。

2)消除不同人群之间就业机会不均等

就业是民生之本,促进就业是各国政府高度重视的基本公共服务项目。美国总统特朗普 2017 年 4 月 18 日签署了"买美国货雇美国人"(buy American and hire American)行政命令,要求"严格执行有关外国籍劳工进入美国工作的所有法规,为美国本土劳工创造更高的工资和更高的就业率",并要求联邦机构检视现有的移民政策[⑥]。

英国从 1997 年开始,政府通过经济增长增加就业岗位。采用了一系列鼓励就业的政策措施。英国政府专门成立了由财政大臣担任主席的就业政策委

---

① Jusot F,Or Z,Sirven N.Variations in Preventive Care Utilization in Europe[J].European Journal of Ageing,2012,9(1):p.15-25.

② Carrieri,V.,Wübker,A. Assessing Inequalities in Preventive Care Use in Europe[OL]. Ruhr Economic Papers 371. http://www.rwi-essen.de/publikationen/ruhr-economic-papers/499/(2012),2013-6-22.

③ Devaux M. Income-related Inequalities and Inequities in Health Care Services Utilisation in 18 Selected OECD Countries[J]. The European Journal of Health Economics,2015,16(1):21-33.

④ Sun W,Fu Y,Zheng S.Local Public Service Provision and Spatial Inequality in Chinese Cities:The Role of Residential Income Sorting and Land-use Conditions[J]. Journal of Regional Science,2017,57(4):547-567.

⑤ Dickman S L,Himmelstein D U,Woolhandler S. Inequality and the Health-care System in the USA [J]. Lancet,2017,389(10077):1431-1441.

⑥ Buy American and Hire American:Putting American Workers First [N/OL]. (2019-04-05). https://www. uscis. gov/legal-resources/buy-american-hire-american-putting-american-workers-first.

员会,统一制定全国的就业政策;提出"福利开支,提倡劳动福利"的口号,改革福利制度,实施再就业"新就业",参加新就业并符合条件的求职者均可以得到个人指导顾问。根据求职者的不同情况分别制定促进其实现就业的行动计划;加强职业教育和技能培训,政府新设立了学习和技能委员会,与劳动和养老部门合作,为失业人员免费进行有针对性的培训,培训后的再就业率为 60% 左右;建立就业服务机构,并对就业困难人群提供特殊服务,英国就业服务机构遍布全国,并拥有先进的就业信息系统①。

同样,法国政府也高度重视就业公共服务供给。法国政府出台了一系列积极的劳动力市场政策,对所有失业人员提供免费的就业服务和职业培训。始建于 1949 年的法国国家成人职业培训协会(AFPA)是负责组织开展职业培训工作的国家级机构,负责人由法国总统任命。发展至今,该机构的培训项目已经覆盖除医药两大领域之外的所有行业。法国还设有就业总局(ANPE),其是一个公益性的国家级公共就业服务管理机构,不直接隶属于法国就业、劳动和社会和谐部,但工作要受劳工部的指导与监督。目前,该机构管理着全国 779 个公共职业介绍所和 34 个专业性的职业介绍机构(如残疾人、公务员),此外,还向一些行业(如文艺界)的同业协会和一些有问题的社区(如青年犯罪率较高的)派出工作人员,现有 2.3 万名员工。其主要工作任务是在国家劳动法律内,负责全国的促进就业工作和全国几百所公共职业介绍机构的管理,具体包括:为事业人员提供各种就业信息并提供就业咨询;帮助企业招聘员工;贯彻落实国家的就业方针和各项促进就业的优惠政策②。这里值得指出的是,英国和法国的促进就业计划是针对全体成员的,其中包括新移民,英国就业促进政策的经验,值得我国借鉴。

6.4.2 提高社会成员公共服务利用能力

在许多国家,许多人由于能力不足限制了他们享有基本公共服务的权利。帮助"弱势群体"增强公共服务利用能力,成为许多国家推进基本公共服务均等化的重要举措。

---

① 王加林,高志立.基本公共服务均等化与财政制度创新[M].北京:中国财政经济出版社,2010:60.
② 王加林,高志立.基本公共服务均等化与财政制度创新[M].北京:中国财政经济出版社,2010:60.

　　Le Grand J(2006)认为相对于需求,在公共服务利用率方面有许多显著差异,而他们更强调选择,认为没有选择的系统会在利用率上产生不平等[1]。而这种不平等主要体现在收入不同的群体之间,因为收入状况会影响到服务的利用,富人比穷人更有能力去享受公共资源。

　　1982 年的《瑞典保健法》指出,保健的目标是促进"全民享有平等的良好卫生和保健",即使这样瑞典社会地位较低的人,初级卫生保健使用率也低于预期。Sundquist,Jan 从其公共服务利用结果来看,欧洲一项对移民的研究发现:从出生国移民到另一个国家,甚至是世界另一个地方的人,通常比那些不移民的人更健康[2]。而另外一项针对北欧的研究也指出,在斯堪的纳维亚半岛上尽管有着相对慷慨和普遍的福利,但是却并没有像人们通常预期的那样,拥有最小的不平等[3]。

6.4.3　基本公共服务均等化策略与路径

　　1)消除原籍居民与移民之间的隔阂

　　原籍居民与移民之间社会资源禀赋的差距是客观存在的,许多学者研究了这一问题的成因,一些国家政府出台了消除原籍居民与移民之间隔阂的政策措施。例如,近期国外研究越来越多地关注到本地居民和移民之间在公共卫生服务利用上的不平等。Graetz V,Rechel B,Groot W, et al.(2017)研究数据表明,移民更有可能使用安老院服务,而且比当地人更经常住院。相比之下,非移徙者比移徙者更经常使用筛查服务和专门护理,这表明移徙者不公平地获得预防性保健服务[4],获得专门护理的机会在本地居民和移民中是公平而平均的[5]。

---

① Le Grand J. Equality and Choice in Public Services[J]. Social Research:An International Quarterly,2006,73(2):695-710.

② Sundquist,Jan. Migration,Equality and Access to Health Care Services[J].Journal of Epidemiology & Community Health,2001,55(10):691-692.

③ Bambra C. Health Inequalities and Welfare State Regimes:Theoretical Insights on a Public Health 'Puzzle'[J]. Journal of Epidemiology & Community Health,2011,65(9):740-745.

④ Graetz V,Rechel B,Groot W, et al.Utilization of Health Care Services by Migrants in Europe-a Systematic Literature Review[J].British Medical Bulletin,2017,121(1):5-18.

⑤ Rodríguez-Álvarez E,Lanborena N,Borrell L N.Health Services Access Inequalities Between Native and Immigrant in a Southern European Region[J].International Journal of Health Services,2019,49(1):108-126.

通过梳理文献可知，在 28 份欧洲研究和 8 份其他国家研究中，24 篇分析了初级保健的使用，17 篇分析了专家服务的使用，18 篇讨论了不同的护理水平，11 篇评估了精神卫生服务。文章认为尽管也发现了移民之间的一些差异，但移民对医疗服务的使用少于或等于本地居民[①]。

2012 年西班牙取消了对无证移民的医疗保障，Royal Decree Law（RDL 16/2012），Cimas，Marta，et al.（2016）调查显示，一些地区采取法律、立法和行政措施来取消或者限制影响，但也有另一些地区按照预期实施了该措施，这在不同地区之间产生了巨大的差异[②]。

De Luca，Giuliana，Michela Ponzo and Antonio Rodríguez Andrés（2013）研究显示，意大利移民使用专业医疗和医疗电话咨询的可能性比本国移民小得多，但使用急诊室的可能性更大，说明移民对急诊室的过度使用和对预防保健的利用不足[③]。Lebrun，Lydie A.（2017）通过对美国和加拿大的比较分析，在所有移民群体中，加拿大移民获得和利用卫生保健的比例高于美国。在这两个国家中，经调整的分析显示，与停留时间较长（10 年或以上）和精通两国官方语言的移民相比，停留时间较短（少于 10 年）和语言能力有限的移民获得/使用机会的比率普遍较低[④]。

原籍居民与移民之间公共权力的争夺问题也是国外十分关注的问题。Trounstine J.（2016）研究显示由于地方政府的决策往往与空间分配有关，社区在地方政治中扮演着重要的市政角色，在隔离程度较高的地方，社区利益被种族分割所覆盖。实行种族隔离的城市从居民那里筹集的资金较少，用于道路、执法、公园、下水道、福利、住房和社区发展的资金也较少。所以，获得公共物品

① Sarría-Santamera A，Hijas-Gómez A I，Carmona R，et al. A Systematic Review of the Use of Health Services by Immigrants and Native Populations[J]. Public Health Reviews，2016，37(1)：28.

② Cimas M，Gullón，Pedro，Aguilera E，et al. Healthcare Coverage for Undocumented Migrants in Spain：Regional Differences after Royal Decree Law 16/2012[J]. Health Policy，2016，120(4)：384-395.

③ De Luca，Giuliana，Michela Ponzo and Antonio Rodríguez Andrés. Health Care Utilization by Immigrants in Italy[J]. International Journal of Health Care Finance and Economics，2013，13(1)：1-31.

④ Lebrun，Lydie A. Effects of Length of Stay and Language Proficiency on Health Care Experiences Among Immigrants in Canada and the United States[J]. Social Science & Medicine，2012，74(07)：1062-1072.

的途径也因种族而被隔离①。在西方政治制度的框架下,Nicholls W(2016)认为一旦移民群体通过城市关系空间获得了立足点和自我意识,它在地方和国家政治舞台上的权利主张能力就会增强②。这将有助于该群体对于公共资源分配的争夺。1986-2006 年期间非洲和亚洲 34 个城市内部移徙、贫穷和不平等的数据研究发现,这些数据与城市社会混乱事件的数据相关联。结果表明,造成社会动荡的原因不是农村人口向城市的实际流动。相反,贫困和不平等的教育机会以及城乡移民在社会经济上的边缘化,被发现会刺激城市暴力犯罪率的增长③。

2)促进移民社会融入

国外移民问题一般指的是国外移民的社会融入问题。利维塔斯(Levitas,2005)提出移民社会融入的三种基本策略:资源再分配模式、道德模式与社会融合模式。偏左派的福利思想认为资源的稀缺性产生了排斥,然后产生了再分配的结构性政策,通过对税收的政策的调整来实现收入与资源分配的转移,促进社会的公平、平等。道德模式基于偏右派的福利思想,认为贫困和排斥来源于个人和家庭责任和行为的缺乏。鼓励贫困人口利用自我整合的行动来融入主流社会。第三条道路学派的福利思想促成了社会融合模式的产生,坚持用有报酬的工作促进经济和社会的整合,最终实现社会融合。社会融合模式是解决贫困的最有效的策略。这种融入策略鼓励穷人和被排斥者积极争取获得工作,而不仅仅依靠着福利与救济的供给。在均衡国家和个人的责任的同时又可以减少福利支出,还能调动劳动者的积极性,促进经济的发展和社会的公平与正义。

欧盟社会发展联合会(The Combined European Bureau for Social Development)提出社会融入实践行动的四个基础:第一,当地权威机构关注社会的人文发展、社会排斥与社会权利的剥夺,要与当地社会发展的政治利益和诉求相一致。第二,尽可能地满足社区居民的发展需求,规划公共计划中重视

① Trounstine J. Segregation and Inequality in Public Goods[J]. American Journal of Political Science,2016,60(3):709-725.

② Nicholls W. Politicizing Undocumented Immigrants One Corner at a Time:How Day Laborers Became a Politically Contentious Group[J].International Journal of Urban and Regional Research,2016,40(2):299-320.

③ Østby G.Rural-urban Migration, Inequality and Urban Social Disorder:Evidence from African and Asian Cities[J].Conflict Management and Peace Science,2016, 33(5): 491-515.

志愿者的工作,要和社区居民、相应的组织和公共管理部门建立和谐、合作的关系。第三,为社区工作者提供专业的教育和培训机会,在持续性的服务的同时要改进和完善服务水平。第四,对社区社会融入项目的成效作出评估。

3)移民社会融入政策及实施

欧洲在移民的社会融入上形成了三种比较有代表性的政策。

第一种模式是以德国为代表的"外来务工者"(guest worker)模式。在这种模式中,移民是一种短暂的以经济为目的的流动。这主要是因为德国是世界著名的制造业和服务业大国,这需要大量的劳动力,而德国人口一直处于负增长率,所以会出现大量的移民劳动力。公共决策部门认为这种移民流动具有短暂性特征,随着经济产业结构的调整,这些移民就会自动退出德国,所以没有必要制定特定的促进劳动力移民社会融入的政策,没有必要将移民同德国居民所享受到的公共服务资源同等对待。但在 2007 年,欧盟规定 27 国之间劳动力可以自由迁徙。自 2011 年 5 月 1 日起,德国和奥地利向波兰、捷克、斯洛伐克、爱沙尼亚、拉脱维亚、立陶宛、匈牙利和斯洛文尼亚 8 国完全开放了劳动力市场。欧盟所有国家彻底相互开放劳动力市场成为现实,大量欧洲其他国家务工人员来到高福利的德国。

德国在外籍人管理问题上,政府和各部门各司其职,各类社会组织和研究机构和学者提供各类服务和建议。具体政策如下。

第一,政府给予足够多的财政投入,实现人性化管理。在外籍居民的语言学习、外籍儿童入学、青少年的保护等方面,联邦和州政府都提供专项财政资金投入。并且很多城市鼓励外籍居民登记注册,向新登记注册的外籍居民提供价值不等的交通优惠卡和欢迎卡,且登记率很高,例如柏林、法兰克福。第二,组建针对外籍人服务的专门部门和机构。警察局设立了"外籍人融合会",能够更好地拉近本地警察与外籍居民的关系,并且委员会成员均由具有外国文化背景的德国人组成。在解决外籍人的纠纷问题中发挥了重要的作用。第三,充分发挥社会组织的作用,为外籍人提供大量的公益性服务。德国约有 100 万个社会组织,这些社会组织经常服务于外籍居民。针对外籍居民,社会组织会提供比如妇女庇护、青少年成长保护、参加各类社区活动等服务。社会组织不仅可以帮助政府减轻公共事务上的负担,而且比政府在社会服务活动的运作上更加高效便捷,从而节省了公共服务成本。

第二种模式是以英国为代表的"少数族群模式"或"多元文化主义模式"。20 世纪 60 年代以来,英国对移民的融合是建立在一系列复合意识形态基础之上的。但是在 20 世纪 80 年代之后,文化多元主义成为公共政策制定的中心思想,特别体现在教育、社会服务等议题中。在多元主义模式下,移民被看作永久性居留群体。英国会在移民融入的公共政策上允许移民保存原有的民族特征。他们能够在新社会重新建构自己的文化社区,进而形成一个多族群和谐生活发展的多元文化社会模式。1997 年英国工党上台后立即设立社会排斥办公室(SEU),统一指导、协调和监察政府各部执行社会融入行动。社会融入成为布莱尔新政的标志之一。

第三种模式就是以法国为代表的同化模型。在法国,移民因被赋予合法的政治地位而被看作是永久性的居民。这样移民就能够被吸收并适应法国主流的文化之中。从法国在 20 世纪八九十年代的社会吸纳政策来看,对移民的生活圈进行结构性的干预,增加群体与社会之间的沟通,关心被排斥群体,动员多元行动者的行动意愿,消除各种可能存在歧视的公共政策,努力使包括移民在内的社会弱势群体重新进入劳动力市场。法国的移民政策,以赋予移民与本地居民相等的公民权来达到"同化"的目标。

2006 年,法国国民议会通过了"移民与整合法案",对高学历、高技术移民进行有选择的接纳。地方政府若发现无长居证的外国人,可以将其驱逐出境。同年 9 月 5 日,在原有法案的基础上,法国出台了"优秀人才居留证"。法国有三种居留资格的签证:第一种是临时居留证,针对旅游者、留学生、商务往来和季节性劳动者,一般允许居留 3 个月、6 个月或 1 年等;第二种是短期居留证,主要指签订合同的劳工移民,居留期限为 3 年;第三种是长期居留证,包括法国公民的家属、难民以及上述第二种的申请者。前两种人员经过批准,可以改变自己的居留身份,成为长期居留者,也就是取得了在法国永久居留的"户籍"①。

法国政府对下列三种类型的移民给予整套社会保障福利待遇。①高水平专家、学者或者学生。②准备在法国成立企业并且有了明确具体的规划的企业

---

① 马丁.论法国城市化进程中的移民管理经验及其对我国的启示[J].杭州师范大学学报(社会科学版),2011,33(02):89-95.

家,并且能够为法国创造两个或以上的就业岗位。③艺术或运动领域的人才。"优秀人才居留证"发放的决定权由法国各领事机构直接决定。此举不仅避开了繁冗、复杂的申请手续,成功申请者还可以一次性获得在法 3 年的居留证,并可在 3 年之后续延一次,实际上等于是发放了 6 年居留权。而根据法国的移民程序,在法居住满 5 年者,可以申请 10 年长居,此后可以申请法国绿卡。法国的移民政策从原来的被动接受变为主动接受,以促进法国经济发展,这个法案得到大多数法国人民的认同。

法国政府在 2006 年颁布了第 396 号法令——《机会平等法》,主要帮助个人解决在社会性融入和职业性融入方面遇到的问题。该法的第 26 条规定,在城郊地带的企业可以获得较低的税赋的优惠,如果企业雇佣城郊区的居民并签订长期劳工合同的话,还可以得到其他的政府补贴和优惠。

6.5 基本公共服务均等化的国际经验及启示

6.5.1 社会公平正义的理念

国外推动移民社会融入的政策,虽然具有特殊的国情背景,但是对于中国城市"新二元结构"问题解决依然具有重要的借鉴意义。推动移民的社会融入的重要途径,是消除群体性的社会排斥,在我国,非户籍居民在城市普遍遭遇到社会排斥,如果缺乏社会政策支持,他们就难以真正实现社会融入。为此,国外消除社会排斥的政策及实施经验,可以为我国消除社会排斥,解决"新二元结构"问题提供"他山之石"。

移民问题是世界许多国家碰到的问题,推动移民的社会融入是解决移民问题的根本途径。然而,移民的社会融入碰到的最大瓶颈是制度排斥和文化隔膜,突破这一瓶颈需要政府和社会共同努力。从政府角度看,面临人口规模扩张和公共资源短缺的矛盾,是否能够坚持推动外来移民社会融入的执政理念;从社会角度看,本土文化和外来文化的冲突,社会是否具包容少数族群和多元文化的价值取向。其中,以人为本和公平正义理念是解决移民问题的社会基础,因为只有政府确立了以人为本和公平正义执政理念,市民树立了以人为本和公平正义价值取向,社会才能形成合力,推动外来移民社会融入资源才能有效整合,移民社会融人中的问题才能得到妥善解决,简单的社会排斥只能激化社会矛盾,引发社会冲突。

在我国,随着非户籍外来人口大规模涌入城市,制度排斥和文化歧视不仅不能解决社会矛盾,反而引发更为严重的"新二元结构"问题。所以,只有坚持以人为本和公平正义价值理念,采取逐步推动非户籍居民社会融人的策略,激发非户籍居民的主人翁精神,与户籍居民共同解决人口膨胀所带来的社会矛盾。

6.5.2　严格立法确保基本公共服务均等化

健全和完善相关的法律法规政策。在基本公共服务领域,发达国家将向国民提供的基本公共服务确立为政府法定职责,普遍以"立法先行"原则推进,即重视相关法律法规的制定和修改完善。各国基本公共服务均等化推行的首要规律大致相同,即首先制定了基本公共服务均等化的有关法律和政策,之后才有促进基本公共服务的均等化具体实践。

建立与成熟的市场经济体制相适应的法律制度,为基本公共服务均等化目标提供法律基础和法律保障。发达国家都经历了公共服务立法与制度建设过程。通过公共服务法律体系建构确立相应的制度,以此保障基本公共服务相对均等。英国是世界上最早实现工业化的国家。1601 年英国颁布的《济困法》是发达国家公共服务和社会保障制度的萌芽。第二次世界大战后,英国政府相继制定了一系列推动基本公共服务均等化的法律,《国民健康服务法》(1946) 推动英国基础医疗卫生服务基本均衡,《国民补助法》(1947) 进一步提高了保障对象和保障标准等。历经一系列改革,英国于 1948 年建立了"福利国家"。德国有着重视职业教育的传统,并通过立法保障职业教育发展,如《青少年保护法》(1960 年)、《职业教育法》(1969 年)、《企业基本法》(1972 年)、《职业教育促进法》(1981 年)。这些法律促进了德国教育均衡发展,直到今天,德国的职业教育仍处于世界前列,并为德国的工业化发展源源不断地输送人才。美国政府制定了一系列促进公共服务均等化的法律。例如《社会保障法》(1935 年)、《职业就业法》(1963 年)、《就业机会法》(1964 年)、《穷人医疗照顾法》(1965 年)、《康复法》(1973 年)、《终身学习法》(1976 年)、《综合就业与培训法》(1980 年)、

《劳动力投资法》(1993 年)、《政府绩效与结果法》(1993 年)、《不让一个孩子掉队法》(2002 年)等，在社会保障、就业、教育等公共服务领域保障基本均等[1]。

在我国，《中华人民共和国宪法》也规定了养老保障、医疗保障、社会救助、基础教育、就业等各项基本公共服务，都是公民享有的基本权利，因此该法对公民基本权利的规定构成了推进基本公共服务均等化主要的法理基础。但是，在基本公共服务均等化的具体实施过程中，我们依然要完整的法律体系，以《宪法》对公民基本权利的规定为依据，围绕义务教育、公共卫生与基本医疗、基本社会保障、公共就业服务等领域，整合现有的法律法规，提升法律层次，形成基本完善的基本公共服务法律体系，从法律上规范基本公共服务提供主体、资金来源、运营管理，建立相关主体的责任追究机制，以便使每一个环节切实落实均等化措施，确保广大人民群众在享有基本公共服务方面权利平等。具体到政府的支出责任，据此而进行的财政收入和支出范围的划分以及对转移支付的目标、原则、规模、标准以及具体的技术性的操作程序和方法等，都通过立法的形式加以确认。通过规范的法律体系，保障基本服务均等化制度体系的运行减少人为因素的影响，尤其在政府转移支付环节，保证公共财政资金的使用更加公正与透明[2]。

6.5.3　明确政府基本公共服务均等化责任

通过立法强化政府承担基本公共服务均等化的责任。在社会发展的过程中，人们对公共物品的需求不断增长，而公共物品的提供主要是政府的责任，这是由市场机制失灵所提出的一项客观要求。基本公共服务均等化的实现，实质也在于通过强化政府作用，保障基本公共物品和服务满足市场经济进程中各个社会阶层的需求，特别是低收入阶层、弱势群体自身无法解决的最低福利要求。但是，无论是增加公共服务的项目和规模，还是改变公共服务物品供给的原有结构，都反映不同利益主体的经济利益关系，也促使政府在行使公共职能方面发生转变。因此，要为社会公民提供基本公共服务，不能仅凭借政府的随意抉

① 文敏,文波.发达国家推进基本公共服务均等化的实践经验及启示[J].中共云南省委党校学报,2017,18(01):159-163.
② 赵怡虹.我国基本公共服务地区均等化研究[M].北京:经济科学出版社,2016.

择,而是要坚持严格的立法原则。以立法的形式统一全体社会公民的公共福利概念,同时制约政府行使提供公共物品和服务的权利。自 19 世纪末开始,西方社会已确立起明确的制度和权威的法规。伴随着工业化和城市化的发展与成熟,民众的公共需求日益增长,政府向全社会提供公共服务的职能也相应增强。最为显著的是 20 世纪 30 年代到 70 年代,针对市场无法满足某些公共需要的现状,政府显著加大对基本公共服务的财政供给,不断提高基本教育、医疗卫生、社会保障、环境保护和相应转移支付的比重。据世界银行统计,目前高收入国家对教育、医疗卫生、社会保障、环境保护和相应的转移支付的支出比重稳步提升。公共需求的满足保证民众获得和经济发展水平相适应的公共服务,从而落实公民的基本权利,促进实现社会公平。由此可见,西方国家普遍建立较为正完善的福利制度和社会保障制度益于政府对市场机制的弥补[1]。

6.5.4　建立符合国情的公共财政体制

实现基本公共服务均等化要依靠财政能力的支撑。为此,必须优化公共财政支出建立公共财政体制,把更多财政资金投向公共服务领域,以财政均衡推进公共服务均等化。

第一,合理划分政府间公共服务责任。即明确各级政府应承担的财政责任。马桑(1981)认为,政府间财政责任呈现"双向梯度"趋势,依据特里西的理论,由"最接近居民"的地方政府承担公共服务供给责任是最为合理的。不过要实现公共服务均等化,上级政府理应担负更大的责任。这意味着实现基本公共服务均等化,中央政府必须承担补缺兜底的职责,而不是必须担负起基本公共服务主要的支出责任,因此中央政府负有全国均等化的边际责任[2]。德国基本法明确界定了三级政府在公共服务中的责任,分工明确,各司其职,分别承担全国性或地方性公共产品供给的职责,与此同时也互相合作。联邦政府承担国防、社会保障等方面的责任,运输和邮电等方面由联邦政府和州级政府共同负责,体育与休养、保健等方面由地方政府负责。联邦政府重视通过立法来保障

①　刘央央.农民工社会保障制度国际比较[J].合作经济与科技,2009(6):118-120.
②　文敏,文波.发达国家推进基本公共服务均等化的实践经验及启示[J].中共云南省委党校学报,2017,18(01):159-163.

和配给各州和地方政府的公共服务，同时完善转移支付体制机制，从而实现了公共服务在全国范围内的均等化；地方政府的主要职责是承担文化设施、卫生、教育等方面的供给。采用这种"地方自治半自治"模式的国家还有英国、西班牙、意大利、法国等，地方政府肩负基本公共服务的主要责任。

第二，建立科学财政转移支付政策。科学的转移支付是基本公共服务均衡的重要平衡杠杆，它既涵盖纵向转移支付（上级政府对下级政府），也涵盖横向转移支付（同级政府之间）。发达国家的转移支付，其制度安排的路径为法治化和科学分配，以此调节政府供给公共服务的财政能力，进而保障贫富地区间、人群间基本公共服务大致均等。各国转移支付形式大体分为两种：第一种是均衡性转移支付。代表性的国家有德国、加拿大和澳大利亚等，其推进公共服务均等的手段是均衡政府间的财政能力。第二种转移方式以美国为代表，政府间转移支付采取了多种形式的组合，也为多数国家所采用，美国联邦财政的转移支付涵盖专项补助和分类补助[①]。

6.5.5 推动非户籍居民社会融入

国外移民社会融入的历史经验表明，移民社会融入一般经历社会排斥到社会接纳再到社会融入的过程，其中既有移民通过自我奋斗和努力提升经济社会地位而得到社会认同，也有与移民政策由制度排斥到制度推动融入相关，制度变迁与制度创新密切相关。

在我国非户籍居民的社会融入需要一系列的制度保障，目前我国城市的户籍制度以及各项社会福利制度，本质上是通过限制非户籍居民社会权利，达到控制城市人口规模，缓解公共资源供需矛盾的目标。我国现行户籍制度及社会福利制度虽然在短期内起到了缓解公共资源压力的效果，但是却以社会割裂"新二元结构"为代价，从长远视角看，我们必将为此付出更大的社会成本。

因此，要以推动非户籍居民的社会融入为政策目标，依据党的十八大提出的"权利公平、机会公平、规则公平"要求，通过制度创新消除对非户籍居民制度排斥，增强非户籍居民城市归属感，提高户籍居民解决社会问题主人翁意识，营

---

① 文敏,文波.发达国家推进基本公共服务均等化的实践经验及启示[J].中共云南省委党校学报,2017,18(01):159-163.

造政府和社会共同解决"新二元结构"问题制度环境。

　　发挥社会组织在推动移民社会融入中的作用。移民问题是全社会的问题，仅仅凭借政府的力量是不够的，只有通过"社会协同"动员全社会力量，才能有效解决移民问题。依靠社会力量来推动移民的社会融入，国外政府有许多好的经验和做法。例如，德国就有大批社会组织在政府支持下介入移民服务，社会组织为移民提供服务不仅减轻了政府的压力，更重要的是推动移民和本地居民之间情感融合。德国的做法我国完全可以借鉴，政府培育一批为非户籍的外来人员服务的公益性社会组织，同时鼓励和支持各类公益性社会组织参与推动非户籍的外来人员社会融入。

第 7 章
超大城市基本公共服务均等化的制度创新

党的十九大确立了 2035 年实现基本公共服务均等化的战略目标,党的二十大进一步强调了在中国式现代化进程中推进基本公共服务均等化要贯穿于各个具体领域的战略目标之中,促进社会公平正义和人的全面发展。超大城市基本公共服务均等化是这一战略部署的重要方面,也是十分艰巨的战略任务。本章基于前述研究,从超大城市基本公共服务均等化现实条件,破解超大城市"新二元结构"的策略,实现基本公共服务供需动态平衡的制度创新和政策优化三个方面,研究推进超大城市基本公共服务均等化的实践路径。

7.1 超大城市基本公共服务均等化的实现条件

7.1.1 破除"新二元结构"

超大城市"新二元结构"是实现基本公共服务均等化的主要瓶颈,只有超大城市大多数非户籍居民真正融入了城市社会,实现了市民化,超大城市基本公共服务均等化才具备最终实现条件。目前,社会普遍认为户籍制度是阻碍非户籍居民融入城市社会,实现市民化的关键障碍,然而,笔者以为简单的户籍制度改革,改变非户籍居民的身份,并不能有效消除"新二元结构"社会现象,问题的关键在于超大城市非户籍居民在政治、经济、社会、文化等各个方面享有与户籍居民平等权利,在职业、身份、素质和行为等方面非户籍居民与户籍居民无显著差别,进而使非户籍居民获得城市市民的身份认同,才能真正实现超大城市非户籍居民的社会融入和市民化。

1）逐步消除基本公共服务不均等的制度性障碍

超大城市推进基本公共服务均等化,首先要消除针对非户籍居民的制度排斥,改变现存不合理的限制超大城市非户籍居民政治、经济、社会和文化权利的制度和政策。

首先,逐步消除附加在超大城市户籍制度上的各种社会权利,回归户籍的人口统计和人口管理功能。从目前看,超大城市户籍制度是一个显性的二元割裂的制度。而且户籍制度涵盖了诸多基本公共服务功能,没有户籍就意味着不能享有这些基本公共服务。因此,打破城乡二元的户籍管理制度,建立适应新时代城市居民发展户籍管理体制,才能逐步解决户籍居民与非户籍居民之间的制度分割,这是实现超大城市推进基本公共服务均等化的重要条件。

党的十八大报告明确提出,要加快改革户籍制度,有序推进农业转移人口市民化,努力实现城镇基本公共服务常住人口全覆盖。近年来,我国逐步加快了户籍制度改革步伐。2012 年 2 月,《国务院办公厅关于积极稳妥推进户籍管理制度改革的通知》指出,要引导非农产业和农村人口有序向中小城市和建制镇转移,逐步满足符合条件的农村人口落户需求,逐步实现城乡基本公共服务均等化[①]。

2013 年,党的十八届三中全会通过的《中共中央关于全面深化改革若干重大问题的决定》提出,要"创新人口管理,加快户籍制度改革,全面放开建制镇和小城市落户限制,有序放开中等城市落户限制,合理确定大城市落户条件,严格控制超大城市人口规模。"[②]　2014 年,国务院公布了《关于进一步推进户籍制度改革的意见》,提出了到 2020 年努力实现 1 亿左右农业转移人口和其他常住人口在城镇落户的新型户籍制度改革目标。与此同时,全国各个省市也已经开始了取消城乡户籍差异,放宽了农业转移人口在城市获得户籍的条件。目前,许多省市已经全面放开中小城镇落户限制,有序放开中等城市落户限制,逐步放宽大城市落户条件,合理设定超大城市落户条件,逐步推动符合条件的农业转移人口转为城镇居民。

---

① 中华人民共和国中央人民政府.国务院办公厅关于积极稳妥推进户籍管理制度改革的通知[EB/OL].http://www.gov.cn/zhengce/content/2012-02/23/content_1097.htm.
② 中共中央关于全面深化改革若干重大问题的决定[EB/OL][2013-11-15].http://cpc.people.com.cn/n/2013/1116/c64094-23561785.html.

然而，户籍制度改革是块"硬骨头"。户籍制度改革已经打开了一扇窗，但是还是难以适应农业转移人口融入城市的强烈愿望。改革进展似乎并不能满足人们的期许，有些改革举措推出时期望值很高，但实际推行却面临种种问题。以一度颇受关注的居住证制度为例，进城务工人员期待热情正渐渐淡去。究其原因，主要是居住证制度涉及的人口太少，准入门槛太高，与不断涌入的城市外来人口相比，只能说是杯水车薪。因此，要基于公平正义理念积极推进户籍制度改革，克服户籍制度改革中集体排他的倾向，从根本上消除户籍的社会身份意义，逐步消除附加在户籍上的经济和社会权利，回归其公民身份以及人口统计和管理意义，真正实现户籍居民与非户籍居民之间的权利平等和机会均等。

逐步消除超大城市户籍居民与非户籍居民的经济和社会权利制度障碍。从现象上看，似乎是我国的户籍制度限制了非户籍常住居民的社会融入，户籍制度是实现基本公共服务均等化的主要瓶颈，然而，问题的本质是，城市非户籍居民在城市生活中不能够与户籍居民享有同等政治、经济、社会和文化，这种权利的不均等是通过一系列社会制度安排实现的，户籍制度只是这种制度安排的"表征"而已。如果仅仅改革户籍制度，不调整不均等的其他制度安排，依然难以真正解决"新二元结构"问题，推进基本公共服务均等化也缺乏充分必要条件。

综上所述，只有在消除了超大城市户籍居民和非户籍居民之间在政治、经济、社会和文化权利方面的制度性障碍，基本公共服务均等化才具备了现实的可能性。当然，消除户籍居民和非户籍居民之间的制度性排斥，改革户籍制度，重构超大城市不同人群之间政治、经济、社会和文化权利的制度安排，并非朝夕之功。近年来，我国政府围绕非户籍外来人口的政治、经济、社会和文化权利，制定了一系列的改革方案，调整社会政策，但从实践效果来看，非户籍居民的权利保障依然脆弱，围绕超大城市非户籍常住居民社会融入而制定的社会政策社会效应不强，超大城市非户籍居民真正市民化的道路还很长。

2) 逐步消除基本公共服务不均等的社会障碍

消除了户籍制度和不平等的权利制度障碍，虽然为城市非户籍居民的社会融入开辟了必要通道，但是城市非户籍居民要完全融入城市社会，还必须逐步消除社会排斥，使户籍居民和城市非户籍常住居民之间真正做到社会融合，实现二元社会向一元社会转化。

　　增强超大城市非户籍居民的城市生存能力。超大城市非户籍居民多数是农业转移人口,整体素质相对较低,影响着他们城市社会融入,阻碍他们市民化的进程。多数非户籍的外来从业人员由于受教育水平低和技能培训的缺乏,他们掌握和运用新工种、新技术的能力较差,劳动技能单一,职业选择和就业空间狭小,跨行业流动困难大,他们中多数人只能在劳动密集型中小企业从事劳动强度大而待遇差的工作,这种岗位层次低、工作性质单一的现状,使他们较难获得户籍居民的认同。因此,着力提升非户籍的外来从业人员的整体素质,提高他们的就业能力和经济收入。只有社会适应能力和经济水平达到了一定程度,非户籍的外来从业人员才能在城市生存和生活,实现经济上的融合,进而实现社会融合。

　　解决超大城市非户籍居民社会融入的关键在于职业教育。超大城市非户籍的外来从业人员素质低和技能低的现状,显然不利于他们在城市生活和发展。职业教育不但可以提高城市非户籍的外来从业人员的整体素质和就业能力,使之获得更高的经济性收入,而且还能提高他们的文化修养,促进他们与户籍居民的沟通。因此,应把超大城市非户籍居民的职业教育列为推进他们市民化的基础战略。一方面要加强职业培训。要充分利用城市职业教育优势,加大对超大城市非户籍外来务工人员的职业技术培训的力度,使他们都能享受到政府提供的免费职业技术培训。其次,提高超大城市非户籍居民城市文化适应能力。由于自身素质的原因,多数超大城市非户籍居民的思维和行为方式仍按传统农村的习惯进行,往往造成与城市社会生活的不协调,无法真正融入城市生活①。城市非户籍常住居民与户籍居民之间在文化观念、生活方式方面存在较大的差异,文化观念、生活方式隔阂使这两个群体真正融合。因此,要开展城市适应性教育。尤其对农业转移人口开展关于城市生活方面的引导性教育,包括市情教育、安全常识教育、法律法规教育以及关于心理健康、优生优育等城市基本生活常识的教育,转变他们的思想观念,逐渐摒弃在小农经济影响下形成的生活方式、价值观念、行为准则与目标取向,提升他们的修养和文化素质,接受城市的价值观念与行为方式,使他们在经济、心理、生活方式以及文化素质上实

① 张翔."农民工市民化"的关键在于素质教育[J].农村经济与科技,2012,23(08):26-28.

现由"农村人"向"城市人"的转变，从而使他们更好地融入城市生活。

"新二元结构"问题表象上是社会群体隔阂，本质上是群体性社会排斥。因此，要通过政策调整和社会引导，逐步消除社会排斥现象，化解社会群体隔阂，缓解社会矛盾，促进社会和谐，才能为实现超大城市基本公共服务均等化提供良好的社会条件。

7.1.2　营造包容和谐的社会氛围

超大城市基本公共服务均等化的过程，也是社会不同群体之间利益调整的过程，这就需要确立公平正义的价值理念和培育包容和谐的社会心态，这是实现超大城市基本公共服务均等化更为重要社会条件。

1）树立公平正义的价值理念

公平正义是社会价值体系中的核心内容，是衡量城市社会文明进步的重要尺度，也是人类追求的崇高目标和价值理想。在一般意义上，社会的公平正义可以被理解为每一个人得到他应当得到的东西。所以，公平正义首先反映的是人与人之间的社会利益关系以及处理利益关系的价值准则，是社会成员的共同的理性判断和选择。社会公平正义的基本要求是"社会的政治利益、经济利益和其他利益在全体社会成员之间合理而平等地分配，意味着权利的平等、分配的合理、机会的均等和司法的公正。"[①]权利平等是公平正义的核心要义，权利平等是指在社会利益关系中"参与各方在规则权上的平均或相等"，具体而言，就是每一个成员都应有知情权、参与权、选择权和监督权，只有每一个社会成员在规则权上是平等的，才谈得上真正的权利平等。目前，超大城市"新二元结构"以及基本公共服务均等现象，都是由于制度制定过程中参与各方在规则权上的不平等造成的。在一个不平等的社会中，由于社会成员之间在制度制定过程中规则权不平等，部分社会成员缺乏应有知情权、参与权、选择权和监督权，他们在社会利益博弈中处于劣势地位，于是就失去了公平的发展机会，社会利益的分配也就难免有失公平。在这样的社会环境中，无论是博弈中处于优势的社会群体，还是处于劣势的社会群体，都不能够充分地发挥他们的天赋和能力，社会就缺乏发展活力，而且社会凝聚力也会因此而削弱，甚至导致社会矛盾

---

① 刘琼华.公平正义：和谐社会的核心价值理念[J].山东社会科学，2007(08)：100-103.

和冲突。

在现代社会中,公平正义也是衡量现代社会制度合理性的价值标准。正如罗尔斯所说:要调节人与人之间因为利益冲突所产生的矛盾,就需要一系列的原则来调节而达到一种有关恰当的分配份额的契约。这些所需要的原则就是社会正义的原则①。人类社会的发展是一个不断寻找更加合理的秩序和制度的过程,公平正义则是国家制度中诸多价值目标的核心价值。因此,社会发展进程中,当社会结构变化客观上要求社会制度变革时,社会制度建设既要满足社会结构变化的需求,更要体现公平正义的价值理念,而后者尤为关键。例如,在我国城市化进程中,大量农村剩余劳动力转移到城市,城市人口规模和人口结构发生很大变化,政府公共政策不仅要有效调节各社会群体的利益关系,而且要坚持体现公平正义的价值理念。然而,在现实中,我国超大城市在制定具体社会政策时,往往重视前者而忽视了后者,这样公共政策取向或许在一定时期内能够缓解公共资源紧张的压力,但是却动摇了社会和谐基础。因此,公平正义是协调、消除社会各方面矛盾的思想基础,只有维护公平正义,才能使社会不同利益群体各尽其能、各得其所,和谐相处。各级政府只有坚持公平正义,才能得到人民群众的衷心拥护,干群关系才会融洽。

综上所述,当前,超大城市要实现基本公共服务均等化,要在全社会弘扬公平正义价值理念,在观念上确立每一个社会成员享有平等权利的理念,消除身份特权观念,使每个社会成员在平等的规则下,致力于改变起点机会的不均等,这样才能够为实现基本公共服务均等化提供良好的社会基础。

2)培育包容和谐的社会心态

超大城市"新二元结构"和基本公共服务均等问题的本质是社会排斥,我国城乡二元结构导致了城乡之间长期的二元分割,"城里人"瞧不起"乡下人",偏见是导致户籍居民对非户籍居民的社会排斥的重要社会因素。当前,我国正在加快推进"新型城镇化建设","新型城镇化是以人的城镇化为核心的,也就是推动城市非户籍居民的市民化,社会包容是推进我国新型城镇化建设、消除"新二元结构"和基本公共服务不均等的重要社会条件。

培育包容的社会心态是消除社会偏见和社会排斥,促进社会融入的重要途

---

① 罗尔斯.正义论[M].北京:中国社会科学出版社,2003.

径。包容是兼收并蓄的价值取向与和谐共享的价值追求。包容既是人类的美好德行，又是人类文明的成果和成因。消除社会偏见和社会排斥，需要大力弘扬、践行包容的价值取向，养成理性平和、宽容大气、积极向上的社会心态，促进人与人和睦相处，促进社会和谐稳定。

推进基本公共服务均等化要秉持包容之道义。推动城市二元社会向一元社会转变，坚持所有人机会平等、成果共享。城市发展的包容性就是让不同人群、不同阶层的诉求得到充分尊重和对待，实现发展为了人民、发展依靠人民、发展成果由人民共享。在解决"新二元结构"和基本公共服务不均等问题时，要不断消除社会成员参与经济发展、分享发展成果方面的障碍，更加关注弱势群体，更注重让低收入人群受益，提升弱势群体的参与感与归属感，让每个社会成员公平享受公共服务，都能幸福、有尊严地生活。

然而，消除"新二元结构"和基本公共服务不均等问题是一项十分复杂艰巨的系统工程，诸多历史积累的制约因素短时间难以消除，超大城市基本公共服务均等化需要逐步实现，因此现阶段诸多不均等现象还依然存在，需要户籍居民和非户籍居民都要有包容的社会心态，树立解决问题的信心，自觉维护城市发展的和谐。

超大城市要积极培育包容的社会心态，超大城市各级城市政府坚持包容精神。当代社会是一个多元化社会，各级政府要善于倾听各种声音，了解不同诉求。既能以包容之心看待矛盾又能以包容之心解决冲突、调节利益关系。"我不同意你的看法，但我誓死捍卫你说话的权利"，实在是一种难能可贵的理性、胸怀和自信。尊重城市非户籍居民的不同利益诉求，建立科学有效的不同社会群体的诉求表达机制、利益协调机制、矛盾调处机制、权益保障机制，这不仅是对城市居民表达权的尊重，也是做出理性判断和正确决策的前提。

培育包容的社会心态，超大城市居民要践行包容精神。良好的社会心态对城市的健康发展至关重要。当前，在我国快速城市化的进程，大量农业转移人口进入城市，城市非户籍居民与户籍居民之间人际的隔阂，导致城市整体性疏离，城市的认同感、归属感与安全感降低。因此，要倡导理性平和、宽容豁达的理念，呵护积极、开放的心态，引导城市居民摒弃"非我族类、其心必异"的成见和偏见，理性对待社会结构变化和利益分化，在法治的框架下有序进行利益诉求和价值主张,正确处理户籍居民和非户籍居民之间的社会矛盾问题。倡导互相尊重、互相理解、互谅互让的社会伦理规范和行为准则,使社会成员认同差异、彼此尊重并且善于分享,实现不同群体之间的尊重、理解和包容。

包容是建立在社会理性基础上的。缺乏社会理性将必然产生不同社会群体间的隔阂和排斥。目前,超大城市存在的"新二元结构"和基本公共服务不均等社会现象,不同程度上反映了城乡歧视、地域歧视、贫困歧视等种种社会歧视现象,并在很大程度上造成了户籍居民和城市非户籍常住居民之间的隔阂。上述现象究其根本,反映了我们的社会还缺乏足够的社会理性,缺乏良好的社会包容心态。

培育包容的社会心态应当发掘和利用中华优秀传统文化。包容是中华文化的典型特征,中华民族形成的多元性与混合性塑造和定格了中华文化的包容性。中华文化之所以生生不息,一个十分重要的因素就是兼容并蓄,形成了同一性和多样性相结合的发展态势,并因此具备了强大的同化力和顽强的生命力。"厚德载物""和而不同""温良恭俭让"是中华民族传统美德,也是对"包容"一词的最好、最全面的阐释。弘扬传统文化的包容精神和美德,有助于消除社会排斥现象,促进非户籍居民的社会融入。

7.2　超大城市基本公共服务均等化的制度创新

7.2.1　建立基本公共服务均等化利益调整机制

马克思主义认为,利益是社会存在和发展的内在根据,人的一切行为皆根源于利益。"人们奋斗所争取的一切,都同他们的利益有关。"[①]"每一既定社会的经济关系首先表现为利益"[②],在我国城市化进程中,"新二元结构"和基本公共服务不均等问题的核心是,如何协调户籍居民与城市非户籍常住居民的利益关系,实现基本公共服务均等化,就是要使户籍居民和城市非户籍常住居民的利益关系得到均衡发展。

---

① 马克思恩格斯选集(第 1 卷)[M].北京:人民出版社,1995:82.
② 马克思恩格斯选集(第 3 卷)[M].北京:人民出版社,1995:335.

社会发展的基本宗旨是发展成果人人共享、普遍受益。推进基本公共服务均等化，是实现人人共享社会发展成果的必然选择。换句话说，基本公共服务均等化是过程，共享社会发展成果是结果，它们在本质上是一致的，都是要维护社会公平正义。然而，我国城乡基本公共服务供给类型和水平的历史性差异决定了城市推进基本公共服务均等化的关键是消除户籍居民和非户籍居民两个社会群体之间基本公共服务的不均等。

近年来，我国政府为实现让全体人民共享改革发展成果的目标，高度重视推进基本公共服务均等化，尤其是针对超大城市"新二元结构"问题，推动户籍居民和非户籍居民均等地享有基本公共服务，努力克服两个社会群体享有基本公共服务不均等现象。但是，现阶段超大城市解决"新二元结构"，实现基本公共服务均等化仍面临许多挑战，基本公共服务不均等现象依然存在。超大城市基本公共服务供给对象是城市常住居民，不断膨胀的城市非户籍常住人口、消除户籍人口与非户籍常住人口之间基本公共服务制度供给的历史差异所需巨大公共资源与城市公共资源供给能力相对不足的矛盾，制约着城市基本公共服务均等化进程，显然，上述矛盾是超大城市解决"新二元结构"，实现基本公共服务均等化主要瓶颈，因此，当前有效调整户籍居民和城市非户籍常住居民之间利益关系是缓解矛盾的重要举措。

7.2.2　基本公共服务均等化制度创新原则

基本公共服务均等化是一个由低到高、最后实现结果均等的进程。基本公共服务均等化是基于公平原则和社会平均水平，把城乡差距、贫富差距、地区差距等控制在合理的范围之内，由此确保全体公民公平地分享公共资源和发展成果，有效保障公民的基本权益。从这个意义上讲，基本公共服务均等化应包括三层含义。

第一，最低限度的一致性。基本公共服务性质以及它的基本权益性特征，蕴含了政府应当不分地域、不分城乡、不分社会群体，为全体公民提供最低限度的同等服务。因此，均等化是基本公共服务本质特性所决定的，政府应当制定统一的基本公共服务均等化标准，并通过制度安排保障其实现。

第二，均等化的条件性。基本公共服务均等化是有条件的、相对的，而不是绝对的均等化,更不是平均化。任何一个国家,不同地域之间、城乡之间、社会群体之间总是存在一定差异的,如经济发展水平差异、政策环境差异和社会风俗习惯差异等,这就必然造成地域之间、城乡之间、社会群体之间在基本公共服务需求上的差异。因此,基本公共服务供给的差异性在所难免。基于此种认识,各级政府可以根据自身的条件和能力来决定基本公共服务均等化的程度、范围和基准。然而,这并不是说,基本公共服务供给可以非均等化,恰恰相反,政府应当致力于基本公共服务均等化,只是在条件限制的情况下,才可以在确定基本公共服务均等化最低标准前提下,允许基本公共服务一定程度的非均等化。

第三,消除不均等渐进性。基本公共服务均等化的实现是一个历史过程,在经济社会条件尚不具备的前提下,基本公共服务供给允许存在一定程度的非均等化。但是,基本公共服务均等化是政府的责任,逐步缩小不同地域之间、城乡之间、社会群体之间基本公共服务供给的均等化,逐步实现较高程度的基本公共服务均等化是政府应尽义务。

7.2.3 基本公共服务均等化制度创新要求

公共性是基本公共服务的本质属性,这一属性决定了基本公共服务供给结构的公平性、供给过程的公开性以及供给取向的公正性。基本公共服务均等化制度创新,要体现公平性、公开性和公正性,使得城市全体常住人口拥有平等享受基本公共服务权利。

由此可见,基本公共服务均等化实际上是公平、有效地供给公共产品问题,其本质就是一个如何合理配置资源以满足社会公众的实际需求和实现社会福利最大化的问题。基本公共服务资源的有效分配,有助于实现公平和效率的统一。由于市场机制不能自动实现社会公平公正的内在特质,政府更有责任为改善社会公众的生活、发展、享受等方面状况而提供大致均等的基本公共服务。所以,不管是从社会发展的角度还是政府执政理念角度,加快推进基本公共服务均等化是各级政府义不容辞的责任和义务。

制度创新要体现基本公共服务均等化相对性特征。基本公共服务均等化是相对的,它是指基本公共服务在不同人群、不同阶层间的相对均衡供给。基本公共服务均等化并不是要完全消除社会群体之间的基本公共服务供给的差距，不是要实现基本公共服务的同等、无差异供给，而是根据不同群体的需求和偏好有针对性地供给。也就是说，由于社会公众需求偏好的差异性，基本公共服务的供给内容与结构也应当有所不同，基于需求的基本公共服务供给，将有助于提高基本公共服务的供给效率。

制度创新要实现基本公共服务均等化渐进特征。推进基本公共服务均等化必定是一个渐进的过程，它是从较低水平的均等化逐步发展到较高水平的均等化的过程。首先，基本公共服务均等化应与经济发展水平相适应，伴随着经济社会条件的改善而逐步推进。其次，基本公共服务均等化涉及社会政策调整和制度安排，其与社会改革和制度创新进程密切联系在一起。最后，不同社会群体对基本公共服务需求的差异性和异质化，以及社会群体需求偏好随着时间在不断发生变化，使得基本公共服务供给结构与需求结构难以有效匹配，必须通过逐步调整，才能实现基本公共服务均等化。

7.2.4 基本公共服务均等化的政府责任

基本公共服务均等化是各级政府的职责，政府应当依据经济社会发展条件，通过制度安排，明确基本公共服务均等化基准，保障每一个社会成员都能够均等地享受基本公共服务，为此政府在进行制度设计过程中，应该遵循以下原则要求。

第一，明确各级政府的责任，保证事权和财权相匹配。明确各级政府基本公共服务的供给责任，是保障公民享有基本公共服务，确保基本公共服务均等化的重要前提。目前，我国中央政府和地方政府、省级地方政府和基层政府的公共服务职责划分尚不十分明确，存在着事权和财权不相匹配的情况，承担基本公共服务供给的政府，缺乏必要的公共财力，掌握财权的政府又不承担基本公共服务供给责任。各级政府间基本公共服务供给的责任分工不明确、不规范，地方政府和基层政府承担过多的基本公共服务职能，而其财政能力较弱，尤其是当大规模人口转移，城市人口快速膨胀，城市公共资源不堪重负的情况下，中央政府通过转移支付方式，支持地方政府增加基本公共服务供给。原则上，中央政府应覆盖全国的公共服务资源的供给，着重加强区域基本公共服务均等化,重视再分配的职能。地方政府对于各自区域内的居民实际需求应当加以重点关注,负责区域内的公共服务的高效供给。中央政府需要加强对地方政府的监管和约束,建立对地方政府的公共服务的问责制。

第二,构建公共财政体系,确保基本公共服务均等化。公共财政是指国家(政府)集中一部分社会资源,用于为市场提供公共物品和服务,满足社会公共需要的分配活动或经济行为。它主要着眼于满足社会公共需要,弥补"市场失效"缺陷①。推动基本公共服务均等化,完善公共财政制度,加大财政支持基本公共服务的投入力度,形成可持续的财政支持制度。当前,缓解和解决"新二元结构"问题,单靠地方政府难以实现基本公共服务均等化,需要设计科学合理的转移支付制度,加强中央政府财政对地方政府的转移支付力度,进而可以缩小或弥合不同地区的公共服务资源的差距,使得各地区的公共服务水平能够得到提高。

第三,实现基本公共服务均等化,政府需要提供一系列的公共服务的配套制度。包括义务教育、社会保障与社会福利、公共医疗卫生、科技补贴、公共基础设施建设、公共收入与公共支出、公共服务参与和社会合作等。基本公共服务制度均等化的目标的有效完成需要财政投入保障制度、有效的政府分工合作制度、科学的转移支付制度、基本公共服务供给制度、合理的公共服务成本分担制度等这些正式制度的作用。但是制度均等化的实现也需要公平正义价值观的培育、国家发展观念的变革、政府行政理念的转变。同时制度环境的作用也是同等重要,这就需要公共利益表达机制、公共服务供给约束机制、公共服务多元供给机制②。

7.2.5　建立健全基本公共服务多元供给制度

超大城市各级政府是基本公共服务供给主体,其并不会排斥基本公共服务供给主体的多元化和提供方式的多样化。超大城市有着规模庞大的人口数量,复杂的人口结构,所需的公共服务资源总量巨大,且需求层次多样,如果仅靠政府来提供全部基本公共服务,显然难以在短期内增加基本公共服务资源的供给

---

① 马海涛,安秀梅.公共财政概论[M].北京:中国财政出版社,2003.
② 任宗哲,卜晓军.中国公共服务城乡均等化供给[M].北京:社会科学文献出版社,2013:104.

量,也难以通过完善基本公共服务供给结构,提高供给效率。因此,支持和鼓励各种社会力量参与基本公共服务的供给,推动基本公共服务资源供给的市场化和社会化,这将降低基本公共服务资源供给成本,显著改善基本公共服务供给效能,缓解城市基本公共服务资源供给不足问题。

7.3　超大城市基本公共服务均等化推进策略

7.3.1　基本公共服务均等化的路径选择

我国户籍人口和户籍非常住人口基本公共服务供给类型和水平的历史性差异,以及由此引发的新二元结构社会问题,决定了超大城市推进基本公共服务均等化的关键是,不断扩大的常住人口规模及基本公共服务需求与基本公共服务资源供给能力相对不足的矛盾。

城市基本公共服务供给对象是城市常住人口。不断扩大的非户籍常住人口、消除户籍居民与非户籍居民之间基本公共服务制度供给差异所需巨大资源,城市基本公共服务资源供给能力相对不足,这些因素制约着超大城市基本公共服务均等化进程。

基本公共服务均等化是我国改善民生的一项重要事业,从城市化进程以及未来经济社会发展格局来看,城市常住人口总量将继续增长,人口结构和区域分布仍将处于动态变化之中,必须通过调控人口发展、提高基本公共服务供给的有效性,增强政府财政支出能力的策略来推进基本公共服务均等化。

因此,推进超大城市基本公共服务均等化,应该从以下三个方面着手。

第一,加强人口综合调控。不论从自然资源和城市经济容量的"硬约束"去考量我国城市,尤其是超大城市的人口承载量的问题,还是从城市基本公共服务资源供给和服务能力这个"软约束"考量,城市能够容纳的常住人口数量总是有限的。所以说,城市人口规模的增长和城市公共资源承载力之间的矛盾不容忽视,基本公共服务需求的增长主要是城市人口不断扩张所导。因此,在不断改善和提高城市非户籍居民享有基本公共服务待遇水平的同时,合理控制城市人口规模,尤其是要控制我国超大城市人口规模,引导人口流向中小城镇,使人口区域空间分布更加合理化。

　　第二,提高基本公共服务供给与需求的匹配性。由于不同的社会群体对基本公共服务需求偏好存在差异性和异质化,坚持基本公共服务供给的需求导向,有助于提高基本公共服务供给效率。近年来,我国超大城市不断推进基本公共服务均等化,城市非户籍居民享受基本公共服务的待遇水平不断提高,但是由于户籍居民和非户籍居民对于基本公共服务的需求存在着差异,需求满足难度较大。例如,超大城市非户籍居民对于就业服务、医疗保险、住房保障、子女教育有着强烈的需求,而户籍居民则对养老保险、公共卫生服务、公共文化、安全交通服务有着更为强烈需求。不同社会群体需求层次和强度的差异,要求城市政府在基本公共服务资源供给和政府财政支出能力这个"软约束"的条件下,基本公共服务供给注重供需匹配性,提高供需匹配度。因此,政府推动基本公共服务均等化,与其罗列名目繁杂的服务项目,不如从城市非户籍居民的实际需求和政府公共资源供给的可能性出发,根据基本公共服务需求程度和轻重缓急,选择既具有较高的需求率又是政府力所能及的基本公共服务项目,为城市非户籍居民提供有效的服务,真正实现有效需求和有效供给的匹配,通过梯度推进基本公共服务均等化,使城市非户籍居民与户籍居民享受水平大致相当的基本公共服务待遇,享有同样的社会权利,不断提高城市非户籍居民获得感和幸福感。

　　第三,提高政府财政供给能力。政府财政供给能力的提升体现在两个方面,一是"开源",即加大政府公共财政用于基本公共服务支出的投入,大幅度提高政府基本公共服务供给的总量与质量。二是"节流",即减少政府行政管理支出,降低政府行政管理支出占政府总支出的百分比。基于上述思考,我国城市基本公共服务资源供给政策应按照"有条件的均等化"的原则进行制度安排,在城市社会总体承受能力相对不足的约束条件下,城市可按照"权利与义务对等"的原则,建立合适的筛选体系,设置城市非户籍居民享受各项公共服务的准入条件。

7.3.2　超大城市基本公共服务供需动态平衡策略

　　(1)基本公共服务供需动态平衡含义。基本公共服务供需动态平衡是指基本公共服务的供给总量和社会需求总量在不断增减的动态之中保持平衡。其基本内涵是：一定时期内基本供给服务的供给在总量上和社会需求总量保持平衡，即基本公共服务的支出与占有的动态平衡。具体来说，要做到：第一，供需总体平衡。就是基本公共服务供给总量与社会基本公共服务需求总量的平衡。第二，供需结构平衡。就是基本公共服务供给结构与需求结构大致匹配。基本公共服务供需动态平衡，是在基本公共服务结构平衡基础上的数量平衡。因此，基本供给服务动态平衡是在均等化约束条件下，以最大程度满足社会成员基本公共服务需求为最终目的，努力提高基本公共服务需求与供给匹配度，实现一定时间、空间内基本公共服务的合理均等化[①]。

（2）基本公共服务动态平衡的学理性分析。在福利经济学理论中，萨缪尔森一般均衡理论、林达尔均衡、庇古均衡等理论都尝试探讨资源配置对福利最大化的影响，通过私人物品与公共产品之间的博弈，找到公共服务供给的最佳规模。然而任何均衡的状态只是一种理想的状况，尤其在公共服务领域中，社会公众公共服务的需求与私人产品需求有一定的差异，公共服务需求曲线的描述、需求的表达、影响需求的因素难以衡量。因此，要想得到公共服务的需求偏好显然是一个非常困难的问题。布坎南为代表的公共选择学派认为公共服务的供给要以需求为依据，并将公共选择理论引入公共服务的需求表达过程中，此后的学者在此基础上建立了关于财政供给规模的函数，认为公共服务的供给取决于公共服务的需求，与需求量相一致。

一般来看，财政投入是最直接反映政府公共服务的投入水平，学者的研究大多集中在通过研究影响财政收入的因素来判断政府财政投入的合理性。一是从供给方来看，对政府供给能力的影响因素，如经济发展水平、政府财力水平以及政府对公共支出的偏好等；二是从需求方来看，如城市化率、人口结构、失业率等。此外，基于俱乐部产品理论的基础上，中位居民收入模型也从需求的角度探析了影响公共物品财政投入的因素：中位居民的收入弹性、税收份额、人口数量。可见供给与需求共同决定了公共服务的财政投入。有学者以均等化标准、实际公共需求和政府供给能力作为切入点，研究实现公共服务供需平衡的基本公共服务均等化一般分析框架。基本公共服务是政府为满足社会公众基本的公共需求而依据自身能力提供的产品和服务，因此基本公共服务供需行

①　侍臻.上海加快基本社会保障均等化的政策研究[D].上海：上海工程技术大学，2015.

为由公民实际公共需求和政府供给能力两个基本因素共同决定。实现基本公共服务均等化的基本思路是在合理设定均等化标准的基础上，客观测定基本公共服务的实际公共需求与政府服务能力，通过对比其差额来科学设计财政体制安排和转移支付方案[①]。

（3）基本公共服务动态平衡机制。在我国城市化进程中，城市人口总量过快增长和人口区域分布不均造成了基本公共服务供需总量矛盾和结构性矛盾。所以，推进基本公共服务均等化的最大瓶颈问题是，基本公共服务需求无限性和供给有限性之间的矛盾。资源需求的无限性和生产的有限性之间的矛盾，是人类社会基本矛盾之一，这对矛盾导致了资源的稀缺性。

城市基本公共服务均等化是一个过程，其实现路径是，基于政府基本公共服务供给覆盖全体常住人口的基本政策取向，通过人口政策、财政政策、市场机制和转变政府职能等综合改革方案，在有效控制常住人口规模和不断增加供给能力的前提下，实现常住人口规模与基本公共服务资源供给能力之间的动态平衡。

因此，推进基本公共服务均等化，需要考虑如何在城市基本公共服务资源承载能力与不断扩大的需求之间构建一种动态的平衡机制。影响基本公共服务动态平衡的因素既有需求方面的因素，也有供给方面的因素，需求因素和供给因素共同作用，决定了基本供给服务均等化实现绩效。

基于以上分析，本书以基本养老保险为例，提出缓解供需矛盾的方法是采取控制人口、提高政府补贴基本养老保险的财政投入和建立养老金待遇调整机制的策略，实现基本养老保险的动态平衡。

首先，通过人口调控和管理使常住人口维持在现有水平不增加。城市非户籍常住居民在稳定就业的情况下必须参加城镇职工基本养老保险，从短期看，非户籍外来从业者参保后能增加基本养老保险社会统筹部分的基金，进一步缩小当前城市养老保险基金的缺口。但从养老保险制度长期发展来看，缴费达到一定年限符合领取条件的非户籍居民退休后在城市享受的养老金水平比农村养老保险和居民养老保险待遇高出很多，届时城镇职工的养老保险的远期支出会很大，从而需要更多的政府财政补贴。所以，超大城市应该加大人口调控的

---

① 侍臻.上海加快基本社会保障均等化的政策研究[D].上海：上海工程技术大学，2015.

力度,确保养老保险基金的远期支出成本不至于超过未来政府财政补贴能力。

其次,采取财政补贴筹资责任分担机制。政府用于补贴养老保险的财政资金应有稳定来源,或应该规定一个最低总额。通过设立基本养老保险单独预算制,进一步明确财政资金在基本养老保障项目中的公共财政责任,然后根据一定时期内的养老金收支情况进行相应的补贴。

最后,建立持续、适度的养老金待遇调整机制。"持续"注重的是养老金调整的频率是固定而持续的(如每年调整或每两年调整)。"适度"侧重于养老金调整的幅度除了要与在职职工工资增长率的一定比例挂钩或与物价指数挂钩之外,必须兼顾经济社会发展水平和养老保险基金长远的承受能力,合理确定替代率水平①。

(4)保持基本养老保险动态平衡的策略。当政府财力强大的时候,可将公共财政支出多投入到养老保障事业中,人口调控的力度可适当放松,可以考虑适当提高老年人养老金待遇;当政府财力吃紧的时候,需加大人口调控的力度,适度放缓养老金待遇增幅。由此可见,通过以上策略调整可以缓解基本养老保险供需矛盾,有助于提高基本养老保险基金可持续发展能力。

如果我们将实现基本养老保险供需动态平衡的思路推广到整个基本公共服务领域,实现基本公共服务供需动态平衡的策略可概括为有效控制人口规模、持续提高政府财政供给能力和建立需求导向的有效供给体系。

第一,有效控制人口规模。人口因素是影响基本公共服务均等化和实现动态平衡的一个重要的决定因素。基本公共服务需求的增长主要是由于人口膨胀所导致的,控制人口的规模是保持动态平衡的重要举措。尽管引起需求变化的因素远不限于人口变化,但人口因素是安排基本公共服务供给、实现基本公共服务均等化的基本依据。人口绝对数的增加要求基本公共服务财政支出水平的增加。虽然说人口数的增长并不只会带来成本,同时还会带来直接收益。但是,控制人口是实现基本公共服务障动态平衡的重要手段②。

第二,持续提高政府财政供给能力。要实现基本供给服务的动态平衡,不断提升政府基本公共服务供给能力是关键。只有经济发展、政府财力增强才能

---

① 侍臻.上海加快基本社会保障均等化的政策研究[D].上海:上海工程技术大学,2015.
② 侍臻.上海加快基本社会保障均等化的政策研究[D].上海:上海工程技术大学,2015.

为基本公共服务均等化创造物质条件和财力基础。一方面,政府应该加大用于基本公共服务的财政投入,努力提升基本公共服务供给能力,使基本公共服务财政支出覆盖到更多的人群。另一方面,政府应该减少不必要的政府开支,将更多的资金投入到基本公共服务中去。短期内改变基本公共服务财政支出的结构,可以提高财政供给的有效性,政府在配置基本公共服务资源的时候应该考虑不同层次、不同年龄结构、不同需求人口对基本公共服务的需求,有针对性地供给,就能在不改变供给总量情况下提高公共资源配置效率,提高基本公共服务均等化水平①。

第三,建立需求导向的有效供给体系。超大城市由于常住人口规模庞大,结构复杂,需求多样,基本公共服务供给尤其要建立需求导向的供给体系,即根据不同的需求,尤其是城市非户籍居民的不同需求,有针对性地提供他们最为需要的基本公共服务。

在控制人口增加的前提下,基本公共服务需求膨胀受到遏制、政府财政供给能力逐步提高、需求导向的有效供给这三项措施将推动基本公共服务需求和基本公共服务供给的平衡,供给和需求在不断增减的动态之中保持平衡。

7.4　推进超大城市基本公共服务均等化决策建议

7.4.1　加快政策改革调整

本书认为超大城市基本公共服务不均等以及"新二元结构"问题是在城乡二元结构背景下,我国快速城市化进程中出现的特殊社会现象。解决超大城市基本公共服务不均等问题是一个历史过程,在这个过程中,政府要发挥主导作用,通过政策调整杠杆,建立体现公平正义的权利保障机制和利益诉求机制,逐步消除对城市非户籍居民的制度性排斥,同时通过加强社会引导,提高城市非户籍居民对城市的社会适应能力和对价值认同,培育户籍居民的社会包容精神,增强城市对多样性和多元文化的包容度,缓解"新二元结构"问题所引发的各种社会矛盾,切实推进基本公共服务均等化,推动城市非户籍居民的社会

---

① 黄灿华.基于供需动态平衡的上海基本养老服务均等化研究[D].上海:上海工程技术大学,2017.

融入。

依据上述政策调整思路,本书认为当前缓解"新二元结构",推进基本公共服务均等化要坚持三项原则,推进四项改革。

1)坚持三项原则

第一,坚持政策调整和社会引导统一。推动城市非户籍居民的城市社会融入,既要依靠政策调整,消除对他们的制度排斥,更要重视发挥社会引导作用,通过宣传、教育提高非户籍居民社会认同感,提高户籍居民对城市非户籍居民在上海城市发展中做出贡献的认识,培育他们的社会包容精神,逐步化解和消除两大社会群体间的隔阂。第二,坚持公共资源供给与需求的动态平衡。当前,我国无论从政府财力角度还是从社会稳定角度,完全取消户籍制度的时机都还不成熟,而且完全剥离附加在户籍之上的社会福利,当前对城市而言,尤其是超大城市确实也难以做到。如果在现有的财力下,完全实现户籍居民和城市非户籍居民经济社会权利均等,必然降低户籍居民已经获得的既得利益,在福利刚性原则驱使下,必然导致户籍市民的不满,引发社会矛盾。因此,要保持逐步提高非户籍居民福利水平和增强城市实际承载能力的有机统一,在不降低户籍市民福利条件前提下,逐步提高外来人口社会福利待遇,并保持和城市实际承载能力之间的动态平衡,逐步实现外来人口享有"同城待遇"。第三,坚持持续改善和重点突破的统一。当前,缓解"新二元结构"问题,政策调整选择,要从城市非户籍居民最需要解决的经济、社会权利问题入手,要通过"小幅度、持续化、结构性"政策调整,逐步提高他们的福利待遇水平。

2)推进四项改革

第一,加大户籍制度改革力度。逐步剥离附加在户籍制度上的各种社会福利,尤其是要剥离附加在户籍制度上的基本公共服务待遇,逐步改革和消除经济社会权利制度安排中的户籍"门槛",使户籍真正成为公民身份标识,回归其人口统计和管理功能。第二,改革基本公共服务供给方式。在我国经济社会发展尚不发达的城市公共服务资源有限的条件下,实现基本公共服务均等化不可能一步到位,一蹴而就。因此,要在各级政府不断加大对基本公共服务的投入的基础上,建立需求导向的基本公共服务供给体制,要依据非户籍居民和户籍居民对基本公共服务的不同需求,分层次、有重点地对不同人群提供基本公服务,在确保不同社会群体对社会公共资源获得权利的均等的前提下,逐步提高基本公共服务均等化水平。第三,改革城市社区公共服务体系。非户籍居民的社会融入和市民化,着力点在城市基层社区。基层社区是居民生产生活的主要场所,是社会运行的基本载体,要建立覆盖全体常住人口的社区居民公共服务体系,鼓励和支持非户籍居民参与社区建设,给予他们参与居住地自治组织的选举权和被选举权,增强他们的社区意识,主动融入城市社区。第四,完善社会引导和利益诉求机制。要通过建立社会引导机制,运用各种舆论宣传、文化传播手段,宣传非户籍居民在城市建设和发展中的作用和贡献,弘扬和培育城市包容精神,鼓励和支持户籍居民和非户籍居民之间交流与沟通,引导建立户籍居民和非户籍居民之间的社会网络体系,逐步消除户籍居民和非户籍居民之间隔阂。

要适应城市社会结构和利益格局的发展变化,建立科学有效的利益诉求表达机制。把非户籍居民的利益诉求纳入制度化、规范化、法治化的轨道,为非户籍居民提供顺畅的利益诉求的制度平台,切实维护非户籍居民经济和社会权益。

7.4.2　构建基本公共服务均等化体制

要实现基本公共服务均等化,必须要有相应的体制保障,主要完善以下四项制度。

第一,财政体制要向公共财政体制转变,财政支出结构要进行重大的调整,财政支出要退出长期处于"与民争利"状态的竞争性项目,加大对目前比较薄弱的基本公共服务领域的投入。必须强调,政府应该是服务型政府,而不是"经济创利型"政府。为此,财政支出活动应该进行"腾笼换鸟",即换掉与公共财政不相容的"旧鸟",换进基本公共服务支出的"新鸟"。按照上述基本公共服务均等化所论述的内容,当前尤其要确保新增财力投向就业再就业服务、基本社会保障、义务教育、公共卫生和基本医疗、公共文化、公益性基础设施、生态环境保护、公共安全等方面。这里还有个很重要的问题,就是加大财政转移支付的力度,通过中央的财政转移支付来弥合东西部之间在公共服务上的差距。与此同时,中央与地方的关系也要以基本公共服务均等化来调整。

第二，收入分配制度。要在收入分配体制方面进行改革，具体说有八个字，即"提低（保障并提高低收入者收入水平）""扩中（扩大中等收入比重）""控高（调控过高收入）""打非（打击并取缔非法收入）"。在此基础上，通过"缓解"—"遏止"—"缩小"这样一个渐进的过程，使收入差距扩大的趋势得到根本性"扭转"。这样做可以缓解社会成员在获取服务上的"流动性（货币）约束"，从而减轻政府实施基本公共服务均等化的压力。这样做可以缓解社会成员在获取服务上的"流动性（货币）约束"，从而减轻政府实施基本公共服务均等化的压力。从这个角度看，收入分配制度的改革与基本公共服务均等化是相辅相成的[①]。

第三，城乡协调发展制度。超大城市基本公共服务均等化最突出的问题是机会不均等，尤其是城乡分割的体制使广大农民和进城的农民工没有享受到应有的"国民待遇"。例如，在就业、教育、医疗、社保等基本公共服务方面，城乡之间存在巨大的落差。即使是已经进入城市的农民工依然存在身份问题，不仅工资太低，而且没有社会保障，加之僵化的户籍制度等，严重影响了劳动力在城乡之间的合理流动，这种对"人"的分割是一种深层的不均等。因此，一方面，继续推进城镇化进程，加快劳动力向城市转移的步伐，并解决农民工的身份问题；另一方面，政府应把基础设施和社会事业发展的重点转向农村，逐步加大对农村基本公共服务的投入。通过以上双向努力，最终建立覆盖城乡的公共服务体制。

第四，公共服务型政府制度。这是建立基本公共服务均等化的关键之所在。超大城市公共服务供给的缺乏与政府自身管理方面"缺位""越位"有关。政府职能要做重大调整或转变，把"经济管制型"政府转变为"公共服务型"政府，建立一套完整的基本公共服务均等化的考核体系，在此基础上强化中央对地方政府关于公共服务的行政问责制。推进政府机构改革，逐步解决管理层次过多的问题。推进与政府机构紧密相关的社会事业单位改革。对于与基本公共服务均等化密切相关的教育、卫生、文化等事业单位，应按照公共性、准公共性和营利性区别对待的方略分类改革。此外，从更深层次来说，还要推进政治体制、社会体制和文化体制改革，探索新的社会运转和社会服务的新机制，以形成包括经济市场化、政治民主化、社会和谐化和文化多元化在内的"四位一体"

---

① 常修泽.中国现阶段基本公共服务均等化研究［J］.中共天津市委党校学报,2007(02):66-71.

的新型体制格局。

7.4.3　提高公共服务资源承载力

在政策调整的决策中,需要考虑一个重要的原则,即要不断提高超大城市非户籍居民基本公共服务待遇水平和城市公共资源实际承载能力之间的动态平衡。为此,应当采取以下政策措施。

1)循序渐进地打破户籍壁垒

第一,逐步弱化"户籍"概念,降低"融入门槛"。依据权利义务对等原则,按照非户籍居民对城市建设发展贡献,设置"融入门槛"。要使每一个非户籍居民都能够共享城市发展成果,看到城市发展给他们带来的希望。随着时间推移这种"融入门槛"设置当然应进行结构调整或程度降低,当社会条件成熟时,最终消除所有"融入门槛"。因此,目前针对非户籍居民社会融入的政策设计应当考虑与户籍制度改革发展趋势的一致性。

第二,降低居住证申请条件,扩大发放范围。目前,我国大部分城市都建立了居住证制度,但是各个城市居住证申领"门槛"还比较高,许多城市将申领居住证作为引进人才的手段,这显然使大多数非户籍居民"望尘莫及"。因此,要使多年来在城市有稳定工作的非户籍居民都能够获得居住证,要逐步提高居住证人口转户籍人口的比例,增强非户籍居民在城市发展的信心,以及身份认同和社会认同。

第三,逐步剥离附加在户籍之上的社会福利。在现有条件下,短期内完全剥离附加在户籍之上的社会福利显然是不现实的,但是,依据非户籍居民切实需求,逐步地、有重点地剥离与户籍挂钩的各种社会福利和基本公共服务,同时建立社会福利和基本公共服务供给与城市常住居民社会贡献挂钩激励机制。通过制定相关政策,引导非户籍居民通过社会贡献(如创业、创新、税收、社会服务等)获得高水平的社会福利和基本公共服务。

第四,有效控制城市人口规模。保持提高非户籍居民基本公共服务待遇水平和城市公共资源实际承载能力之间的动态平衡,虽然需要综合施策,但是城市人口无序膨胀,尤其是我国超大城市,如果不有效地控制人口规模,"新二元结构"问题将难以有效解决。超大型城市人口规模,要建立在切实维护非户籍居民公民权利的前提下，采取合理、有效的方法，切忌简单的行政手段。

2）加快基本公共服务均等化进程

第一，持续增加基本公共服务投入。基本公共服务均等化的主要瓶颈是，人口的增长超过了城市公共资源的承载力，增加基本供给服务供给总量是缓解供需矛盾的重要途径。因此，增强城市政府基本公共服务资源投入主体责任，不断深化改革和完善城市公共财政体系，建立基本公共服务投入与公共财政增幅挂钩的制度，不断增强基本公共服务投入力度。

第二，积极建立公共资源多元投入机制。要在加大财政投入的基础上，建立基本公共服务社会多元投入的激励机制，鼓励各类市场组织和社会组织，以及全体市民参与基本公共服务供给，最大限度地集聚社会资源，提高社会公共服务效率，缓解基本公共服务的供需矛盾，提高基本公共服务均等化水平。

第三，推进重点领域公共服务均等化。当前，在资源约束尚未缓解的前提下，可以选择非户籍居民需求最大，又具有实现可能性，对现有社会利益格局触动比较小的公共服务领域，率先实现基本供给服务均等化。例如，城市非户籍居民需求最大的两个方面——子女教育和医疗保险，可以从这两个领域作为改革的突破口，使这两个领域的基本公共服务供给实现完全均等化。当前，城市非户籍居民子女已经享有了在城市接受义务教育的权利，但是，在义务教育政策实施过程中，依然存在着对非户籍居民子女的种种歧视，城市政府可以通过制度执行监督和引导社会，促进非户籍居民子女与户籍居民子女的融合，在推进义务教育资源配置均衡化的基础上，使户籍居民子女与非户籍居民子女享有同等的义务教育服务。同时，切实解决非户籍居民子女义务教育结束后接受中等教育和高等教育的问题，现阶段，首先应当放开对非户籍居民子女进入中等专业学校和高等职业技术教育限制，随着条件改善，逐步取消全部的教育权利限制，使非户籍居民子女能够获得完整的系统教育，防止城市群体分割代际传承。应加快推进医疗保险服务均等化。医疗服务是非户籍居民在城市生活中最为迫切、最希望获得的基本公共服务，非户籍外来务工人员中青年居多，养老保险对他们而言还不是最为迫切的需求项目，而许多非户籍居民家庭往往没有医疗保险，一场病就使全家生活处于艰难境地。虽然许多超大城市已经建立针对非户籍居民的医疗保险制度，但是他们享受的医疗保险待遇水平要比城镇职工的待遇水平低得多。所以,要结合城镇社会保险制度改革,建立基础平台之上的多层次保险体系,使户籍居民和城市非户籍居民在一个制度框架下,通过逐步递增方式,提高非户籍居民医疗保险待遇水平。同时要将城市大批灵活就业的非户籍居民纳入医疗保险体系,使他们获得基本医疗保险服务。

第四,建立覆盖非户籍居民的社会救助制度。建立非户籍居民专项困难救助体系。超大城市非户籍居民远比户籍居民的抗风险能力要弱得多,尤其是非户籍居民由于先天不足的因素,他们在脱离了农村土地和传统血缘关系后,缺乏抗社会风险能力。因此,要将非户籍居民困难救助纳入城市救助体系,要形成政府、企事业单位、社区、社会组织、市民,包括非户籍居民,激励社会成员共同参与的社会济贫助困①,确保非户籍居民社会救助"广覆盖、不遗漏"。根据非户籍居民不同的致贫原因和支出需求,分类救助,特别是对非户籍居民因大病重病、突发事件等原因造成实际生活水平处于绝对贫困状态的困难群体,城市政府要给予及时的帮困救助。

第五,将非户籍居民纳入公共租赁房制度。住房是非户籍居民关注度较高的基本公共服务项目。要在不断扩大公共租赁房的供给前提下,将非户籍居民纳入公共租赁房供给覆盖人群,住房困难的户籍居民和非户籍居民应当同等享有公共租赁房权利。由于非户籍外来从业人员多数居住在城乡接合部、工业园区、经济开发区,政府可以在非户籍居民相对集中区域建设公共租赁房,为非户籍居民提供切实的关怀,让他们感受到自己的权利得到真正维护。

3)建立非户籍居民的利益表达机制

提高非户籍居民组织参与和组织化程度。外来务工人员也是城市建设主体之一,应该让他们表达追求幸福生活、维护合法权益的意愿,拓展参与城市建设的多种渠道,增强整个社会发展的内在动力。要积极有效地将非户籍居民纳入其居住的社区和所在地区的工会组织中,提高他们在城市的组织参与和组织化程度。这既能提供外来务工人员与城市主流社会交流互动的机会,加速城市社会的整合以及外来务工人员城市意识的发育,又能把许多外来务工人员从原始的地缘组织与血缘组织转移到正式的社会组织中来,使他们得到合法主张、

---

① 刘英瑜.特大型城市社会救助均等化研究——基于新二元结构的视角[D].上海:上海工程技术大学,2013.

保护自己利益的渠道。

引导非户籍居民理性表达诉求。将外来务工人员纳入到市民民意表达渠道之中，要进一步构筑社会稳定网络，畅通民意表达、利益诉求渠道。通过制度性安排，广泛听外来从业人员的民意、把握社情、了解需求。发挥工青妇等群团组织作用，强化各级工会代表职工利益、依法维护外来务工人员的合法权益，引导他们依法理性表达诉求。

4）建立非户籍居民社会支持网络

第一，帮助非户籍居民建构社会支持网络。在帮助非户籍居民顺利融入城市的诸因素中，正式制度，即国家在政治、经济、社会和文化等领域开展的理性化制度建设，包括制度体制、法律法规、政策等固然发挥着重要的作用，而非正式制度，主要指非户籍居民的社会支持网络同样具有不可替代的重要作用。所以在促进非户籍居民融入城市的过程中，除了要不断健全完善正式制度建设之外，还要特别重视建构相应的社会支持网络。

第二，将非户籍居民纳入城市管理服务体系。鼓励外来务工人员参加公共活动，开展人际互动，推动外来务工人员的社会关系网络由内聚式团体网络向开放式团体网络的转变，帮助外来务工人员建构起更广泛的社会支持网络，进而实现在城市中更好地生存和发展，增强对城市生活的适应能力，最终融入城市生活。

第三，加大城市非户籍居民社会融入宣传力度。非户籍居民社会融入需要有良好的社会氛围，要通过各种舆论媒体宣传非户籍居民城市融入的典型事例，城市社会融入宣传要做到具体化、形象化，长期坚持、持之以恒，形成广泛的舆论氛围，大力宣传非户籍居民对城市发展所作出的贡献，教育全体市民树立强烈的同城意识和社会责任感。

动员户籍居民帮助非户籍居民的社会融入。要采取切实有效措施，广泛开展多种形式的为非户籍居民提供更多的公共服务活动，通过户籍居民与非户籍居民互动，大力推进城市社会建设，使外来非户籍居民获得城市市民的身份意识和责任意识，让非户籍居民自觉养成遵守城市秩序，维护城市运行的良好习惯。

5）推动非户籍居民社区融入

第一，鼓励非户籍居民与户籍居民社区交往。社区是市民群众生产生活的重要场所,是社会运行的基本载体,要鼓励外来务工人员积极参加社区举办的各种活动,增加与市民之间的互动。在非户籍居民集中的区域,积极搭建沟通和交流的平台,使非户籍居民及其子女有机会参加更多的社交活动,拓宽人际交往的范围,深入开展非户籍居民聚居区域的社区文化建设,使他们摆脱被隔离的状态。外来务工人员通过参与城市社区活动,增加与市民的交流、沟通,可以加深对城市的生活方式、文化心理、价值观念、行为习惯等的了解,更好地完成市民化转变。

第二,将非户籍居民纳入社区管理。要帮助外来务工人员通过与上海市民建立联系和网络获得新的信息,发现新的资源,找到新的机会,积累更多的社会资本,获取更多的向上流动机会。鼓励吸纳非户籍居民参与所在社区管理。在城乡接合部、外来务工人员集聚地区,政府不仅要关心这些"市民"的生存环境,更要发挥他们的参与社会管理的主体作用[①]。

第三,给予非户籍居民集聚区更多政策支持。社会政策应该体现分类指导原则,要给予非户籍居民集聚区更大的政策和财政支持。城乡接合部和中心城区由于区域产业结构不同,发展功能定位不同,人口结构和社会需求与中心城区有很大差异,非户籍居民更多地集聚在城乡接合部。中心城区功能改变、交通的便捷和房价飙升,大量市民人口迁入郊区,尤其是大型安置社区建设,郊区社会呈现"双重二元结构",致使公共资源严重短缺,使城乡接合部政府面临困难。因此,社会政策制定和实施应有不同选择方案,城市政府在制定社会政策时应该对城乡接合部和特殊重点区域体现分类指导原则,给予更大的政策和财政支持。

6)加强非户籍居民的职业技能培训

第一,加强对进城农民工的引导和教育。增强农民工在城市的生存发展能力,加快他们融入城市社会的进程。要有计划地组织以基本生活常识、城市规章制度、法律常识等为主要内容的引导和教育,有效提高农民工的城市适应性和现代人意识。

第二,引导和鼓励农民工自主参加各种教育和培训。鼓励用人单位、各类教育培训机构和社会力量开展农民工思想道德教育、文化素质教育和职业技能

---

① 　张健明.上海"新二元结构"问题的成因和缓解思路[J].科学发展,2011(11):17-24.

培训。通过提高农民工素质，提升其社会经济地位，增强对城市社会的适应能力。

第三，投入职业技能教育资源，为农民工进行技能培训。市区两级政府要给予一定的财政补贴，使农民工能够免费获得培训。要进一步完善职业资格证书制度，要在广泛培训的基础上，为农民工发放技能证书，使获得技能证书的农民工得到更高的收入。

第四，加强对新一代非户籍居民的教育引导。新一代非户籍居民是城市发展不可或缺的重要力量，从长远看他们融入城市是必然趋势。为新一代非户籍居民提供各类娱乐场所和文娱设施，为他们搭建社会沟通和交流的平台，使他们有机会参加更多的社交活动，拓宽人际交往的范围，尤其是要深入开展新一代非户籍居民聚居区域的社区文化建设，使他们切实感受到政府和市民的关爱，避免他们形成被社会抛弃和排斥的意识。加强对新一代非户籍居民就业培训和服务，提升他们的市场就业能力，同时加大对他们的就业扶助和职业培训的补贴力度，为新一代非户籍居民提供职业技能教育、就业促进等帮助。

参考文献

著作

［1］习近平.决胜全面建成小康社会　夺取新时代中国特色社会主义伟大胜利［M］.北京：人民出版社，2017.

［2］胡锦涛.高举中国特色社会主义伟大旗帜　为夺取全面建设小康社会新胜利而奋斗［M］.北京：党建出版社，学习出版社，2007.

［3］刘学之.基本公共服务均等化问题研究［M］.北京：华夏出版社，2008.

［4］罗伯特·B.登哈特、珍妮·V.登哈特.新公共服务理论［M］.丁煌，译.北京：中国人民大学出版社，2016.

［5］莱昂·狄骥.公法的变迁［M］.邓戈，译.沈阳：辽海出版社，春风文艺出版社，1999.

［6］孟庆洁.上海市外来流动人口的生活方式研究［M］.上海：上海社会科学院出版社，2009.

［7］张志刚.公共管理学［M］.大连：大连理工大学出版社，2008.

［8］陈庆云.公共政策分析［M］.北京：中国经济出版社，2000.

［9］约翰·罗尔斯.正义论［M］.何怀宏，何包钢，廖申白，译.北京：中国社会科学出版社，2001.

［10］周建明，胡鞍钢，王绍光.和谐社会构建［M］.北京：清华大学出版社，2007.

［11］孙立平.断裂——20 世纪 90 年代以来的中国社会［M］.北京：社会科学文献出版社，2003：108-110.

［12］罗尔斯.正义论［M］.北京：中国社会科学出版社，2003.

［13］孟庆洁.上海市外来流动人口的生活方式研究［M］.上海：上海社会科学院

出版社,2009.

[14] 潘家华,魏后凯.城市蓝皮书中国城市发展报 NO.6 农业转移人口的市民化[M].北京:社会科学文献出版社,2013.

[15] 北京社会治理发展报告(2013—2014)[M].北京:社会科学文献出版社,2014.

[16] 张健明.我国城市化进程中新二元结构问题研究[M].上海:上海交通大学出版社,2015.

[17] 王弟海.宏观经济学数理模型基础[M].上海:格致出版社,2011.

[18] 王加林,高志立.基本公共服务均等化与财政制度创新.[M].北京:中国财政经济出版社,2010.

[19] 赵怡虹.我国基本公共服务地区均等化研究[M].北京:经济科学出版社,2016.

[20] 石国亮,张超,徐子梁.国外公共服务理论与实践[M].北京:中国言实出版社,2011.

[21] 郑慧.加拿大公共服务改革研究[M].北京:社会科学文献出版社,2011.

[22] 樊丽明,石绍宾,等.城乡基本公共服务均等化研究[M].北京:经济科学出版社,2010.

[23] 罗尔斯.正义论[M].北京:中国社会科学出版社,2003.

[24] 马克思,恩格斯.马克思恩格斯选集(第 1 卷)[M].北京:人民出版社,1995.

[25] 马克思,恩格斯.马克思恩格斯选集(第 3 卷)[M].北京:人民出版社,1995.

[26] 马海涛,安秀梅.公共财政概论[M].北京:中国财政出版社,2003.

[27] 任宗哲,卜晓军.中国公共服务城乡均等化供给[M].北京:社会科学文献出版社,2013.

期刊

[28] 孙玉妮.基本公共服务均等化问题研究综述[J].辽宁行政学院学报,2010,12(12):16-18.

[29] 胡祖才.关于促进基本公共服务均等化的若干思考[J].宏观经济管理,

2010(08):16-19.

[30] 梁朋.推进基本公共服务均等化是实现共享发展的现实路径[J].晋阳学刊,2016(06):134-139.

[31] 刘尚希.基本公共服务均等化与政府财政责任[J].中国党政干部论坛,2008(11):28-31.

[32] 宋迎法.论构建全民均等享有的基本公共服务体系[J].中共南京市委党校南京市行政学院学报,2007(02):57-61.

[33] 包兴荣.城乡社会性公共服务统筹刍议[J].重庆社会科学,2006(08):87-91.

[34] 赵春蕾.我国基本公共服务均等化路径研究[J].经济纵横,2015(12):18-21.

[35] 贾康.公共服务的均等化应积极推进,但不能急于求成[J].审计与理财,2007(08):5-6.

[36] 张强.基本公共服务均等化:制度保障与绩效评价[J].西北师大学报(社会科学版),2009,46(02):70-74.

[37] 常修泽.公共服务均等化亟须体制支撑[J].刊授党校(学习特刊),2007(04):18-19.

[38] 侯惠勤,辛向阳,金民卿.西方"民主人权输出"的背后[J].红旗文稿,2012(10):8-11,1.

[39] 李伟.我国城乡居民收入差距问题研究综述[J].经济研究参考,2013(24):40-50.

[40] 王伟同.城市化进程与城乡基本公共服务均等化[J].财贸经济,2009(02):40-45.

[41] 李拓,李斌,余曼.财政分权、户籍管制与基本公共服务供给——基于公共服务分类视角的动态空间计量检验[J].统计研究,2016,33(08):80-88.

[42] 彭健.基本公共服务均等化视角下的财政体制优化[J].财经问题研究,2010(02):80-84.

[43] 田发,周琛影.基本公共服务均等化:一个财政体制变迁的分析框架[J].社会科学,2010(02):30-36,187-188.

[44] 贺小林,马西恒.基本公共服务均等化的财政保障机制与模式探索——经济新常态下浦东改革的实证分析[J].上海行政学院学报,2016,17(05):27-35.

[45] 朱润喜,王群群.地方政府非正式财权、转移支付与公共服务均等化——基于中国省际面板门槛效应分析[J].经济问题,2017(11):28-34.

[46] 安体富,任强.中国公共服务均等化水平指标体系的构建——基于地区差别视角的量化分析[J].财贸经济,2008(6):79-82.

[47] 金人庆.完善公共财政制度逐步实现基本公共服务均等化[J].农村财政与财务,2006(12):4-6.

[48] 赵卿.财政支出均等化促进基本公共服务产出均等化的实证分析[J].时代金融,2017(08):32-33.

[49] 陈昌盛,蔡跃洲.我国公共卫生状况：总体水平低、改善速度慢、地区差异大[J].中国卫生,2007(06):32-34.

[50] 汤学兵.论中国区际基本公共服务均等化的路径选择和保障机制[J].财贸经济,2009(07):68-73.

[51] 王阳亮.公共服务供给的瓶颈与绩效特征[J].改革,2017(05):74-81.

[52] 宋晓梧.以基本公共服务均等化为主要指标衡量区域协调发展水平[J].宏观经济管理,2010(07):25.

[53] 吴业苗."人的城镇化"困境与公共服务供给侧改革[J].社会科学,2017(01):72-81.

[54] 高铁军.比较视野下公共服务的概念与理论简析[J].人民论坛·学术前沿,2015(10):86-95.

[55] 郑晓曦,余梦秋.基本公共服务均等化内涵综述[J].经贸实践,2017(05):290.

[56] 马庆钰.关于"公共服务"的解读[J].中国行政管理,2005(02):78-82.

[57] 陈昌盛.基本公共服务均等化：中国行动路线图[J].财会研究,2008(02):15-16.

[58] 董克用.基本公共服务均等化的思考[J].机构与行政,2016(07):8-13.

[59] 解建立,王荣丽,任广浩.政府转移支付制度的区域均衡化效应分析[J].商

业时代,2007(34):53-54.

[60] 温艳.我国财政转移支付制度运行的检视与完善——从公共服务均衡化的角度[J].华中师范大学研究生学报,2007(02):24-27.

[61] 刘磊,许志行.基本公共服务"均等化"概念辨析[J].上海行政学院学报,2016,17(04):55-62.

[62] 顾海英,史清华,程英,单文豪.现阶段"新二元结构"问题缓解的制度与政策——基于上海外来农民工的调研[J].管理世界,2011(11):55-65.

[63] 陈平远.基于"共享"发展理念下的政府公共服务探析[J].劳动保障世界,2017(17):43+45.

[64] 徐越倩,彭艳.户籍人口城镇化与基本公共服务耦合协调度研究——以浙江省 11 个地市为例[J].浙江社会科学,2017(7):74-83.

[65] 曹现强,姜楠.基本公共服务与城市化耦合协调度分析——以山东省为例[J].城市发展研究,2018,25(12):147-153.

[66] 周章明,潘巧丽.分析基本公共服务均等化相关概念及意义[J].智库时代,2018(51):153+155.

[67] 俞可平.和谐社会面面观[J].马克思主义与现实,2005(01):4-5.

[68] 李曼音,王宁.城乡基本公共服务均等化的现实困境与纾解[J].人民论坛,2018(07):68-69.

[69] 颜雅英.福建省城乡基本公共服务均等化的财政政策供给研究[J].科技和产业,2017,17(03):25-31.

[70] 孙彩红.基本公共服务结构性分析与供给侧改革路径[J].云南社会科学,2019(01):43-48+69.

[71] 刘社建.上海新二元结构问题的演变、成因与对策[J].毛泽东邓小平理论研究,2010(11):41-44+68+86.

[72] 李晓飞.城市"新二元结构"与户籍制度改革的双重路径转向[J].华中科技大学学报(社会科学版),2017,31(02):77-87.

[73] 张瑞静.新型城镇化过程中农民市民化研究[J].合作经济与科技,2017(20):8-10.

[74] 范逢春.建国以来基本公共服务均等化政策的回顾与反思:基于文本分析

的视角[J].上海行政学院学报,2016,17(01):46-57.

[75] 刘志昌.基本公共服务均等化的变迁及其逻辑:一个解释框架[J].社会主义研究,2014(03):119-124.

[76] 王阳.我国人口结构变化对经济社会发展的影响研究综述[J].西北人口,2012,33(05):1-6.

[77] 王桂新,张得志.上海外来人口生存状态与社会融合研究[J].市场与人口分析,2006(05):1-12.

[78] 孙立平.利益关系形成与社会结构变迁[J].社会,2008(03):7-14.

[79] 张世青.刘雪,农民工的权利诉求及社会政策回应[J].学习与实践,2011(12):105-112.

[80] 李敏.李佳.航杨云.汉新生代农民工家庭收入与消费结构研究[J].农银学刊,2015(3):21-24.

[81] 代利凤.社会排斥理论综述[J].当代经济人,2006(4):229-231.

[82] 张庆.农民工就业问题调查研究[J].经济纵横,2013(06):93-96.

[83] 成小平,高磊.中国基本公共服务均等化程度评价——基于2011年省际截面数据的因子分析[J].内蒙古师范大学学报(自然科学汉文版),2014,43(01):96-100.

[84] 程岚,文雨辰.不同城镇化视角下基本公共服务均等化的测度和影响因素研究[J].经济与管理评论,2018,34(06):106-115.

[85] 刘丹鹭.长三角地区基本公共服务均等化的评估[J].南通大学学报(社会科学版),2018,34(06):35-42.

[86] 方蕾,粟芳.中国保险业系统性风险的存在性研究——基于动态均衡模型的视角[J].保险研究,2018(11):17-28.

[87] 王娟涓,徐辉.国外城乡义务教育均衡发展的经验及启示[J].外国中小学教育,2011(01):7-12.

[88] 刘琴,张继良.国外对外来人员基本公共服务保障政策及启示[J].调研世界,2015(05):60-65.

[89] 刘芳,国外农民工社会保障经验及其借鉴[J].乡镇经济,2007(6):49-53.

[90] 江赛蓉.英国教育福利制度的变迁及其启示[J].外国教育研究,2012(7):

79-86.

[91] 朱文杰.美国社区医疗和公共卫生服务带来的启示[J].首都医药,2011 (12):36-38.

[92] 孟繁丽.国外"农民工"社会保障制度对我国的启示[J].社会学研究,2011 (4):5758.

[93] 刘彩,王健.国外农民工医疗保障经验及其启示[J.中国卫生事业管理, 2009(8):531-533.

[94] 苏春红.德国社会保障制度述评[J].山东社会科学杂志,2005(8):151-153.

[95] 刘央央.农民工社会保障制度国际比较[J].合作经济与科技,2009(6): 118-120.

[96] 郑秉文,史寒冰.东亚国家或地区养老社会保障模式比较[J].世界经济与 政治,2001(8):32-37.

[97] 姜向群.韩国养老保险制度的发展、特点、问题及与中国的比较分析[J].东 北亚论坛,2003(5):46-50.

[98] 马桑.国外公共服务均等化研究的经济学路径[J].天津社会科学,2012 (01):86-90.

[99] 崔惠玉,孙靖.公共服务均等化:国际经验与借鉴[J].理论参考,2011(01): 59-62.

[100] 谢莹.公共服务均等化的国际经验及借鉴[J].商业经济,2012(23):8-10.

[101] 邱伟杰,李祥龙.政府间转移支付制度的国际比较及启示[J].宜春学院学 报,2014,36(10):40-45.

[102] 张翔."农民工市民化"的关键在于素质教育[J].农村经济与科技,2012, 23(08):26-28.

[103] 齐守印.论公共财政及其经济职能[J].经济论坛,1999(22):4-6.

会议文章

[104] 王绍光.从经济政策到社会政策的历史性转变[A].北京论坛(Beijing Forum).北京论坛(2006)文明的和谐与共同繁荣——对人类文明方式的 思考:"和谐社会与治理机制"政府管理分论坛论文或摘要集(上)[C].北 京论坛(Beijing Forum):北京大学北京论坛办公室,2006:18.

网络文献

[105] 中华人民共和国农业部.中共中央关于制定国民经济和社会发展第十一个五年规划的建议[EB/OL].http://jiuban.moa.gov.cn/zwllm/zcfg/flfg/200601/t20060124_542853.html.

[106] 中共中央关于全面深化改革若干重大问题的决定[EB/OL].http://cpc.people.com.cn/n/2013/1116/c64094-23561785.html.

[107] 中国人民共和国国家发展和改革委员会.国家新型城镇化规划（2014—2020 年）[EB/OL].http://www.ndrc.gov.cn/fzgggz/fzgh/ghwb/gjjh/201404/t20140411_606659.html.

[108] 中华人民共和国中央人民政府.国务院印发关于调整城市规模划分标准的通知国发〔2014〕51 号[EB/OL].http://www.gov.cn/xinwen/2014-11/20/content_2781156.html.

[109] 中华人民共和国政府网.中共中央办公厅、国务院办公厅印发了《关于建立健全基本公共服务标准体系的指导意见》[EB/OL].www.gov.cn/xinwen/2018-12/12/content_5348159.html.

[110] 中华人民共和国中央人民政府."十三五"推进基本公共服务均等化规划[EB/OL].http://www.gov.cn/zhengce/content/2017-03/01/content_5172013.html.

[111] 北京市卫生健康委员会:北京市国家基本公共卫生服务项目开展情况介绍[EB/OL].http://www.bjchfp.gov.cn/xwzx/wnxw/201707/t20170717_222251.htm.

[112] 中华人民共和国 2017 年国民经济和社会发展统计公报[EB/OL].http://www.stats.gov.cn/tjsj/tjgb/ndtjgb/.

[113] 国家发展改革委经济体制综合改革司考察团.完善公共服务体制提高社会管理水平—瑞典挪威冰岛社会管理和公共服务体制考察报告[EB/OL].国家发改委,http://www.sdpc.gov.cn/zjgx/.

[114] 苗树彬,陈文.北欧模式:政府职能转变和制度安排[EB/OL].中国改革信息库.

[115] 中华人民共和国中央人民政府.国务院办公厅关于积极稳妥推进户籍管

理制度改革的通知[EB/OL].http://www.gov.cn/zhengce/content/2012-02/23/content_1097.htm.

[116] 人民网.中共中央关于全面深化改革若干重大问题的决定[EB/OL].http://cpc.people.com.cn/n/2013/1116/c64094-23561785.html.

学位论文

[117] 严明明.论公共服务公平性[D].长春:吉林大学,2012.

[118] 吴琦.农民工市民化动态可计算一般均衡模型及其应用[D].长沙:湖南大学,2017.

外文文献

[119] Björn A. Gustafsson, Li Shi, Terry Sicular (edt). Inequality and Public Policy in China [M]. London: Cambridge University Press, 2008.

[120] Tony Saich. Governance and Politics of China [M]. London: Palgrave Macmillan, 2001.

[121] Grusky D B. Social Stratification: Class, Race, and Gender in Sociological Perspective[M]. Boulder: Westview Press, 2016.

[122] Samuelson, Paul A. The Pure Theory of Public Expenditure [J]. The Review of Economics and Statistics, 1954, 36(4): 387-389.

[123] Buchanan, J.M. Federalism and Fiscal Equity Change [J]. American Economic Review, 1950, 40(4): 583-599.

[124] Rhys A, Tom E. Does Cross-Sectoral Partnership Deliver? An Empirical Exploration of Public Service Effectiveness, Efficiency, and Equity[J].Journal of Public Administration Research and Theory, 2010 (3): 679-701.

[125] Roemer J E. A Pragmatic Theory of Responsibility for the Egalitarian Planner [J]. Philosophy &Public Affairs, 1993, 22(2): 146-166.

[126] Buchanan, J.M. An Economic Theory of Clubs [J]. Economica, New Series, 1965, 32(125): 1-14.

[127] Kima J, Kimb S. Calculating and Using Second-order Accurate Solutions of Discrete time Dynamic Equilibrium Models [J]. Journal of

Economic Dynamics & Control，2008，32(11)：3397-3414.

[128] Derose，K.，Escarce，J. & Lurie，N. Immigrants and Healthcare：Sources of Vulnerability [J]. Health Affairs，2007，26(5)：1258-1268.

[129] Keskimäki I，Nykänen E，Kuusio H. Health Care Services for Undocumented Migrants in Finland[J]. European Journal of Public Health，2014，24(2)：119.

[130] Dubard C A，Massing M W. Trends in Emergency Medicaid Expenditures for Recent and Undocumented Immigrants[J]. Jama the Journal of the American Medical Association，2007，297(10)：1085-92.

[131] Howell E M，Kenney G M. The Impact of the Medicaid/CHIP Expansions on Children A Synthesis of the Evidence[J]. Medical Care Research & Review，2012，69(4)：372-396.

[132] Ebert K，Ovink S M. Anti-Immigrant Ordinances and Discrimination in New and Established Destinations：[J]. American Behavioral Scientist，2014，58(13)：1784-1804.

[133] Portes A，Rumbaut R G. Immigrant America. A Portrait[M]. Berkeley：University of California Press，1990.

[134] Pascale，Joassart-Marcelli. Ethnic Concentration and Nonprofit Organizations：The Political and Urban Geography of Immigrant Services in Boston，Massachusetts[J]. International Migration Review，2013，47(3)：730-772.

[135] Menjívar C. No More Kin：Exploring Race，Class，and Gender in Family Networks by Anne R. Roschelle[J]. American Journal of Sociology，1997，103(3)：1756-1758.

[136] Chand D E，Schreckhise W D. Secure Communities and Community Values：Local Context and Discretionary Immigration Law Enforcement[J]. Journal of Ethnic & Migration Studies，2015，41(10)：1621-1643.

[137] Diaz-Strong D X，Ybarra M A. Disparities in High School Completion among Latinos：The Role of the Age-at-arrival and Immigration Status

[J]. Children & Youth Services Review, 2016(71): 282-289.

[138] Commins M M, Wills J B. Reappraising and Extending the Predictors of States' Immigrant Policies: Industry Influences and the Moderating Effect of Political Ideology[J]. Social Science Quarterly, 2017, 98(1): 212-229.

[139] Chenoa D. Allen. Who Loses Public Health Insurance When States Pass Restrictive Omnibus Immigration-related Laws? The Moderating Role of County Latino Density[J]. Health and Place, 2018(54): 20-28.

[140] Reich C A. The New Property[J]. Yale Law Journal, 1964, 73(5): 733-787.

[141] Housel J, Saxen C, Wahlrab T. Experiencing Intentional Recognition: Welcoming Immigrants in Dayton, Ohio[J]. Urban Studies, 2018, 55(2): 384-405.

[142] Teresa Bago d'Uva, Jones A M, Doorslaer E V. Measurement of Horizontal Inequity in Health care Utilisation Using European Panel Data[J]. Journal of Health Economics, 2009, 28(2): 280-289.

[143] Jusot F, Or Z, Sirven N. Variations in Preventive Care Utilisation in Europe[J]. European Journal of Ageing, 2012, 9(1): p.15-25.

[144] Marion, Devaux. Income-related Inequalities and Inequities in Health Care Services Utilisation in 18 Selected OECD Countries[J]. European Journal of Health Economics, 2015, 16(1): 21-33.

[145] Weizeng Sun, Yuming Fu, et al. Local Public Service Provision and Spatial Inequality in Chinese Cities: the Role of Residential Income Sorting and Land-use Conditions[J]. Journal of Regional Science, 2017, 57(4): 547-567.

[146] Dickman S L, Himmelstein D U, Woolhandler S. Inequality and the Health-care System in the USA[J]. The Lancet, 2017, 389(10077): 1431-1441.

[147] Le Grand J. Equality and Choice in Public Services[J]. Social Research:

An International Quarterly，2006，73(2)：695-710.

[148] Sundquist Jan. Migration，Equality and Access to Health Care Services [J]. Journal of Epidemiology & Community Health，2001，55(10)：691-692.

[149] Bambra C. Health Inequalities and Welfare State Regimes：Theoretical Insights on a Public Health 'Puzzle'[J]. Journal of Epidemiology & Community Health，2011，65(9)：740-745.

[150] Housel J，Saxen C，Wahlrab T. Experiencing Intentional Recognition：Welcoming Immigrants in Dayton，Ohio[J].Urban Studies，2018，55 (02)：384-405.

[151] Bramwell A，Pierre J. New Community Spaces：Regional Governance in the Public Interest in the Greater Toronto Area[J]. Urban Affairs Review，2017，53(03)：603-627.

[152] Ismail A A. Immigrant Children，Educational Performance and Public Policy：a Capability Approach[J].Journal of International Migration and Integration，2019，20(3)：717-734.

[153] Graetz V，Rechel B，Groot W，et al. Utilization of Health Care Services by Migrants in Europe-a Systematic Literature Review [J]. British medical bulletin，2017(121)：5-18.

[154] Rodríguez-Álvarez E，Lanborena N，Borrell L N. Health Services Access Inequalities Between Native and Immigrant in a Southern European Region[J].International Journal of Health Services，2019，49 (1)：108-126.

[155] Sarría-Santamera A，Hijas-Gómez A I，Carmona R，et al. A Systematic Review of the Use of Health Services by Immigrants and Native Populations[G]. Public Health Reviews，2016(37)：28.

[156] Cimas，Marta，et al. Healthcare Coverage for Undocumented Migrants in Spain：Regional Differences after Royal Decree Law [J]. Health Policy，2016(10)：384-395.

[157] Luca G D, Michela Ponzo, et al. Health Care Utilization by Immigrants in Italy[J]. International Journal of Health Care Finance and Economics, 2013, 13(1): 1-31.

[158] Lebrun L A. Effects of Length of Stay and Language Proficiency on Health Care Experiences among Immigrants in Canada and the United States[J]. Social Science and Medicine, 2012, 74(7): 1062-1072.

[159] Trounstine J. Segregation and Inequality in Public Goods[J]. American Journal of Political Science, 2016, 60(3): 709-725.

[160] Nicholls W. Politicizing Undocumented Immigrants One Corner at a Time: How Day Laborers Became a Politically Contentious Group[J]. International Journal of Urban & Regional Research, 2016, 40(2): 299-320.

[161] Ostby G. Rural-Urban Migration, Inequality and Urban Social Disorder: Evidence from African and Asian Cities [J]. Conflict Management and Peace Science, 2016, 33(5): 491-515.

索　引

后　记

　　本书稿是在国家社会科学基金一般项目"超大城市基本公共服务均等化实现路径研究"(项目编号 13BGL152)项目结题报告基础上修改而成。本书稿出版获得上海工程技术大学马克思主义学院 2024 年学术著作出版资助。

　　我国超大城市基本公共服务均等化是渐进过程,政策供给和路径选择的关键是保持实现常住人口规模与基本公共服务资源供给能力之间的动态平衡,实现这个目标,不仅在理论方面需要深入探究,而且在实践上需要持续探索,本书只是在前人研究基础上做了初步研究,有待于学界进一步探讨。

　　超大城市基本公共服务均等化是中国式现代化进程中的重大理论和实践问题,本书是多年的研究成果,书稿中部分统计数据虽然已经有了较大的变化,考虑到我国基本公共服务均等化问题尚未得到根本解决,研究成果依据的基本论据并未发生根本性变化,所以本书出版依然基本保持国家社科基金结题报告的原貌。

　　本书得益于上海工程技术大学社会科学学院同仁近年来学术研究和实践探索的结果,他们的研究成果给予我极大启迪,在此书出版之际,表达我的衷心感谢! 学术研究离不开广泛的思想交流,本书能够顺利完稿,得益于我的导师张健明教授的殷切教诲和指导,也得益于学界同仁的热情帮助,没有他们的指导和帮助,一己之力难以完成书稿撰写。

　　本书的出版得到了上海交通大学出版社编辑提文静老师热情帮助和指导,在此一并表示感谢!

作者

2024 年 6 月 10 日